浙江省普通本科高校"十四五"首批新工科、新文科、新医科、新农科重点教材

旅游数字化营销

主　编　项国鹏

副主编　曲　颖

浙江工商大学 出版社
ZHEJIANG GONGSHANG UNIVERSITY PRESS
·杭州·

图书在版编目(CIP)数据

旅游数字化营销 / 项国鹏主编；曲颖副主编. —
杭州：浙江工商大学出版社，2024.6(2025.7重印)
ISBN 978-7-5178-5980-2

Ⅰ. ①旅… Ⅱ. ①项… ②曲… Ⅲ. ①旅游市场—数
字化—市场营销 Ⅳ. ①F590.82

中国国家版本馆 CIP 数据核字(2024)第 066442 号

旅游数字化营销
LÜYOU SHUZIHUA YINGXIAO

主　编　项国鹏　副主编　曲　颖

策划编辑	郑　建
责任编辑	谭娟娟　李兰存
责任校对	胡辰怡
封面设计	胡　晨
责任印制	屈　皓
出版发行	浙江工商大学出版社
	（杭州市教工路 198 号　邮政编码 310012）
	（E-mail：zjgsupress@163.com）
	（网址：http://www.zjgsupress.com）
	电话：0571－88904980,88831806(传真)
排　版	杭州朝曦图文设计有限公司
印　刷	杭州宏雅印刷有限公司
开　本	787mm×1092mm　1/16
印　张	16
字　数	327 千
版印次	2024 年 6 月第 1 版　2025 年 7 月第 2 次印刷
书　号	ISBN 978-7-5178-5980-2
定　价	58.00 元

编 委 会

主　编：项国鹏

副主编：曲　颖

成　员：（以姓氏拼音排序）

毕凤宇　陈　倩　丁　柳　方　溪

王小伟　辛璐琦　周　庆

目　录

第一章 绪 论

[学习目标]

(1)掌握旅游数字化营销概念。

(2)理解旅游数字化营销特点。

(3)把握旅游数字化营销框架。

(4)了解旅游数字化营销趋势。

开篇案例

在线旅游资产指数正式发布,马蜂窝率先实现产业化应用

2020年3月18日,中国旅游研究院正式发布旅游业线上资产测评方法和体系:在线旅游资产指数(Travel Property Index,TPI)。依托中国旅游研究院的学术成果和在线旅游平台的大数据优势,TPI可对目的地、景区等旅游经营主体的线上资产进行评估,为旅游业的线上化、数据化和智能化提供具有学术指导和应用价值的行业标准。TPI包括五大维度:发布指数指消费者在旅游平台上发布的相关短视频、图文、攻略等内容量的测算;传播指数指相关内容的流量获取能力的测算;互动指数指消费者互动活跃度的测算;口碑指数指对消费者给相关内容的点评、推荐量的测算;交易指数指对旅游经营者的商品供给能力、在线转化力的测算。

马蜂窝作为国内最大的旅游社区,是文旅产业中数字科技与传统业态相融合的典型代表,基于"内容+交易"的商业模式,马蜂窝多年来实现了大量的数据沉淀与积累,也在探索中逐渐形成了横跨全产业链的大数据服务能力。TPI和北极星旅游大数据服务系统对旅游资产数字化、云旅游等涉旅新基建领域做了有益探索,有助于促进中国旅游业重视线上资产的创造、积累和运营。北极星旅游大数据服务系统通过消费者在行前、行中和行后的阅读、分享、评论、购买等行为数据,对各大旅游目的地、景区景点等旅游经营主体进行综合评价,对其内容资产规模、内容传播强度、互动活跃度、口碑舆论态度、实时交易热度等进行综合评分。通过TPI综合值的分析和总结,帮助旅游企业提升线上运营能力,给出整套数字化营销方案,实现其线上资产的可积累、可衡量和可增值。

文化和旅游部、国家发展改革委等部门相继印发了《"十四五"文化和旅游发展规划》《"十四五"文化产业发展规划》《关于推动数字文化产业高质量发展的意见》《关于深化"互联网＋旅游"推动旅游业高质量发展的意见》等文件，多次提到要将扩大内需与深化供给侧结构性改革结合起来，强化创新驱动，实施数字化战略，推进产业基础高级化、产业链现代化，促进文化产业持续健康发展。疫情使旅游产业经历了前所未有的冲击，促使市场变局，5G、大数据、云计算、人工智能、超高清、物联网、虚拟现实、增强现实等技术的成熟应用，为数字化营销提供了丰富的应用场景。

如今，营销中用户主导媒介与内容、精准戳中的进化格局正式形成。通过数字化手段，提供更加优质的产品和服务，更好地满足消费者需求，引发旅游企业核心业务和核心产品的变化，适应市场的变化。旅游数字化营销手段具有优化产品展示、减少用户产品搜索行为、提升信息触达效率、与用户进行深度互动和沟通、触发非计划性消费等优势，能最大限度地促进交易达成。（资料来源：https://www.ctaweb.org.cn/cta/gzdt/202103/4c52097dc85f41d5941c8f28a60e70ec.shtml）

第一节　旅游数字化营销概念

随着数字时代的到来，以人工智能、5G、物联网等为代表的新一代信息技术与旅游行业加速融合，在为游客提供智能化、便捷化、安全的旅途产品、服务和业态创新方面开创了新局面。数字化正在重塑旅游行业的运营方式，疫情则加速了这个进程。旅游企业基于大数据市场分析洞察、大数据精准营销传播和大数据精准营销效果跟踪三大功能，节省了旅游营销投入，提升了旅游营销效果。

一、数字化概念

由于信息技术的基础是计算机和网络技术，而计算机和网络技术的基础又是数字化，因此数字化是信息技术革命的导因和发展动力，是影响 21 世纪全球普通人生活发生巨变的关键性科学成就。

数字化概念分为狭义的数字化和广义的数字化。[①] 狭义的数字化主要是利用数字技术对具体业务、场景的数字化改造，更关注数字技术本身对业务的降本增效作用。广义的数字化则是利用数字技术对企业、政府等各类组织的业务模式、运营方式，进行系统化、整体性的变革，更关注数字技术对组织的整个体系的赋能和重塑。与传统信息化、条

---

① 李永平，董彦峰，黄海平.数字营销［M］.北京:清华大学出版社,2021.

块化服务的业务方式不同,数字化更多的是对业务和商业模式的系统性变革与重塑。这一效应要通过对现有商业模式、消费模式、社会经济结构、法律和政策措施、组织模式等方面的数字化转型来实现。

二、数字化营销概念

数字化营销(Digital Marketing)扎根于数字化技术使用场景,是一种适应性的、基于技术的过程,企业、合作伙伴以及用户共同在这个过程中创造、沟通、传递和维系所有利益相关者的价值。[①] 完成数字化营销转型需要实现五个在线:用户在线、商品在线、交易在线、营销在线、团队在线。在这五个在线中,用户在线是核心,其他的四个在线都服从和服务于用户在线这一核心。实现用户在线的主要目的是建立以用户运营为中心的新营销体系。在没有链接的失联环境下,企业既无法实现链接到用户,又无法实现用户运营。新的在线化工具帮助企业实现了对用户的直接链接,在链接的基础上,企业可以实现直接面对用户的运营,可以从用户价值一端寻求新的营销突破,提升营销效率。这是数字化对营销所带来的最重大变革之一。

数字化营销是使用数字传播渠道推广产品和服务的实践活动,从而以一种及时、相关、定制化和节省成本的方式与用户进行沟通。数字化营销包含了很多互联网营销(网络营销)中的技术与实践。数字化营销的范围更加广泛,还包括了很多其他不需要互联网的沟通渠道,如非网络渠道、电视、广播、短信等。最终达成企业的营销目标,实现较优的营销投入产出比模型,并根据效果反馈调整后续的营销思路。数字化营销的精髓是精准,关键是互动,科技是最大驱动力。

三、数字化营销的主要方式

企业通过数字化营销与用户直接接触,能够及时获取用户的一些建议与反馈,进而对产品进行优化。企业可以利用数字化手段分析用户的需求,并以此调整营销方向和产品。数字化营销的方式有很多种,都可以帮助企业精准获客,其中最典型的是以下五种。

(一)搜索引擎营销

搜索引擎营销指基于搜索引擎平台的网络营销,利用人们对搜索引擎的依赖和使用习惯,在人们检索信息的时候将信息传递给目标用户。其基本思想是让用户发现信息,并点击进入网页,进一步了解所需要的信息。企业通过搜索引擎付费推广,让用户直接与公司客服进行交流、了解,实现交易。搜索引擎营销的目标分为四个层次:①被搜索引擎收录;②在搜索结果中排名靠前;③增加用户的点击率;④将浏览者转化为用户。

---

① 王永贵.市场营销[M].2 版.北京:中国人民大学出版社,2022.

（二）内容营销

内容营销指品牌通过创作内容，将多形式、高价值、高趣味性的内容成果传播出去，以达到对用户拉新留存、促成用户购买行为的营销目标。内容营销的核心在于对品牌故事的创作，将品牌愿景和价值观不着痕迹地融入生动有趣的故事情节中。其内容类型主要分为三类：一是品牌内部成立专门的团队，将品牌信息策划成有价值和有趣的内容传播给用户，即品牌生产内容（Brand Generated Content，BGC）；二是品牌雇佣专业内容机构为其制作所需的优质内容和营销信息，让用户更轻松的接受，即专业生产内容（Professionally Generated Content，PGC）；三是品牌将内容包装成用户可以参与互动的话题，吸引用户加入，并通过人际传播、社群传播等方式，形成大量的用户生产内容（User Generated Content，UGC）。

（三）网络广告营销

通过网络广告投放平台刊登或发布广告即为网络广告，也是广告主为了推销自己的产品或服务在互联网上向目标群体进行有偿的信息传达，从而引起群体和广告主之间信息交流的活动。与传统的四大传播媒体（报纸、杂志、电视、广播）广告及近来备受垂青的户外广告相比，网络广告具有得天独厚的优势，如覆盖面广、受众基数大、传播范围广、不受时间限制、广告效果持久等。

（四）社交媒体营销

社交媒体营销指的是企业借助一些社交媒体（如论坛、在线网站、微信、微博、抖音、快手、小红书、马蜂窝等）撰写软文，以及意见领袖（Key Opinion Leader，KOL）和代言人等宣传自己的品牌和产品，潜移默化地影响用户，倾听用户的诉求，优化和改进自己的宣传策略，以达到直接或间接营销的目的。通过社交媒体营销，用户不仅可以认识品牌，还可以进行多种形式的互动，及时分享自己喜欢的内容，形成人与品牌之间的互动和人与人之间的互动。不过，社会化媒体内容都是由用户自愿提供的，这就需要企业具备社群技艺让用户参与和奉献内容。当下主流社交媒体营销方式包括社群营销、粉丝营销、场景营销、KOL营销、短视频营销、网络直播营销、微博营销、微信营销。

（五）口碑营销

过去的口碑传播多以口耳相传来进行，在形式上，往往就是一句流行的广告词，被运用在相关的生活场景中，成为生活用语。在数字化时代，口碑营销是指基于互联网营销手段，引发用户关注，并主动参与和互动的方式。数字化口碑营销很考验企业的科技能力和基于洞察消费者的交互设计能力，因为这决定了其对用户市场的了解、获取和影响能力。口碑的形成从过去的被动式演变成如今的主动式。互联网上的平台提供讨论的场地，无论是官网、博客，还是任何一个活动网站，都可以让用户随时随地分享与讨论。这样方便、快捷地分享形式，使用户与用户之间沟通的效果已经远远超过厂商对用户的直接宣传效果。

四、旅游数字化营销概念

旅游数字化营销是指旅游企业和旅游目的地营销组织利用数字技术开展的营销活动。具体而言,旅游数字化营销是指旅游供应方利用大数据、人工智能、移动互联网、云计算等数字技术,让其系统作用于产品、价格、渠道、促销这四大营销组合,使营销过程精准化、营销框架动态化、营销思维数据化,更好地适应数字时代下的消费者需求,并为消费者创造价值,助力数字时代下旅游业的可持续发展。

在旅游数字化营销过程中,旅游供给方要在利用大数据精准识别最有价值的细分市场基础上,在与目标市场实时沟通、互动的消费情境下,在自身产品的开发与创新、价格设计、营销渠道规划和促销工具的选择、应用上充分利用大数据潜能,开发新的作业模式,以定制化、高效率的方式满足目标市场需求,提高自身营销效益。其中,大数据是旅游数字化营销的资源基础和业态创新的依托工具,产品、价格、渠道、促销的营销组合是具体营销途径和营销创新的反映渠道,实现目标用户精准定位,为消费者提供更加精准化的旅游产品与服务。

在当前的旅游营销实践中,数字化营销的宗旨、工具、技巧和效果已经得到呈现。如万豪酒店在国外的新媒体营销渠道有脸书、抖音、推特等,国内则有微信、小红书、微博、抖音、大众点评等。通过利用新媒体跨空间、强互动性、低成本的特点,最大限度地提供个性化定制产品,与消费者构建长久关系。与此同时,万豪酒店的新媒体营销渠道在市场负面信息反映、提供个性需求、部分渠道功能整合度关联度等方面也有不到位之处,影响营销渠道与消费者的联系。携程旅行于2022年4月实施了"旅游营销枢纽"战略,运用数字技术工具,对携程直播进行平台化迭代,打造星球号旗舰店这一新型旅游消费场景,用内容生态链激发消费者旅行消费热情,提升交易的效率。三亚市旅游推广局举办的2021海南自贸港(三亚)网红创作大赛吸引了数百位网络达人以"你好三亚"为话题,围绕"吃住行游购娱"旅游要素进行短视频创作,累计参赛作品达1 600多个,视频总播放量超5亿次。景区数字藏品正通过数字化语境实现与新时代消费者的零距离沟通,成为传统文化的故事续写者。多家景区纷纷试水数字藏品,故宫的"太和瑞兽"系列、圆明园的"十二生肖兽首"系列、常州中华恐龙园推出以"恐龙"为主题的数字盲盒、上海海昌海洋公园推出主题为"虎鲸骑士团"的数字盲盒,都是年轻人喜闻乐见的数字藏品,受到市场青睐。未来更多的数字化旅游营销尝试将被带动起来,成为旅游业可持续发展的核心驱动力。

专栏 1-1　"云游敦煌"小程序

为了借助数字化技术帮助敦煌文化进一步传播扩散，让越来越多的人能跨越时间与空间的距离，在"数字丝路"上邂逅敦煌之美，腾讯与敦煌研究院签署战略合作协议，助力敦煌文物深度数字化保护，共同加强与海外敦煌文物收藏机构的文化交流，推进藏经洞文物的数字化呈现和传播，进而推动敦煌文化研究服务共建"一带一路"。同时，像"云游敦煌"小程序这样让文物"活"起来的数字平台，已逐步成为一个汇集敦煌艺术赏析、数字体验、互动展示等多维功能的窗口，在用户之间创建后疫情时代非常独特的一种精神消费链接。

"云游敦煌"小程序是"科技＋文化"的组合，成功引发了巨大的社交裂变效应，实现文化出圈，打破了时空界限，直接回应了传统文化在传播和互动层面的种种局限。仅2021年就吸引了551多万用户，阅读量达2 200万次，总曝光量突破12亿次，达成了敦煌莫高窟的复制性、动态化、立体化和互动性的展示。

打开"云游敦煌"小程序，只需简单地点击、滑动，敦煌石窟中中华文明几千年的横截面就此展现，用户在线上导览的过程中，可以获得专属的壁画故事、融合古人妙语、定制主题内容等，此外，用户还可以深入了解壁画病害类型等文保知识，切身体会保护敦煌文物的重要性。

在"云采丝巾"中，用户除了可以用敦煌壁画中的图案自行设计丝巾外，还可以通过腾讯云的 AI 技术进行"云试戴"，试戴方式包括上传用户照片，用户只需通过系统指引，在200余种藻井图案中选择心仪的样式，两周后，一条专属于用户的丝巾就会送上门。通过亲身感受"丝巾"与"千年壁画图案"的碰撞，更好地感受敦煌文化，与千年之美"对话"。（资料来源：根据敦煌研究院官网整理，网址：https://www.dha.ac.cn/）

第二节　旅游数字化营销特点

如今，打开携程、去哪儿、马蜂窝等 App，机票、酒店、景点门票等在线服务一应俱全。围绕预约旅游，以数字化、网络化、智能化为特征的智慧旅游发展正在加速推进，让"说走就走的旅行"变成了现实，为游客享受美好旅程提供了有力的保障和支撑。

一、精准性

（一）用户获取的精准

用户希望自己能使用最为便捷的方式与企业紧密接触，同时用户并不希望被同质化的广告覆盖，而是想在刚刚好的时间得到恰当的帮助。在大数据营销下，旅游企业通过自媒体运营、短视频营销、广告、社群等渠道引流获客，捕获精准用户。

（二）用户分类的精准

用户分群的理论最早由科特勒在市场营销学中提出[1]，旅游企业根据用户需求和购买行为将用户进行分类，将有相似的需求和购买行为的用户划分为一个市场，为每个细分市场设计特定的产品、服务和触达渠道。在旅游大数据平台下，通过客源地、游客职业、性别年龄、消费喜好、消费水平、消费习惯、市场对产品的认知度等海量数据基础，形成旅游行业市场调研的大数据。找到不同运营场景下的目标用户，从而精准圈定目标人群，进行更灵活、更有针对性的营销活动和个性化的消息推送。

（三）用户画像的精准

用户画像是指在大数据时代，旅游企业通过对海量数据信息进行清洗、聚类、分析，将数据抽象成标签，再利用这些标签将用户形象具体化的过程。[2] 旅游企业通过大数据挖掘概括地了解各类用户的行为和态度，将用户行为和消费方式量化，做到基于用户特征的个性化推荐，如通过用户画像提供的性别、年龄层次、兴趣爱好等标签，分别展示不同的内容给用户，以达到精准化运营的目的。还有基于用户特征的内容推荐，如找到与目标群体相似的用户群，并利用该相似用户群的行为特征对目标用户进行内容推荐。

二、交互性

（一）沟通交互性

过去营销活动更多的是在线下，并且一般以单向单次的方式进行，如今借助数字技术，营销活动能够做到线上与线下相结合，并且多个渠道、多个触点结合。以目的地景区推广为例，在线下营销体验活动开始前，景区会在各个社交媒体账号上发布活动内容，同时雇佣多个 KOL 发布内容和转发，线上线下都有活动内容的展示和分享机会，叠加实现高曝光的造势目标。活动结束后，景区会邀请游客主动分享活动内容，如在自己的社交账号上打卡，实现二次传播，知名度、美誉度等都能够得到提升。通过这种方式，景区实现了多个营销渠道的密切配合。

---

①　安贺新.旅游市场营销学[M].2 版.北京:清华大学出版社,2016.
②　曾子明.信息推荐系统[M].2 版.武汉:武汉大学出版社,2020.

（二）分享交互性

过去的营销主要是旅游企业单向的输出，消费者只是被动地接收信息。随着数字技术的助力，消费者可以参与到旅游企业的营销活动中。旅游社交平台用户群体基本以年轻人为主，社交属性是这些平台的最大特色，平台上的旅游内容大多由用户自己上传，用户可以在平台上发布旅游照片、写游记、相互评论、点赞、转发、制作自己的旅游攻略，与其他用户进行互动等。基于新媒体社交平台与旅游的高度关联性，进行数字化营销。"大唐不倒翁"让人们再次关注西安这座城市，在转发、点赞中，西安复古与现代并存的城市个性再一次进入大众眼中。此外，很多转化的在线旅行社（在线旅游代理商）（Online Travel Agency，OTA）平台也支持旅游社交服务活动。例如，全球最大和最受欢迎的旅游社区 Trip Advisor，不仅为游客提供酒店评论、酒店受欢迎程度索引、高级酒店选择工具、酒店房价比价搜索等基础性业务，还免费向游客提供旅游攻略、路线推荐、旅途图片分享和在线驴友交流等服务，鼓励游客分享、创造内容，逐步形成以内容和游客为核心的旅游社区。

三、体验性

（一）游客体验质量得以提升

旅游企业通过舆情手段获得游客喜好、游客行为数据等，基于客观的数据，帮助不断改善和提升自己的服务体验。比如，游客对某景区厕所吐槽较多或者相关公共设施服务没有做好，旅游大数据可以对这些点评、投诉等数据进行记录、抓取和分析，这就成为景区运营商提升服务的事实依据。同时，旅游大数据在日常监督管理、游客接待统计，以及重大节假日、旅游旺季等时段对客流和视频实时监控及游客群体分析，可实现对景区内游客动态预测、景区拥塞预警、远程调度指挥等，为游客的良好体验提供了管理支持。如鄱阳湖吴城候鸟小镇景区基于对游客数据进行 LBS 地理位置的分析，平台将游客旅行轨迹动态实时呈现，实时监控小镇各处客流量，合理调配客流，帮助游客缩短不必要的等待时间，防止因客流量暴增而出现意外。

（二）游客体验方式得以优化

游客体验方式优化主要体现在"云旅游"和"沉浸式体验"两个方面。受疫情影响，旅游行业顺势而生了"云旅游"等一系列文化旅游新举措。"云旅游"一方面能突破天气、场地等传统旅游活动的限制，为游客带来全新的体验和视野；另一方面能够为旅游供应商拓宽营销渠道和服务半径，在与游客的线上互动中，更加了解游客日益增长的高品质、差异化需求。一些"云游客"也表示，相较于线下旅游，"云旅游"的吸引力在于能通过深度讲解了解、体验一树、一木、一石、一画、一碑背后的文化魅力。良渚博物馆的"博物馆云春游"直播将馆内精美的藏品一一展现在游客的屏幕前，细腻生动，跃然眼前。电商平台、直播平台、线下博物馆的合作共生，不仅使游客一天内遍览大都会艺术博物馆、汉景帝阳陵博物院、西汉南越王博物馆的重要藏品，而且直接拉动了博物馆特色文创产品的销量。此外，从"云端图文'种草'"到实时直播，再到跨平台的深度合作，云旅游的边界得到进一步延伸，一些优质的直播内容在集聚流量的同时激发了游客对旅游相关产品的消费欲望。

沉浸式体验刷新了游客已有的认知，打破了空间的固有边界。一方面，沉浸式科技互动技术与景区特色文化的结合把观赏式的旅游体验转变为参与式的旅游体验。如《似梦江湖——武侠主题沉浸式互动体验馆》，游客身穿具有武侠风情的服装走入其中，通过打造18个如梦如幻的江湖场景，把游客带入一个充满儿女情长和侠肝义胆的江湖世界，在这里，不仅可以在雪花飞舞的山巅挥剑起舞，与高手过招，还可以黑衣覆体，在夜色之中，穿梭在宫城之上，抑或与所爱之人浪迹桃花岛，在笛箫之中，消失于天际之外。在这个武侠主题沉浸式体验馆中，高科技设备给游客营造了非常真实的立体虚拟影像，如漫天纷飞的大雪、寒风呼啸、瀑布水影、繁花仙境、大雨倾盆等自然环境变化与剧情相互烘托映衬，达到了情景交融的境界。另一方面，沉浸式科技互动技术与景区特色文化的结合能让游客接受更多深层次的知识和信息，带来视知觉的震撼，从而引发游客的文化共鸣，起到旅游消费提质升级的作用。如《国家宝藏》沉浸式文化体验馆、《红楼梦》沉浸式艺术馆、《红色征程》革命教育主题沉浸式体验馆、《军工记忆》红色军工主题沉浸式体验馆等，都是结合景区独有的历史文化IP、红色文化IP，根植于传统文化的土壤之中，将不同历史时期的丰富文化资源通过技术的形式进行更加立体的展现，拉近了游客与文化之间的距离，让游客在沉浸式的氛围中成为参与者和见证者。

四、集成性

数字化营销以"数据＋技术"为驱动，融通多源数据，依托智能技术，促进营销智能化，全面实现更广域的数据采集、更精准的用户触达、更敏捷的闭环营销。它能够发挥信息技术的集成性数据优势，将旅客碎片化需求通过技术和数据分析手段连接起来，为旅客提供一个无缝旅游的体验。

（一）服务环节的集成

数字化营销能快速响应用户的需求，从产生需求、认知产品、接受产品、购买产品到购买后的服务都能形成一个完整的闭环，有效实现对售前、售中、售后的所有数据进行统一分析管理，用专业的工具来量化旅游企业的经营效果，打造健全的数字化用户生态圈。营销集成平台具体实现路径为：通过内容管理系统（Content Management Systerm，CMS）管理企业高价值内容，打通营销触点，当流量被各渠道内容吸引至企业营销官网后，将会对用户行为轨迹设计转化路径，获取有效线索。后续根据用户线索动态为其打分、打标签，对用户类型进行精准判定，多维度绘制用户画像，精细化运营，加深企业对用户的了解,直至商机形成,并持续培育、转化,有针对性地推送用户关注的内容,更好地实现多渠获客、销量转化、用户增长。

(二)营销渠道的集成

基于数字化的营销系统具备完善的数据管理功能,推动渠道间信息共享,构建适配各渠道营销获客的场景,整合全网传播渠道以相同的主题统一发声,避免营销的不一致使用户产生疑惑,提高用户体验。以数据为核心,打通线上线下所有营销渠道,无限触达营销深度,充分挖掘目标用户。以万达酒店为例,其在渠道搭建上全面覆盖官网、App、公众号、OTA、公司协议类、旅游会议等团队类各渠道,将万达酒店各渠道流量相融合构建数字化运营服务体系,以达到更智能、更便捷、更高效的目的。

(三)用户数据的集成

通过数字化平台专业的内部高效管控机制,严格加密用户数据,确保数据完整、安全,构建多源汇聚、关联融合、高效共享和有序开发利用的数据资源体系。首先,数据集成依托旅游企业全域营销数字平台实现,通过多渠道引流获客,创造价值数据,然后以数据挖掘反哺策划运营,精准画像洞察,转移线下营销压力。其次,数据是全域营销的数字化底座,通过打通全渠道数据平台、渠道身份统一管理,达到无论用户从何渠道过来,都可整合识别,使用户身份唯一存在。再次,有统一的数据视图,基础数据、过程数据、战役数据、管理数据、用户数据、企业数据全记录。最后,提供统一的用户数据视图,实现用户来源、用户行为、用户标签、用户画像、用户营销进阶过程研判,助力旅游企业完成用户全生命周期的管理。

五、动态性

(一)数据收集动态性

动态数据是常常变化、直接反映事务过程的数据,比如网站访问量、在线人数、客流动态、游客消费等。游客行为随着时间的推移经常处于动态变化之中,旅游数字化营销作为一个完整的动态过程可综合考虑各方面的影响因素及路径节点,通过大数据的渗透描述行为变化的整体形态和具体节点属性。

(二)精准营销动态性

精准营销体系并非短期内可实现,属于特殊的循序渐进和持续发展的程序。其中的精准程度也并非绝对的,属于特殊的相对定义。只有有效调整当前适用的基础方式,才能比过去更为精准地开展配套的营销活动,因此整体的过程为动态的而非静态的。

(三)实时营销动态性

游客来到旅游地后,根据游客实时活动轨迹,实时采集"吃住行游购娱"旅游要素数据,延长游客停留时间,更精准地促进游客二次交易消费,为游客提供游前、游中、游后优质服务体验。如通过大数据洞察游客的行为和需求,实时精确分析游客的类型和需求,基于各种新媒体渠道组合,如微信、微博、抖音、小红书、快手等实现数据推送和精准营销。

(四)舆情监测动态性

游客数据信息纷杂,通过大数据监测系统可对网络媒体等平台的舆情数据进行立体化、全局化、动态化研究。通过挖掘、分析舆情关联数据,将监测目标时间节点提前到敏感消息传播初期,构建模型预测舆情走向,从而为正确引导舆情提供决策参考,进一步提高舆情管理的科学性、针对性和实效性。

专栏 1-2 小度智能屏酒店营销

小度智能屏多模态曝光的全新营销模式,为品牌提供了一种基于语音交互的全新营销范式。可在不同时间段展现不同的活动推荐,为不同的房间类型匹配不同的酒店营销活动,替代传统的电视轮播广告,助力商家进行广告精准投放。

从 2018 年开始,百度与多家酒店签订合作,推出"小度智慧酒店",数据显示,小度助手(酒店版)日均唤醒次数超过 360 万次,"小度小度"广受住客欢迎。凭借 AI 技术积累,小度助手变得非常"聪明",具有超强的语音语义理解能力。当用户有需求,只需要说一句"小度小度",用户就可以便捷地获取服务。从房间 Wi-Fi 密码到周边景点推荐,住客提出的范围广、复杂度高的问题,小度均可快速响应并给出合理建议或帮助。同时,根据用户交互内容,小度可以将品牌广告通过"看""听""说"多维度传达给用户。在多模态交互过程中,为用户与品牌的深度沟通创造了重要契机,品牌从做广告升级到做服务,从而更好地满足了用户,并获得了用户信任,使广告变得更加有趣,更具互动性。(资料来源:https://news.sina.com.cn/sx/2022-12-28/detail-imxyfkca6943169.shtml)

第三节 旅游数字化营销框架

市场往往快营销半步,主导着营销理念从本质上改变的正是数字化技术进步带来的沟通介质衍变,游客影响旅游营销的程度在不断加强。旅游数字化营销转型需要厘清数字时代下营销框架各相关元素的关系及组织模式,在最大化遵循客观规律的基础上发挥主观能动性,最大化挖掘数字化潜能。

一、旅游数字化营销框架内容

旅游数字化营销框架在内容构成上保留了传统旅游营销框架的元素,即也由"市场分析→营销组合策略系统→营销组合实施系统"和支撑整个过程的"信息支持系统"构成。这一运作框架并没有变化,发生根本性变化的是"信息支持系统"由传统形式的信息变成了"旅游大数据",它们是多渠道、多形式、多内容旅游数据的汇合,形成旅游数字化营销的数据支撑。换言之,旅游数字化营销框架的"旅游数字化市场分析→旅游数字化营销策略系统→旅游数字化营销实施系统"过程与"旅游大数据"密不可分,每个过程的实现都是大数据赋能的产物,才使它们相对于传统旅游营销有了质的变化与提升。旅游数字化营销框架见图 1-1。

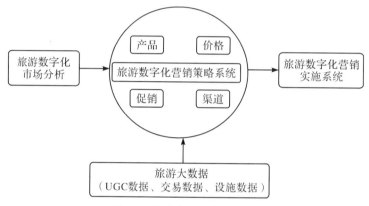

图 1-1　旅游数字化营销框架

二、旅游数字化营销框架结构

旅游数字化营销是营销理念与模式的彻底变革,数字化是其运作的核心,而大数据在很大程度上能够诠释数据化的内涵,它既是数字化营销的数据基础,又是数字化营销与传统市场营销的根本差异来源。在结构上,旅游数字化营销起始于旅游数字化市场分析,即依托大数据手段,进行各类数据的采集、储存、挖掘和利用,有效预测消费者群体及其消费行为,精选目标市场,增强营销准确性。接下来,处于中枢位置的是旅游数字化营销策略系统。新一代数字技术正广泛应用于旅游行业的数字基建、内容消费、产品创新、综合治理等方面,抖音、小红书等新媒体平台成为大众接收旅游信息的渠道之一,在线预订、刷脸入园、电子支付成为用户的新型消费习惯,这些都在变革着旅游数字化营销的策略系统。对旅游数字化营销策略予以实现的旅游数字化营销实施系统立足于旅游基建和产品的转型升级、通过交互式的精准沟通渠道与促销,提升游客体验和运营管理效率。

三、旅游数字化营销框架元素

(一)旅游大数据

1.大数据引发经济社会根本性变革[①]

第一,大数据提供了人类社会认识世界的新思维。思维是一种构造心理联想和对世界建立模型的脑力过程,是接受和处理信息、建立概念、推理决策的过程,也可视为看待问题、理解问题、解决问题的方式方法。大数据思维源于计算思维,是用计算的方式建模,理解、解决具体问题的思维,并日益发展为当前时代认识问题并解决问题的重要方法学。20世纪90年代,西方学者尼古拉斯•尼葛洛庞帝提出,"数字化生存"时代已经到来,这个时代需要"数字化生存能力"。这意味着,为了更好地"建立概念、解决问题、推理和决策",我们需要具备与数字化相匹配的新思维方式。大数据提供了通过数据去发现和理解现实复杂系统的运行状态和规律、去探索未知和求解现实问题的新方法,成为人类社会改造自然和社会的新手段。用大数据的思维认识和思考世界,通过编程的方式建模和求解,也应该成为未来社会人类生存的必备能力。

第二,大数据承载了生产要素的新价值。大数据蕴含的价值主要体现在两个方面:从本体论视角来看,数据本身蕴含了信息、知识、规律甚至智慧,这些都能转化为实际的经济价值;从方法论视角来看,数据成为其他生产要素的数字空间"孪生",从而为现实世界赋值、赋能。通过对海量数据的处理分析,推动多源数据的碰撞融合,以数据的快速流动带动其他传统要素优化配置,精准并高可信度地映射各类事物实际运行状态,持续促进数据应用价值高水平释放。不同于物质与能源,数据不会因使用而消耗,越使用价值就越大,同时使用过程中又会产生新的数据,成为新的"生产资源"用于"再生产",从而创造新价值。

第三,大数据加速了经济社会数字化发展的新趋势。当前,数字经济、数字政府、数字社会建设成为时代趋势,其本质是人类社会经济活动的全面数字化,既包括以大数据为代表的信息技术及产业发展,又包括传统行业领域转型发展。数字化转型、网络化重构、智能化提升是经济社会转型发展的基本实施路径,大数据作为主线贯穿始终,即数字化奠定基础,实现数据资源的获取和积累;网络化构建平台,促进数据资源的流通和汇聚;智能化展现能力,通过多源数据的融合分析呈现信息应用的类人智能。

2.大数据的特点[②]

(1)数量大

大数据的采集量、计算量、存储量都非常庞大。截至目前,人类生产的所有印刷材料

① 梅宏.深刻理解大数据的本质特征 推动产业高质量发展:"十四五"大数据产业发展规划[N].中国电子报,2022-1-21(6).

② 邓宁,牛宇.旅游大数据:理论与应用[M].北京:旅游教育出版社,2019.

的数据量是 200 PB(1 PB＝1 024 TB),历史上全人类说过的所有的话的数据量大约是 5 EB(1EB＝1 024 PB),而一些大企业的数据量已经接近 EB 量级。

(2)多样性

互联网的不断壮大与增长,使得各种音频、图片、视频等非结构化数据的处理日益频繁。通常情况下,半结构化数据可以用常见的 XML 格式进行描述,但是非结构化数据则需要经过大数据处理才可以展现在人们面前。同时,各个企业在对数据进行采集过程中,也不再局限于普通的数据格式,充分体现了大数据的多样性。

(3)可挖掘性

现阶段,每天产生的数据在 100 TB 以上,普通的数据库很难处理和存储这些海量数据,大数据中的数据挖掘技术可以有效地解决这类问题。它可以轻松地处理这些数据,并挖掘数据价值、分析管理数据,降低驱动信息决策成本,使企业具有敏锐的洞察力,可迅速掌握市场先机,做出响应,从而提升核心竞争力。

3.旅游大数据概念

旅游大数据是指旅游行业的从业者及游客所产生的数据,包括景区、酒店、旅行社、导游、游客、旅游企业等产生的管理或业务数据、旅游行业基础资源信息库,以及互联网数据、旅游宏观经济数据、旅游气象环保数据、交通数据、网络舆情数据等,其中游客的数据最为重要,应用价值最大。旅游大数据可用于精准定位旅游市场、支持旅游行业管理、促进智慧旅游等领域。通过旅游大数据,对游客画像及旅游舆情进行分析,可以有效提升协同管理和公共服务能力,推动旅游服务、旅游营销、旅游管理、旅游创新等变革。旅游业是传统业态与现代业态共生的典型代表,以数字技术创新为引领,通过大数据分析精准把握消费者需求,不断为游客提供新的旅游体验,推动中国旅游业数字化转型和高质量发展。

4.旅游大数据类型

旅游大数据的 20％为结构化大数据,是指按照特定格式整理的数据,能被核心系统进行储存管理,简单而言,就是数据库,主要包括旅游企业 ERP、财务系统等。旅游大数据的 80％为非结构化大数据,是指其他所有格式的数据,如办公文档、文本、图片、XML、HTML、各类报表、图像和音频/视频等。具体到旅游领域,包括社交网络中的旅游数据、景区景点的监控视频、旅游音频、旅游视频、游客点评等。

在大数据技术快速发展的背景下,旅游行业的数据源迅速扩展,根据数据产生的地理空间可分为内部数据和外部数据。其中,内部数据的主要作用有经营情况统计分析、运营管理流程及分析、服务管理流程及分析、营销效果统计和分析。外部数据主要作用有旅游舆情分析、游客满意度分析、客流密度监测、游客迁徙行为分析、游客行为画像分析。

5.旅游大数据应用

(1)面向旅游需求方的应用

①旅游资讯信息查询:游客通过搜索引擎、在线信息平台、门户网站、地图商等渠道获取旅游所需信息,如旅游目的地的交通、酒店、景点、餐饮、购物等信息内容。

②智能导游导览:智能语音导游导览系统可以根据游客的地理位置,自动发送讲解信息,或者游客通过扫描相应的二维码获取特定景点的语音讲解信息。

③游客点评与投诉:在大数据的帮助下,更多的游客愿意分享自己的旅游经验。虽然旅游过程不容易复制,但是游客的客观评价与投诉对于其他游客和景区来说都具有参考价值。

④旅游活动推荐:大数据技术使游客在获取信息时能更好地了解其他游客关注的景点、项目、服务、产品等,并很快通过接收的信息细化自己的需求。如某大型在线旅游网站定期推送旅游产品销售情况报告与热销排名,从而对热销产品进行宣传推广。

⑤旅游产品预订:基于大数据,游客可充分展示自己的个性,根据自己的喜好、时间制订出行计划。从目的地、路线的选择,再到交通工具、酒店、餐馆的选择全部可以通过线上信息的对比,充分体现游客的个性化选择。

(2)面向旅游供给方的应用

目前,文化和旅游(厅)局是承建和使用旅游大数据的主体,主要用于:①产品与活动信息发布。信息发布系统的应用方便景区管理上百个终端显示屏的信息传播,为游客提供更加有效的信息。②流量监控和客流预测。通过实时监测客流、分析客流热力分布,整体把握景区游客密度,实现景区流量监测,确保景区平稳、有序运行,实现限量、错峰,提高旅游统计的时效性、科学性和精准性。③接待统计、客源地统计等。统计各区域的客流数据,呈现接待省内外游客的数量排名,分析全域客流趋势。④旅游宏观数据分析及预测。基于大数据技术,用于旅游宏观数据分析的数据量更加庞大、类型更加多元,能够对现阶段的旅游宏观数据进行更加精准的了解与判断。另外,能够根据旅游宏观数据更早发现和识别可能存在的风险,在数据发生重大转折之前起到预警作用,及时采取相应的措施尽可能地规避和化解风险。⑤旅游舆情分析。基于大数据,舆情危机管理相关部门可从中觉察媒体和主体的态度,以更好地进行舆情研判,及时干预,避免事态扩大。⑥改善旅游行业服务水平。利用旅游行业数据库进行分析,从纵向和横向分析建模,依托行业数据分析、推演,了解旅游企业的公共服务体系建设,提高旅游公共服务的满意度。⑦旅游行业精准管理。大数据技术应用可以实时监管旅游产品的价格变化、取证在线违法行为、维护消费者合法权益等,有力支持在线旅游市场规范化发展。同时,大数据技术在旅游投诉、主流搜索引擎和门户网站的舆情数据领域的应用逐步完善,从区域旅游投诉量、受理情况、结案情况、投诉主体、投诉内容等方面进行实时监测。

旅游企业应用大数据技术对满足游客需求、优化自身服务、提升管理效率等意义重大,主要用于:①游客消费及行为分析。大数据平台可根据游客往期消费习惯对其进行相应的分析,从而对游客进行消费期望、消费行为的推断。②精准市场营销。对目标游客的年龄属性、兴趣偏好、消费习惯等进行游客画像分析,进行目标游客市场细分,针对主要潜在游客人群特点进行更精准营销及广告投放,最终确定正确的销售模式、营销方案和营销策略。③基于游客游后评价的分析,对游客进行用户画像分析,为改善服务提升口碑提供支持。

专栏 1-3　基于大数据的"烟台文旅云"平台

"烟台文旅云"是山东省首个市级智慧文旅公共服务平台,由烟台市文化和旅游局按照"政府主导、社会参与、重心下移、共建共享"和"一个平台、一个体系"的工作思路和技术标准打造,于 2020 年 3 月 28 日正式投入使用。该平台以"烟台文旅云"为主要载体,构建了"1+3＋N"的智慧文旅服务模式,即 1 个智慧文旅大数据中心、3 个功能(智慧服务功能、智慧营销功能、智慧管理功能)、N 个应用(贯穿"智、尚、趣"建设原则,从供需两端发力,面向消费者、企业、政府部门等不同用户群体,覆盖网站、App、小程序、手机网等多个终端),最终实现展示有内容、发布有平台、交流有渠道、诉求有回应、消费有保障的目标。

一是打通数据壁垒,实现共享共用。横向,对接公安、大数据、通信、金融等部门,融合同程、携程等平台;向上,对接国家公共文化云、好客山东网、"云游齐鲁一部手机游山东"等国家、省平台;向下,接入烟台市各区市、文旅要素主体,构建全市文旅智慧"大脑"。已汇总数据超过 12.3 亿条,日增数据 10 余万条,实现文旅数据资源全面融合。

二是创新服务形式,实现精准智能。突出"智慧",基于兴趣爱好、行为轨迹等使用需求和习惯,提供千人千面的个性化精准服务;突出"时尚",采用视频"开屏"模式,设置"推荐、看点、圈子、探索、我的"5 大板块;突出"趣味",上线艺术欣赏、精品慕课、读好书、攻略游记等文旅资源 6 000 余项,增强代入感、互动性、体验性。

三是优化市场营销,实现消费闭环。搭建展示平台,通过线上文旅推广中心,系统展示烟台优质文旅资源,全市 75 家 A 级旅游景区 VR 体验和云导览实现全覆盖;搭建宣传平台,推出文旅活动、在线直播、旅游线路、影像烟台等主题产品 4 000 余项;搭建优惠平台,通过积分商城、文旅消费券申领、烟台市民休闲护照等应用模块,构建展示、宣传、销售"一条龙"消费闭环。

四是整合管理职能,实现一云通揽。开发安全、文物等监管系统,集合全市 36 家要素主体 91 个客流监测点位,接入 462 路视频监控信号,实现客流远程实时监测、游客分布实时跟踪、热点区域实时预警;开发预约系统,21 家 AAAA 级旅游景区实现智慧化线上预约,无纸化、无接触通行入园;开发诚信系统,对要素主体服务质量及时跟踪、动态评价、定期发布文旅企业"红黑榜"。(资料来源:http://www.ctnews.com.cn/content/2022-01/27/content_118471.html)

(二)旅游数字化市场分析

旅游数字化市场分析的目标是在大数据的支撑下,对旅游消费者市场的环境进行精细化、深层次分析,以达到精准营销的效果。精准营销是通过定量和定性相结合的方法对目标市场不同消费者进行细致分析,根据他们不同的消费心理和行为特征,旅游企业依托现代信息技术手段建立个性化的消费者沟通服务体系,实现对目标市场不同消费者群体强有效性、高投资回报的营销沟通。[①] 精准营销的特点包括目标对象的选择性(要尽可能准确地选择目标消费者,排除那些非目标受众,以便进行针对性强的沟通)、沟通策略的有效性(沟通策略要尽可能有效,能很好地触动受众)、沟通行为的经济性(与目标受众沟通的高投资回报,减少浪费)、沟通结果的可衡量性(沟通的结果和成本尽可能可衡量,避免"凭感觉")和精准程度的动态性("精准"程度本身是相对的、动态的)。精准营销的运作模式依托受众精准、成本精准和效果精准。其中,受众精准是实现后两个精准的基础,也是旅游数字化市场分析的核心任务。通过对数据的整合分析,旅游企业可以得出清晰的消费者画像,了解消费者的个性与需求,从而实现一对一的精准投放和服务。

(三)旅游数字化营销策略系统

1.产品数字化

大数据、云计算、移动通信和智能终端在旅游业的加速应用,既带来了消费方式的变化,又改变了旅游服务的供给方式,旅游产品数字化体现在酒店、景区、民宿、主题乐园、旅游目的地等旅游营销主体身上。其中,主要体现在在线文旅、智慧导览、旅游设备智能制造等方面。

①在线文旅。博物馆、美术馆、艺术馆等借助互联网、AR、VR、AI 技术,实现文物、艺术品信息的扫描、加工、处理。游客借助设备线上观看文物、艺术品,通过自主游览、变焦、旋转、360 度全场景体验等,提升了游客的观看体验。云展览和数字展览成为文博数字化发展新亮点。根据《2022 文博数字化报告》,2021 年全国博物馆策划推出线上展览3 000 余个,线上教育活动 1 万余场,网络总浏览量超过 41 亿人次。

②智慧导览。以前游客在景区观光主要依赖地图和导游的实地讲解,但在旅游高峰期,景区导游数量远远无法满足游客的导览需求。随着 GIS、AI、AR 等技术的加入,景区智慧导览的功能越发强大,能够提供导航、定位、景点的语音讲解等多项功能。智慧导览的设备不再是笨重的电子讲解器,而是以应用、小程序的方式存在,如大英博物馆的智能导览系统、日本姬路市打造的 AR 数字导览应用等。

③旅游设备智能制造。融合应用 AI、AR、VR 等新技术,可以生产出智能滑雪板、智能头盔、智能服装等旅游智能装备及其沉浸式过山车、无人驾驶游览车、AI 观光车等游乐设施。另外,融合物联网、互联网、人工智能、大数据、云计算等技术的邮轮游艇、房车、

---

① 曲颖,李天元.旅游市场营销[M].2 版.北京:中国人民大学出版社,2018.

索道缆车等旅游装备制造企业的智能化升级,将生产过程、销售过程、售后过程等全部数字化。

2.定价动态化

数字化时代,定价模式从标准化定价逐渐走向动态化的定价模式,可以根据不同的消费者、不同的时间和不同的场景等进行动态定价,优化产品的盈利。以飞机票价为例,动态定价主要体现在早期订票的旅客可享受到更多的票价优惠,低需求期购票要比高需求期购票更加便宜。当然,对民航和铁路来说,动态定价还有益于旅客错峰出行,缓解因旅客过度集中而导致的交通压力。酒店也可根据市场需求的季节变动、供求关系、消费者对产品和服务价值的理解、细分市场订房的行为模式及市场竞争中的差异进行动态定价。

3.渠道数字化

分销渠道的数字化改造不仅给企业市场效率带来改变,还可以帮助企业建立起全链路的链接,这对提升企业的渠道营销能力、渠道管理能力、渠道控制能力都有重要意义。传统的分销渠道是从工厂到经销商,再到各种零售终端的模式,而数字化的渠道是"以人为主"的分销模式,人对人分销,用数字技术重构组织和业务,打通与经销商的连接,同时帮助经销商打通与终端店的连接,实现品牌商与经销商共同推动终端店的动态营销。同时,在线预订平台集传统代理和营销平台于一体,带来了旅游业供给侧与需求侧的变化,不仅给上游供应商带来了更丰富的客源,也为下游的用户增添了更多便利。传统营销渠道的战略模式被拓展,开始探索新的破壁方式。

(1)自建数字化渠道

无论是对外的消费者服务还是对内的管理,一整套的线上体系支撑能够帮助企业的服务和营销更顺畅、高效。以万达酒店管理集团为例,2021年万达推出了自研的微信小程序订房平台、微信商城、积分商城和其他营销工具,仅1年的时间就实现了微信直销平台预订收入达2亿元。

(2)贴牌合作

网站的贴牌合作(White Label)就是两家网站合作向用户提供相应的产品或服务,但在网站上只显示合作网站的品牌,供应或服务商的品牌并不在合作网站上显示。如艺龙与京东商城开展贴牌合作,为其提供酒店库存,芒果网则是京东商城的机票库存供应商。

(3)营销联盟

面对行业内外激烈竞争,OTA跨领域结盟的现象并不鲜见。携程与1号店、苏宁易购、东方财富等多家互联网知名企业,联合组建中国互联网联合营销(United Marketing Association,UMA)联盟,谋求互联网企业间的广告资源交换。此外,垂直旅游搜索、旅游点评、在线购物返现网站和微博聚合了众多产品资源和用户群体,吸引了国内不少OTA陆续进驻,以扩大用户群规模和提升预订量。如万达酒店及度假村和飞猪实现会员"等级通、权益通、积分通",飞猪万达酒店集团旗舰店通过官方直营的方式服务和回馈双方会员。

4.推广数字化

传统的广告、人员推销等推广方式更偏向单向的传播,数字化的推广策略更看重用户的社交传播。用户购买了产品,营销才刚刚开始,购后的一系列措施才是关键,如用户关系管理等。在数字经济背景下,旅游企业的数字化营销对推广方式提出了更高的要求,在推广目的地的同时,还需满足互动性、个性化的要求。当下比较热门的互动化旅游营销推广方式有借助直播"云旅游"和用短视频的方式进行内容营销等。

受疫情影响,旅游企业纷纷加入直播大军,借助直播风口,开辟在线旅游产品预售营销新路径。直播是去中心化、去权威化的方式,人人都能直播。尤其是当地人或者导游,他们的直播能覆盖春夏秋冬和晨昏午晚,让目的地的推广变得更全面、更立体。另外,直播的即时和互动特性能让旅游推广更真实、更接地气,也能直接实现旅游产品的商业转化。

短视频时代,旅游内容以更立体、沉浸的方式呈现在用户面前,有趣的故事、动听的音乐、创意的剪辑让用户一次次在不经意间被击中,在一次次点赞时埋下心动的种子。短视频平台带火大批网红景点,拉动区域宣传,赋能旅游当地用户和行业生态,实现商业化变现。短视频作为一种轻量化、移动化、碎片化的信息传播载体,海量 UGC 与丰富的用户生态使其特别适合成为城市文化旅游宣传的发源地与大本营。

第四节　旅游数字化营销趋势

一、旅游数字化营销理念趋势

(一)内容营销走向深度化、专业化

数字时代的游客进入了一个"复合旅游场景",游客获取旅游信息的渠道、游客行为的触点越发离散,内容捕捉游客的难度也在不断加大。随着科技的不断发展,越来越多的智能技术被运用到内容营销当中,技术和算法帮助内容实现高效率的分发,AR、VR 等智能技术给内容营销带来了更多可能。

旅游内容营销的生态正在发生变化,涌现出更多元的内容生产方、服务机构以及新角色,为旅游内容营销注入了新活力。一方面,涌现出更多元的旅游内容平台方,如短视频、直播及"种草"平台,以及很多生活方式的垂直细分化内容平台。另一方面,更多的内容创意生产者加入,用各种熟悉的创意演绎手法,让品牌内容可以更戏剧化、更有趣、更有扩散性地呈现出来。

（二）向以游客为中心的全生命周期价值经营转变

相比传统时代线下获客的高人工成本和时间成本，旅游企业借助线上与线下的数字化触点，大范围快速收集覆盖目标消费者关注兴趣、产品体验、成交转化、售后服务、增购再购、推荐裂变等全维度的信息数据，建立涵盖游客全生命周期各业务维度的"360°消费者数据档案"。借助大数据分析技术，旅游企业可以做到"比游客更了解自己"。

同时，旅游企业还能够利用数字化驱动的游客运营手段，建立对游客的长期触达、促活与激励机制，不断提升游客与旅游企业的亲密度，增加游客留存。在旅游数字化营销时代，面对不断加剧的市场竞争，旅游企业需要全面提升对"游客全生命周期价值"的挖掘和管理，实现从销售产品向终身服务的转变。

二、旅游数字化营销工具趋势

（一）网红营销演变为常规的旅游营销模式

网红营销业正在繁荣发展，网红经济已经形成了较为完整的产业链。旅游直播电商等新业态高速崛起，产业链商业模式日渐清晰，"内容即营销，流量即渠道"的逻辑更是重塑了传统旅游业，并对流量、渠道、营销、商业模式等带来深远影响。如"网红文旅局长"逐渐成为全国多地旅游宣传营销的流行模式，既能提升当地旅游形象和影响力，也可促进后疫情旅游经济复苏。

网红营销能够帮助品牌的旅游业务产生以下营销优势：①为旅游目的地创造裂变效应；②为旅游品牌建立起信任感；③触及潜在的游客；④利用网红的号召性用语推动转换。Z世代已经成长为新媒体和社交媒体主力军，这部分群体将产生巨大的消费购买力，他们在社交媒体花费的时间占据了大部分的社交时长。社交媒体的繁荣和爆发引发了旅游业中KOL的增加，这种影响甚至延伸到了各个酒店、餐厅等，具有强大的带动作用和辐射效应。与特种兵式旅行截然相反的旅行方式"City Walk"正在各个媒体上悄然走红，"City Walk"正在成为打开城市的新方式。在小红书上，关于"City Walk"的笔记已经多达40万余篇，还衍生出了"City Walk"穿搭、"City Walk"组团、"City Walk"装备等一系列话题。其中，就有不少人开始在社交媒体平台组团、寻找"City Walk 搭子"。此外，网红打卡地已经成为一个引人注目的名词，将他们的粉丝引入目的地酒店的社交媒体页面或直接网站，相比传统平台来说，其具有独立样式和观点的页面将获得更多用户的好评。

（二）短视频与直播互补互融

近两年，短视频行业与直播行业间的互融已经是大势所趋。直播具有高即时性、强互动性，可通过和用户的实时互动及时了解用户需求，为短视频内容的创作提供方法论指导，但直播引流是一个至关重要的环节。短视频可以通过优质的内容为直播预热引流,用户被引流到直播间后,主播再通过专业讲解促使用户完成消费转化。短视频和直播间两者结合发挥作用,往往会有更好的商业效果。同时,由于直播的时空限制较大,直播内容难以留存,而短视频可以补齐这一短板,为直播内容留存助力。对于直播中所产生的优质内容,短视频可以进行二次加工,精准分发。另外,直播所带来的流量也会进一步为短视频助力。短视频和直播互相助力,互相补位,借助"短视频＋直播"组合拳,丰富旅游内容表现形式,最大限度地为平台带来流量,也为短视频和直播行业的发展注入活力。

(三)与用户互动,实现品牌价值共创

伴随新一代信息技术的持续深耕与社交网络的火热之势,用户获得信息的方式由原来的单一渠道变为多渠道,各种社交网站、相关人群组成的微信群等社群成为旅游企业营销新的主战场。以公众号、小程序、直播等社群互动为例,通过内容传播、高频互动实现与用户的直接对话,进而在社交场景下实现有效转化,用户参与下的品牌价值共创互动场景逐渐形成,帮助用户在游玩中获得更加深入、便捷、智能的体验。用户通过积极参与企业的研发、设计和生产过程,以及在消费领域贡献自己的知识技能创造更好的消费体验,相关社会价值最终由用户与企业或其他利益相关者共同创造,且最终由用户来决定。价值共创对企业和用户都具有重要意义。通过让用户参与价值共创,企业可以提高服务质量,降低成本,发现市场机会,创新产品,提高品牌知名度,提升品牌价值等。

对旅游企业而言,全面的旅游资讯、即时性沟通、基于位置的服务(Location Based Services,LBS)以及在线商城等诸多功能可以更好地提升用户旅行全场景的线上服务体验。另外,通过给用户提供便捷的线上旅行服务,旅游企业还能收获海量精准的用户数据。通过数据再完善场景化的优质服务,不断循环,提高用户的兴趣度,吸引并留住用户,最终帮助旅游品牌完成从粉丝到用户的转化、销售的转化以及口碑的转化。例如,网络主播通过在线评论、连麦等形式与用户展开实时互动,与用户维系情感,创新用户的品牌体验,实现从"引流"到"变现"的过程。

(四)"AI＋旅游"让旅途生活更美好

随着国内OTA龙头加速布局"AI＋旅行",AI对话预订酒旅交通将成为未来主要商业模式,AI技术的发展有望引领旅游相关行业新一轮革命,对旅游行业的影响多元化:①AI有望实现降本增效。在线旅游公司客服等人力成本占经营支出比例较高,生成式AI大模型出现后有望降低人力成本,并进一步赋能智能客服场景。②多元个性化服务,有助于用户体验提升。未来基于AI的旅游私人助理有望变为现实,帮助用户实现省时、省心、省力的目标。③加强评论数据分析,优化搜索引擎。基于AI大模型,有望实现对酒店、景区等评论数据分析,提高销售转化率,并协助优化搜索引擎。

2023年7月17日,携程集团发布首个旅游行业垂直大模型——携程问道,这是在AI 2.0时代下国内全球第一个旅游产业大模型。在生成式人工智能(Artificial

Intelligence Generated Content，AIGC)的助力下，携程问道具备并将持续迭代两个方面的能力：一是用户需求尚未确定时，为其提供出行推荐服务。用户提出想法，携程问道可从地域、主题特色等维度，推荐旅行目的地、酒店、景点、行程规划和实时优惠的选项。二是在用户需求相对明确时，提供智能查询结果。用户可用文字和语音的形式查询机票和酒店产品。

三、旅游数字化营销平台趋势

(一)移动端营销将更加重要

越来越多的用户选择使用移动互联网了解旅游景区和旅游攻略，订购景区门票和相关旅游服务。其中的移动互联网包括微信、微博等社交软件，也包括今日头条、搜狐新闻、凤凰新闻等新闻资讯聚合类 App，更包括携程、去哪儿、阿里旅行等在线旅游平台，当然也少不了面包旅行、航旅纵横、马蜂窝等细分、个性化的旅游 App。一方面旅游企业可以通过移动终端发布产品、推送广告、开展各种销售促进活动、强化旅游企业品牌认知等；另一方面，用户能够打破时间和空间的限制，更灵活地开展自主订阅、信息获取、产品购买、体验分享等一系列活动，实现旅游企业—媒体—用户之间的全新互动。

"80 后""90 后"也成为在移动端预订产品的主力军。用户体验设计将在移动端交互的开发方面发挥重要作用，以用户的差异化服务需求为导向，提高 UI 设计的安全性、体验性，从交互层面提高用户体验。

(二)营销自动化执行与精准投放

搭建智能化营销体系包括深度洞察消费者行为数据背后的价值，消除信息孤岛，打通旅游企业客户关系管理(Customer Relationship Management，CRM)，改变旅游企业粗放的营销方式，变更为更加精细的营销等。这也是目前在海外非常成熟的 Marketing Automation 概念，即营销自动化，采用软件系统让营销活动自动化，也就是可以把市场部本来需要人工执行的策略，如邮件营销、社交媒体发文或者广告投放等，用机器来进行自动化的配置和重复，实现高效率的市场运营。它的核心价值在于为旅游企业构建起一个智慧营销闭环，并在这个持续不断对消费者进行发力的闭环系统中，通过人工智能、大数据分析等手段来识别目标消费者，并在一堆纷繁复杂的触点环境中，寻找出令消费者产生兴趣的"关键点"。当然，这个"关键点"不是一成不变的；相反，它是一个动态的点，会随消费者所处的环境、场景、交互方式而变化。营销自动化是一个可以不断优化的生态系统，让旅游企业在透明和可控的环境中不断优化营销的效果，为消费者或人群提供一对一的个性化营销，从而实现从陌生人到消费者的连接、参与、培育和转化。

借助 MarketUP 的营销自动化技术，旅游企业可以搭建以微信公众号为中心的社会化客户关系管理(Social Customer Relationship Management，SCRM)系统，自建流量池，将用户集中在微信公众号。根据人群特征将微信公众号的用户分群组，将不同营销内容推送给用户,满足不同人群的需求,实现"千人千面"的精准营销。营销自动化具有以下优势:①提高旅游消费者体验。通过对消费者行为的追踪和分析,为消费者提供个性化的、有针对性的服务。例如,当消费者在网站上搜索某个旅游产品时,营销自动化系统可以根据消费者历史浏览记录和行为特征,向消费者推荐类似的旅游产品,提高消费者的满意度和购买意愿。②提高销售效率。可以对消费者进行自动化的营销活动,如发送电子邮件、短信、微信等,从而提高销售效率。营销自动化还可以实现自动化的销售流程,如自动化的报价、订单处理、支付等,减少人工干预,提高销售效率。③降低营销成本。通过对消费者行为的分析,精准地找到潜在消费者,减少营销成本。同时,营销自动化可以实现自动化的营销流程,减少人工干预,降低营销成本。④提高消费者忠诚度。营销自动化可以实现自动化的消费者关怀,如生日祝福、节日问候等,增强消费者与企业的情感联系,提高消费者忠诚度。

(三)全流程数字化赋能闭环营销

数字技术已渗透到营销的各个环节。将用户行为数据、消费数据、关系数据、语音语义等海量信息进行收集与存储,通过大规模训练集群、自然语言处理、生物信息、神经网络等人工智能技术加以分析,对数据进行标注、图像识别、情绪识别等,描绘出更精准的用户画像。通过用户画像积累,可以更好地划分用户类型,建立用户价值矩阵。针对具有高频互动的高质量用户,实现定向输出内容或定制化产品推送。基于自动化线索培育,主动触达用户并发送内容,实现更为实时、面向用户生命周期关键节点的自动化、高效化营销。同时,通过与旅游企业 CRM 系统的无缝衔接,实现市场与销售数据的全面打通,将实时获得的最新线索与用户行为轨迹,自动分配给销售团队,提升协作与沟通效率,帮助旅游企业提升不同获客渠道的转化投资回报率(Return On Investment,ROI)。最后,通过营销结果的实时反馈,实现对用户转化率、复购率、忠实度等的判断,从而实现营销闭环全过程,赋能下一轮的旅游数字化营销活动。

本章小结

本章是本教材的起点,统领本教材的整体框架,为后续学习奠定基础。主要分析旅游数字化营销的概念、特点、框架与发展趋势,为后续章节的学习提供逻辑框架与全面指引。通过学习本章内容,有助于了解旅游数字化营销概念与基本框架,结合数字化管理理论与旅游市场营销理论,理解旅游数字化营销的内涵与特点。

即测即评

复习思考题

(1)你对旅游数字化营销有哪些直观的体验?

(2)旅游数字化营销具有哪些特点?

(3)"文博＋数字化营销"有哪些创新? 请围绕"吃住行游购娱"展开说说。

(4)旅游数字化营销发展还存在很多问题,谈谈你对这些问题的看法。

(5)试分析旅游数字化营销的发展趋势。

参考文献

[1] 安贺新.旅游市场营销学[M].2版.北京:清华大学出版社,2016.

[2] 曾子明.信息推荐系统[M].2版.武汉:武汉大学出版社,2020.

[3] 邓宁,牛宇.旅游大数据:理论与应用[M].北京:旅游教育出版社,2019.

[4] 李永平,董彦峰,黄海平.数字营销[M].北京:清华大学出版社,2021.

[5] 曲颖,李天元.旅游市场营销[M].2版.北京:中国人民大学出版社,2018.

[6] 王永贵.市场营销[M].2版.北京:中国人民大学出版社,2022.

案例思考题

"网红"故宫

"网红"故宫近几年的数字化营销在用户定位、产品研发、产品定位、产品定价、宣传方法、营销手段等方面不断推陈出新,通过深挖品牌历史故事、创意表现方式,与用户交流,激发用户创意;并通过IP授权,与多品牌跨界联合,成功实现了品牌年轻化,成为教科书级别的IP营销案例。打造"故宫＋粉丝"的独特传播路径,使故宫被赋予了故事性,再利用数字化营销的传播优势,使它的IP价值在传播中被不断放大。

从2018年国潮、国风的兴起可以看出来,要赢得中国消费者,讲好一个中国故事至关重要。那么作为国潮标志性典范的故宫,这个超级IP的炼成都用了哪些营销策略?

1.产品策略:颠覆形象,品牌年轻化

故宫致力于将传统文化与人们日常生活相结合,将古代建筑、文物、历史等文化元素植入时尚新潮的当代工艺品中,实现"把故宫带回家"的服务理念。故宫文创产品丰富多元,注重实用性、环保、性价比,包括生活潮品、文房书籍、宫廷首饰、彩妆、娃娃、文化衫等,同时故宫胶带、故宫口红等网红产品层出不穷,赢得良好的口碑。同时,通过跨界合作,利用自身的IP品牌形象,与一些深受年轻消费群体喜爱的时尚品牌合作,共同研发并联合推出时尚产品,如麦当劳"故宫桶"、安踏国风潮鞋、周大福故宫兔子系列等,通过合作打造爆款,实现品牌间的互利。

2.新媒体宣传,话题营销

随着全媒体时代的到来,故宫的宣传推广形式不再单一,而是联动线上线下,率先形成较为完善的全媒体矩阵,让更多的人认识和了解故宫,扩大其影响力与传播力。故宫通过整合和应用新媒体网络营销,借助微博、微信、抖音、B 站及各类移动 App 社交媒体软件,积极增强社交属性,发挥热点话题的动员能力。如2022 年 5 月 18 日国际博物馆日之际,抖音与故宫博物院推出"抖来云逛馆"计划,助力故宫的藏品文物视频化,打造视频版百科全书,为公众呈现真实、准确、直观、生动的故宫历史文化。《2022 抖音博物馆数据报告》显示,过去一年,故宫博物院相关视频获赞 1.3 亿次,位居抖音网友喜爱的博物馆第一名。同时,故宫相关内容直播达 13 179 场,3.2 亿人次观看。

3.渠道策略:"线上＋线下",整合营销

线下渠道主要包括线下实体店及一些活动等。故宫文创的线下实体店均在故宫附近,主要面向的消费群体为参观故宫的游客。线上渠道覆盖国内互联网巨头平台阿里巴巴、腾讯、京东,既有 PC 端店铺,又有移动端店铺。如故宫淘宝店、天猫故宫博物院文创旗舰店、故宫博物院文化创意馆(微信店铺),店铺实施差异化经营,共同塑造故宫文创的整体形象。

4.数字技术助力营销

数字化是故宫网红之路上不可或缺的一步。通过数字票据、与互联网巨头合作等花式营销方法,打造了独属于故宫的数字化营销生态系统。"数字故宫"小程序上线后,一年间,观众通过居家游故宫到亲身游故宫,小程序一直陪伴左右。既可买门票、约展览,推荐赏花、乘凉等各种观赏路线,又可随时对照文物,查阅国宝故事。在"玩转故宫"小程序中,腾讯地图则用了 LBS 位置、精准定位、手绘地图、高清测绘、POI 地理围栏等行业领先技术。线下,故宫博物院通过互动投影、试衣魔镜、AR、VR、数字沙盘等技术,可以最大限度地打破空间限制,以文字、视频、动画等形式,将古董的来源、价值、功能、相关故事等细节性信息都展示出来。2021 年故宫与腾讯联合主办"'纹'以载道——故宫腾讯沉浸式数字体验展",探寻故宫文物的丰富内涵,用最前沿的方式呈现中国优秀传统文化。

(资料来源:根据故宫博物院官网整理)

讨论题:

(1)故宫的营销策略对其他博物馆的营销和传播可以提供哪些借鉴?

(2)还有哪些方式可以助力故宫博物院出圈?

(3)故宫在"吃住行游购娱"上如何进一步创新?

(4)根据本案例,请分析如何借助数字化技术进一步提升游客体验。

第二章　旅游数字化市场分析

[学习目标]

(1)理解旅游数字化营销环境。

(2)了解用户画像在旅游中的应用。

(3)把握旅游数字化市场细分的概念与原则。

(4)理解旅游数字化目标市场及定位。

开篇案例

2023中国旅行消费趋势洞察白皮书

2023年腾讯文旅行业创见前沿论坛,腾讯营销洞察联合同程研究院推出《2023中国旅行消费趋势洞察白皮书》,报告基于问卷调研及同程旅行大数据,从孩子成长阶段和家庭结构的角度,将旅游核心客群划分为四类典型人群,即"年轻无孩人群""有孩家庭(学龄前)""有孩家庭(学龄中)""成熟家庭(孩子成年)",分析了四类典型人群的用户画像并提出了具体营销案例。

①年轻无孩人群喜欢新奇、小众、能满足社交需求的景点,注重效率、爱运动,爱去"有IP的地方",如景区音乐节、电竞赛事等泛娱乐IP,或者有极致"出片"感的景点。新奇、小众、兴趣社交是他们对理想旅行的要求,能够刷爆朋友圈的美图和视频则是他们最希望留下的"炫耀资本"。营销案例有横店影视城:繁星舞台巡游季·横店水上音乐节;长隆欢乐世界:U型滑板。

②有孩家庭(学龄前)把孩子的需求放在首位,看重商业化程度高的景点,也易被剧综取景地"种草",在"面面俱到"的同时拥有专属于自家的独特回忆。因此,那些主打趣味性、便利性的亲子产品是吸引这类人群的法宝。营销案例有拈花湾:暑期嬉水节;长隆:"五一"套票;海合安集团:超级动画IP嘉年华。

③有孩家庭(学龄中)关心孩子学习与成长,倾向于安排与孩子兴趣爱好相契合的景点。充分考虑及尊重孩子的兴趣爱好能让旅行"事半功倍"。无论是学习之旅、冒险之旅,还是娱乐之旅,只要"兴趣使然",就能给予孩子体验感和满足感。其中,研学、夏令

营、博物馆等主打长知识、学技能的旅游产品能直击家长的兴趣点。营销案例有昆明热雪奇迹:"五一"少年营活动;神仙居:暑期师生特惠;科技馆/露营地:《自然博物密码》亲子综艺。

④成熟家庭(孩子成年)希望充分利用闲暇时光四处走走看看。他们喜欢名山大川、历史古迹,也爱"田园牧歌",那些一站式旅游、康养旅居服务和品质型/定制型产品最容易打动他们。营销案例有维京邮轮:春节游轮行;维京邮轮:东南海岸文游航线。(资料来源:http://www.ctnews.com.cn/baogao/content/2023-08/25/content_148547.html)

当前正处于数字经济时代,旅游企业已进入了数字化转型这一浪潮之中,在不断变化的市场需求与环境下,通过多种新兴技术融合的方式,对以多方数据并行的多渠道营销数据进行分析管理,已经成为大多数旅游企业完成营销数字化转型的选择。未来20年,数字化将给旅游企业带来怎样的影响?从纸媒时代到移动互联网时代乃至未来的万物互联时代,消费者代际更迭,旅游企业需要满足消费市场迅速崛起的个性化消费需求,推出适应新时代消费者喜好的营销方式,顺应新的需求制定营销策略。如何运用市场营销理论进行市场细分、选择适当的市场目标和定位成为当下的研究热点。此外,大数据的使用贯穿整个市场分析的始末,对市场分析的效果起着至关重要的作用,成为市场细分、目标市场选择和定位等不可或缺的重要信息基础。

第一节　旅游数字化营销环境

数字化营销环境包括两大要素:宏观环境和微观环境。宏观环境又称远程环境,由能够决定组织成功与否的外部力量组成。这些力量来自市场,而且在很大程度上超出了组织的直接控制,如政策支持、市场变革、技术发展和创新、文化融入。微观环境又称操作环境,它关注的是塑造即时交易环境的参与者。这些参与者包括需要且想要得到满足的旅游企业及消费者。在旅游业数字化转型进程中,既要追寻底层逻辑,从商业本质出发,充分了解旅游业的各层次、各要素之间的商业逻辑,又要在各种旅游资源的开发和利用过程中,统筹考虑旅游业的各参与主体及各项要素,直面转型考验。[①]

---

① 查菲,埃利斯-查德威克.数字营销:战略、实施与实践[M].7版.王峰,韩晓敏,译.北京:清华大学出版社,2022.

一、旅游数字化营销宏观环境

（一）政策支持

大力发展数字文旅，推进文旅产业转型升级，促进文旅产业高质量发展，是社会主义文化强国建设的重要内容。旅游行业数字化主要受旅游业相关行业政策直接影响，我国高度重视数字技术对旅游业高质量发展的赋能，在国家出台的相关政策举措中，数字化营销成为推动旅游行业复苏、促进消费扩容提质的重要内容。推动旅游业数字化政策汇总见表 2-1。

表 2-1　推动旅游业数字化政策汇总

时间	发布机构	标题	内容
2020 年 11 月	文化和旅游部等十部门	关于深化"互联网＋旅游"推动旅游业高质量发展的意见	坚持技术赋能，推动旅游业发展质量、效率和动力变革
2021 年 4 月	文化和旅游部	"十四五"文化和旅游科技创新规划	高度重视科技创新在推动旅游业高质量发展中的重要作用
2021 年 12 月	国务院	"十四五"旅游业发展规划	充分运用数字化、网络化、智能化科技创新成果，升级传统旅游业态，创新产品和服务方式，推动旅游业从资源驱动向创新驱动转变
2022 年 9 月	文化和旅游部资源开发司、国家发展改革委社会发展司	智慧旅游场景应用指南（试行）	选取了智慧信息发布、智慧预约预订、智慧交通调度、智慧旅游停车、智慧游客分流、智慧导览讲解、沉浸式体验、智慧酒店入住、智慧旅游营销、智慧安全监管等 10 个智慧旅游典型场景。同时，遴选了 17 个智慧旅游场景应用典型案例
2022 年 10 月	文化和旅游部	2022 年文化和旅游数字化创新实践案例	包括十佳案例和 20 个优秀案例，聚焦 5G、人工智能、大数据、云计算等数字技术在文化和旅游领域的创新应用
2023 年 3 月	文化和旅游部	关于推动在线旅游市场高质量发展的意见	推动在线旅游数字化营销，支持在线旅游经营者利用网络直播、短视频平台开展线上旅游展示活动，提升行业管理的数字化水平
2023 年 4 月	工业和信息化部、文化和旅游部	关于加强 5G＋智慧旅游协同创新发展的通知	推广云旅游、云直播等线上服务模式，增强游客体验，提升游客感知。推动 5G 与物联网、虚拟现实、增强现实、数字孪生、机器人等技术和产品的有效融合，引导 5G＋4K/8K 超高清视频、5G 智慧导览、5G＋VR/AR 沉浸式旅游等应用场景规模发展，满足游客的旅游全过程智慧体验

续表

时　间	发布机构	标题	内容
2023 年 6 月	文化和旅游部办公厅	关于开展 2023 年文化和旅游数字化创新示范案例征集评选工作的通知	征集利用 5G、人工智能、物联网、大数据、云计算、虚拟现实、增强现实、北斗导航、区块链等信息技术在文化和旅游领域创新应用的示范案例

资料来源:笔者整理,资料整理时间截至 2023 年 6 月。

(二)市场变革

1. 数字经济带动

2018 年,中国数字营销行业市场规模约为 3 871 亿元,同比增长 23％。近年来,数字营销行业发展速度较快,数字经济带动数字营销行业快速发展。随着全球互联网、社交媒体、人工智能的快速发展,人们与企业之间的互动方式有了质的变化,传统的电视、广播和平面广告效果已大打折扣,互联网的应用已成为大家的首选。如今营销方式多样化、数字化,线下服务与线上销售融合,淘宝电商与抖音互动联通"边看边买"。目前,中国有 10.3 亿社交媒体用户,占中国总人口的 72％,16—64 岁的中国用户每天的平均上网时长约 5 个半小时。近年来,中国的数字用户数量以惊人的速度增长。在线购物平台、移动应用程序和社交媒体等数字化领域也在迅速发展,数字化营销正在从传统媒体向数字化媒体转型。在 5G 网络和人工智能技术的推动下,数字化营销将会更加普及和高效。[①]

2. 消费升级

除降本增效之外,旅游业数字化的最终指向是创造新消费。以贵州为例,通过"旅游＋文化""旅游＋体育""旅游＋康养"等模式,不断完善旅游的文娱功能,破解游得多玩得少、看得多买得少、观光旅游多休闲度假少的难题,真正激活了旅游"二次消费""多次消费"。黄果树瀑布景区为了让"过境游"变"过夜游",围绕夜生活消费主题场景,推出由 10 余项光影体验互动和真人演艺表演构成的夜游项目,延长了游客的停留时间。此外,贵州推动重点景区数字化转型,打造一批优质智慧旅游景区,发展线上数字化体验产品,呈现定制、体验、智能、互动等消费新模式,打造旅游体验新场景,使大数据赋能旅游产业。据统计,2021 年 6 月以来,全新升级的夜游项目累计吸引 300 万余人次走进并驻足黄果树瀑布景区,成为拉动经济的新增长点。如今,贵州已实现从景区旅游到全域旅游的华丽蝶变,形成新的生产力和竞争力。2021 年,旅游总收入增长 15.91％,游客人均花费突破 1 000 元,旅游及相关产业增加值突破 1 000 亿元,城市旅游品牌影响力提升,旅游产业实现从有到优的跨越式发展。[②]

---

① 资料来源:《2023 年中国数字化营销洞察报告》。
② 资料来源:http://gz.people.com.cn/n2/2022/1022/c222152-40166458.html。

（三）技术发展和创新

1.电子支付

中国的电子支付在全球处于领先水平,数字化转型对支持复杂生态的交易和资金处理能力提出了更高的要求,电子支付可以帮助企业从完成交易到创造交易,最终完成"收款＋结算"一条长产业链完整的解决方案,实现降本增效。随着数字化进程加速,企业更要借力账户体系搭建、合单支付、聚合支付、分账、大数据分析等支付及数字科技增值体系来提升资金及交易处理能力,并确保业务合规和资金安全。此外,数字人民币应用场景持续扩容。海南、青岛、大连等地均启动了数字人民币的景区购票应用场景。海南作为数字人民币第二批试点地区,也开启了离岛免税购物支付场景。海南旅游景区的试点纷纷落地,继数字人民币支付场景在海口火山口地质公园旅游景区落地后,海南热带野生动植物园于 2021 年 4 月 30 日也实现了数字人民币购票应用场景。与此同时,数字人民币在航旅业的应用也有了突破性进展。2022 年 1 月 21 日,中国首张基于区块链智能合约并以数字人民币 B2B(企业对企业)结算的机票成功在一起飞国际机票网旗下的商旅管理平台"一起飞差旅宝"开出,标志着"航空机票领域区块链智能合约与数字人民币场景应用发展战略"的创新项目试点成功。

2.新基建

新基建是以新发展理念为引领,以技术创新为驱动,以信息网络为基础,面向高质量发展需要,提供数字转型、智能升级、融合创新等服务的基础设施体系。数字文旅产业发展离不开一系列基础设施,5G、大数据中心、人工智能、工业互联网等新基建将解决文旅产业的社会化属性导致的产业数字化基础薄弱等问题,进一步完善旅游景区数字化基础设施建设,夯实数字文旅发展根基。例如,通过提供高带宽、低时延的 5G 网络,解决景区人流密集下的网络访问困难等问题;另外,随着新基建进程的加快,将推动旅游大数据中心、物联网感知设备、人脸识别闸机等硬件和软件数字化基础设施建设,提升文旅行业数字化、智能化水平,为文旅产业数字化发展奠定坚实基础。

3.区块链技术

第一,旅游业与区块链的结合方向,主要围绕旅游业高质量发展,以解决行业发展的基础问题和"痛点"为目标,找准应用场景,逐步打开发展空间。比如,以定制游为例作为中高端服务产品,定制游的消费者追求个性化,难免导致消费者实际需求与商家产品服务存在矛盾。在此背景下,供需双方的合约及服务轨迹可以利用区块链技术形成不可篡改的记录并保存,一方面能保障双方的合法权益,另一方面为企业打通数据链、增量引流、实现行业发展的数字化赋能,提升旅游企业的服务能力,也能为消费者带来情景交融、虚实相生的创新旅游体验形式,跨越自然、人文、经济等多重核心视域。第二,基于区块链技术为政府提供数字化的监管模式,能够更加有效制定配套政策。一方面,可以为数字政府治理提供包括分布式的数据确权认定、完整性保护、隐私保护和共享共治等基础数据信任体系架构,以及司法存证、身份识别认证、合同管理、业务协同办理、合规管理乃至经济、社会数据调查统计等一系列信任服务。另一方面,能够真实、有效地进行经济社会有关数据的调查统计。政府对经济社会的统计调查工作,是认识经济社会发展的"晴雨表"、提供决策的"参谋长",以及公众了解社会的"信息窗",确保统计数据的真实可靠关系到决策合理性和科学性。基于区块链的治理架构,采集数据具备了溯源和不可篡改能力,就可以落实"谁产生数据、谁更改数据就由谁负责"的原则。同时,区块链技术的应用能够在较低成本下拓宽收集范围,确保各级政府可以快速高效收集大量、多类型的真实数据,为政府决策提供更优数据支撑。此外,架构的分布模式确保了各级政府数据指令的一致性,有效避免了因层级过多而出现政策滞后、数据失真等现象。第三,区块链技术使门票、文创商品与数字藏品联姻,激活了潜在游客和二次消费。数字藏品作为区块链上的一种数字资产,也可以说是有收藏价值的虚拟产品,一件件数字藏品其实都是一个个形象、道具或场景,这些都是 IP 的基本要素。目前各旅游景区争相挤入数字藏品领域,如西安大唐不夜城打造的"大唐开元"系列数字藏品、苏州虎丘推出"苏州市虎丘山风景名胜区"系列数字藏品、厦门发行"鼓浪屿日与夜"系列数字藏品等。

4. 互联网平台

《关于深化"互联网＋旅游"推动旅游业高质量发展的意见》明确提出,坚持技术赋能,深入推进旅游领域数字化、网络化、智能化转型升级。以互联网为代表的现代信息技术带动了一轮又一轮的旅行服务创新,助力旅游市场高质量发展。如景区、饭店、博物馆等与互联网服务平台合作,在线上实现门票预订、旅游信息展示、文旅创意产品销售等功能。一些景区通过数字化改造,完善分时段预约游览、流量监测监控、智能停车场等服务,让景区参观更有秩序,改善了游览体验。还有一些景区开发数字化体验产品,普及电子地图等智慧化服务,丰富了参观体验。中国社会科学院财经战略研究院和美团联合发布的《中国景区预约旅游便利度指数报告》显示,我国 AAAAA 级、AAAA 级景区和一级博物馆的预约旅游便利度进一步提升,超过 90％的 AAAAA 级景区已实现网络售票、分时预约等便利服务。

(四)文化融入

第一,文化广泛植入、融进各种旅游活动,其主要表现之一是与影视相关的事件发生地、影视拍摄地成为旅游吸引物。电影《长津湖》热映,辽宁的红色旅游景点、浙江天台县的寒山湖都成为热门景区。在上海,四行仓库假日期间迎来参观高峰。近年来,四行仓库的客流量与日俱增,受电影《八佰》热映影响,想身临其境体验仓库保卫战场景的游客络绎不绝。

第二,文化赋能还表现在短视频运用叙事策略拓展故事题材,从而增强旅游目的地传播效果。长沙近年来成为网红城市,长沙美食的声名远扬,橘子洲头、岳麓山等景点走俏……这些与短视频运用叙事策略有很大关系。短视频时代,文旅内容以更立体、沉浸的方式呈现在消费者面前,有趣的故事、动听的音乐、创意的剪辑,让消费者一次次在不经意间被击中,在一次次点赞时埋下心动的种子。

第三,在旅游新业态新模式中,不乏"快闪店""首店经济""首发经济"的身影。一些快闪店无缝衔接文化和旅游产品,进入游客假期行程中。快闪店的品牌化运作、场景化营销、数字化创意往往引人瞩目。假日期间,南京有快闪店甚至与艺术节结合,打破品牌传播、实体零售、场景营销、时尚展演的界限。从全国范围看,2022年快闪店交易额规模达到3 200亿元,其中场地交易额规模突破800亿元。

二、旅游数字化营销微观环境

(一)数字化转型赋能企业

数字化转型是指企业通过使用新的数字技术改进企业的核心业务,增强消费者体验、简化运营流程或创建新的商业模式的变革过程。数字化转型可以帮助企业利用先进的数字技术将某个生产经营环节乃至整个业务流程连接起来,形成有价值的数据资产,通过智能计算、反馈和管理这些数据信息,最终赋能企业商业价值创造的过程。[①]

1. 企业为消费者服务的能力大大提升

中央各部委发布的与制造企业数字化转型相关的"十四五"规划纲要中,有53%的内容将数字化转型列为重点任务和重点工程,从数字基础设施建设、关键技术攻关、数字产业布局等方面为企业数字化转型提供保障。数字技术赋予了各行各业的企业更强大的市场洞察能力和更加敏捷的市场反应能力。同时,通过运用各式各样的数字营销手段(如直播营销、人工智能营销、视频营销、社交媒体营销等),往往能够大大提升为消费者提供卓越服务的能力。

2022年,苏州乐园和徐州乐园在抖音上的直播超过了100场。直播分为大直播和小直播。大直播是指以销售为主的直播,主推一些特价票或者阶段性的优惠商品,目的是带动销量。商品以门票为主,附带一些有乐园特色的商品,从属性看更偏向于渡难关。乐园的常态化小直播以游玩体验分享为主,小直播的销售量低于大直播,不过直播宣传已经成为常态化的营销工作,属于谋发展。

以泰山为例,景区的客流动态监测和分析依据在于景区的票务系统,景区实时统计检票入园人数、出山人数、实时在园人数和动态在园人数,这部分是基础数据。更细化的数据是景区内不同区域不同路线上的游客动态情况实时数据,通过景区信息化智能化系统对泰山各个区域的游客进行客流密度动态监测。如果某个区域超限超量,或者密度超出预警,景区都能及时通过信息化系统监测到,由指挥部采取分流疏导措施,维持客流秩序,避免景区拥堵等情况的发生,保障游客安全和整个旅游秩序。此外,泰山通过数字化

---

① 王永贵,项典典.数字营销:新时代市场营销学[M].北京:高等教育出版社,2023.

手段成为全国首个无证明景区。无证明景区意味持有学生证、残疾人证等优惠票群体游客无须去窗口验证身份购票，可以通过线上认证直接购票，到达景区后刷身份证或者验证码直接入园，节约游客时间。数字化技术帮助实现全覆盖的网上预约，针对学生群体，景区将票务系统和教育部的学籍信息网打通，学生群体在网上提交学生票申请之后，景区将他的身份证号和教育部数据比对，认证后学生群体可以在网上购买半价票，不用去现场窗口用证件来购买，这一举措在提升游客体验方面的作用比较明显。

2.“平台＋”生态的未来发展趋势

未来企业之间的生存与发展不再是单打独斗，企业与企业之间由激烈的竞争关系转向命运共同体，各方都通过彼此之间整合产品和服务来共同创造价值，形成资源共享、合作共赢的新生态。“平台＋技术”必将有助于促进技术和产业数字化融合，“平台＋场景”则一定有助于企业为消费者提供更加高效、可靠的数字化解决方案。可见，平台已成为企业数字营销实践的主要市场环境，未来“平台＋”的新业态场景将会层出不穷。

第一，“平台＋技术”，促进技术和产业数字化融合。数字技术因其高效、统筹等特点，可有效分析区域化数据，更加清晰地反映出地方发展特点，这与文旅产业开发相吻合。从文化和旅游业发展的历程来看，现代信息技术的应用与发展，推动了大规模文化和旅游消费，文化和旅游业的数字化进程从未停止。文旅产业数字化逐步打破文化产业和旅游产业的边界，推动两大产业向更广范围、更深层次、更高水平上实现深度融合。比如，近年来VR、AR、5G等数字技术在文旅产业中被广泛使用，各类传统文化资源和旅游资源借助数字技术得以“活起来”，诞生了诸如虚拟现实景区、虚拟现实娱乐、数字博物馆等全新的文旅业态。随着数字技术的进一步渗透，数字化将不断创造文旅产业新资源，催生文旅融合新业态，推动形成数字文旅新生态和数字化新型供应链，从而变革文旅产业发展的基础设施，改变文旅产业发展的商业模式，提升文旅产业有效供给水平，开拓文旅产业发展新空间。

第二，“平台＋场景”，提供数字化解决方案。旅游目的地的数字化服务标准三件套是以“一个中心＋三个平台＋N个应用”构成了全域旅游建设体系，面向县域级旅游解决景区痛点，功能涵盖景点门票、酒店（民宿）住宿、旅行社线路产品等在线预订、旅游商品在线购买、旅游攻略查询、景点推荐、旅游售后在线维权，满足了游客“吃住行游购娱”的需求。比如，“码上游临安”线上平台集成了临安全域文化和旅游产业的政府公共资源和社会市场资源，汇聚了临安本地“吃住行游购娱”公共服务权威信息，涵盖了景区门票、酒店民宿、自助套餐、旅游线路、美食特产、交通出行、特色餐厅、私人定制等内容，为游客提供多样化、个性化、定制化的全过程服务体验。

（二）数字化转型赋能消费者

数字技术赋能是指以数字技术为基础驱动经济社会及各方面创新与增长的过程。从企业和消费者这些市场的基本单位来看，数字技术既是当下企业开展数字营销的关键要素和工具，又是消费者参与市场活动的重要技术支撑。

1. 个性化的定制产品或服务备受青睐

旅游需求是个性化需求,数字化的发展使旅游的柔性生产成本更低、效率更高,旅游业满足细分小众市场的能力大幅提高。在数字营销实践中,企业可以基于数字技术创新,为消费者提供更加个性化、定制化的体验。

为了更好地提高消费者的满意度和完成消费者的旅游诉求,西藏中国青年旅行社在小程序内特意推出 71 种额外旅程服务,可供消费者选择,其中包括旅拍、专线、高端纯玩、直升机游等套餐,消费者可直接通过小程序一键预约,下单方便。此外,为了避免游客在旅程中遗忘景区的注意事项而引发一系列麻烦,西藏中国青年旅行社也贴心地将套餐内容及注意事项都上传在小程序的类目上,只需要在手机上操作,旅客就可边走边查询,随时下载观看,完善消费者体验,堪称"旅程中的备忘录"。

2. 数字技术深刻改变了游客的行为与体验认知

近年来,随着短视频行业的快速发展,游客的行为与体验认知悄然发生了改变。数字技术的应用,将会不断拓展游客的体验内容、体验方式、体验质量,进一步改变游客的行为与体验认知,多样化的旅游需求将会继续发展,游客对沉浸式和交互式的体验更加青睐。

科技能够扩展"沉浸感"的内涵和表现形式边界。数字多媒体技术以其核心特征——虚拟性形成了视觉性、体验性、互动性和融合性,最终提供语言文字所描述不了的感受。一些数字多媒体技术也相应地转化为具有各自优势的产品与消费项目。这些产品与项目本身已经成为 IP,生动地帮助城市讲述故事、积累故事,为孵化 IP 贡献有效的价值。大型实景演艺项目《又见平遥》突破传统山水实景的布景,将古城元素与演出有机结合,游客可在不同主题形态的动态空间中捡拾祖先生活片段。据统计,2023 年 3 月以来,相比 2022 年同期,沉浸式文旅体验在美团、大众点评等平台上的消费需求增长 40%,沉浸式体验的订单量增长 58%。沉浸式体验不仅彰显了城市活力,还促进了消费升级,成为本地经济发展的新动能。

三、旅游企业数字化转型

旅游让生活更美好,数字化让旅游更精彩。数字技术赋能旅游企业高质量发展是指随着数字技术全面融入旅游企业,旅游企业数字化水平不断提升,推动旅游企业的生产方式、服务方式、治理方式等呈现数字化趋势,数字技术全方位、多角度、全链条改造旅游企业,提升旅游企业发展效率;通过产品的智能化、消费需求的个性化满足和旅游企业服务的在线化等新业态、新模式,提升旅游企业的产品质量和服务质量,激发旅游企业的新活力,旅游的信息时代正逐渐升级到数字时代。

(一)企业数字化转型现状

全球加速进入数字经济时代,人工智能、大数据、云计算等新技术迅速发展并与传统企业快速融合,一场由数字化转型带来的企业变革正在蓬勃发展。

第一，企业数字化转型不断加快，业务与技术合作更加密切。数字化转型已成为国内传统企业深化改革的必选项，经营管理者对数字化转型的认识和理解进一步加深，技术与业务的融合程度不断提高，更多企业结合行业需求和自身业务痛点制订数字化转型解决方案，并分阶段、分步骤落地实施。

第二，企业数字化转型加速，投入资金增长迅速。据统计，2020年企业数字化设施投入金额同比增长明显，其中45%的国有背景企业投资金额增长区间在25%以内；部分非国有背景企业的投资力度大于国有企业，33%的非国有背景企业投资金额增长区间为75%—100%。

第三，大量新兴技术在企业数字化转型中落地，人工智能和机器学习最具代表性。5G、人工智能、大数据、云计算、区块链、物联网等是数字经济的主流技术。其中，人工智能和机器学习在众多行业中找到落地场景，成为帮助传统企业数字化转型的重要工具。

（二）旅游企业数字化转型面临的问题

随着数字经济的发展，传统旅游企业同样希望通过数字化转型寻求新的发展契机。尤其是新冠疫情暴发后，消费行为的变化让旅游企业意识到数字化转型的重要性，涌现出了一批新兴数字化项目。但旅游业作为劳动密集型产业，前期科技储备不足，业务与科技关联度较低，虽大量投入数字化转型项目，但在落地过程中还面临着一些问题。

第一，数字化转型不仅需要承担初期高昂的软件和设备支出，而且涉及复杂的业务流程再造和管理模式变革，需要旅游企业克服固有资源约束和能力障碍，因而旅游企业数字化转型"雷声大、雨点小"几乎是全球数字经济发展的共同难题。

第二，旅游企业数字化转型首先是旅游企业自身的数字化，包括管理数字化、业务数字化和商业模式数字化多维度协同转型的系统工程，是一个由浅入深的复杂迭代过程。因前期基础薄弱，数字化转型时需要投入更多资金与人力，大部分旅游企业的利润较薄，如何在数字化转型周期内平衡成本与收益，兼顾好当下与长期的效益是一个难点。

第三，旅游企业数字化转型多是外因驱动和被赋能型的，因而转型不仅是企业内部价值链的数字化，还是企业所嵌入的整个生态的数字化。这就要求无论是传统供应链上的大型企业还是新型数字平台企业、数字化方案提供商，都能够面向旅游企业差异化需求，融通供应链上下游。供应链关系网络中牵一发而动全身，具有全面落实难等问题。

第四，新技术在旅游场景的应用还不充分。旅游业并不是技术研发的主要阵地，旅游业的数字化主要通过引入人工智能、大数据、VR/AR等技术辅助旅游产品规划开发，以此来促进旅游消费。但在现实中，技术与场景应用仍然存在信息不对称的情况。因此，如何有效利用数字化转型契机，使技术与旅游应用场景有机结合，避免陷入只重视技术投入而忽视旅游产品核心竞争力的误区，是旅游业数字化进程中需要解决的问题。

第五，多业务板块难以实现信息共享融合。旅游业包含旅行服务、酒店、交通、旅游零售等多种业务类型，大部分旅游企业会涉及两种以上业务。各业务板块间商业模式与运作逻辑存在一定差异,收集数据资源的侧重点亦有所不同,不同下属公司之间的数据管理系统也存在差别,因此统筹内部资源实现各业务板块之间的信息共享和数据融合存在一定困难。

第六,旅游业数字化人才缺口较大。随着旅游企业数字化转型的持续深入,旅游企业对数字化人才的需求也出现爆发式增长。旅游企业所需的人才不仅要精通数字技术,还需要通晓旅游业发展情况。但在实践中,此类人才严重缺乏,导致业务和技术跟不上,数字化转型难以落地。

专栏 2-1　FlyZoo Hotel 无人酒店

FlyZoo Hotel 酒店位于杭州市文一西路 966 号亲橙里 8 号楼,于 2018 年 12 月 18 日开业。相比传统的酒店,FlyZoo Hotel 酒店最明显的区别无疑是运行模式方面,FlyZoo Hotel 酒店绝大部分工作都由机器人完成,从预订到迎宾到入住登记再到退房,这些以往需要用人的环节完全由机器人完成,全流程无人化操作,不过在消费者退房后,整理方面的工作还是需要服务员来做。

消费者在手机上提前预订房间,直接在手机上或者酒店终端刷脸入住,智慧电梯、无触门控自动进行人脸识别。智能点亮入住楼层,自动开启房间门。一旦进入房间,天猫精灵智能管家可直接对室内温度、灯光、窗帘、电视等进行语音控制,还有机器人送物、送餐服务。

飞猪为酒店设计了全链路的体验流程,达摩院负责酒店创新研究计划,阿里云提供稳定安全的大数据底层服务,人工智能实验室(A. I. Labs)启用了最新设计的智慧机器人,智能场景事业部完成酒店整套数字化运营平台、AI 智能服务中枢和智能场景系统的研发。天猫等平台则为酒店家具床品提供了供应链,客房内的家具、床品及其他物件,支持 App 拍照后一键在线下单。(资料来源:https://www.traveldaily.cn/article/126314)

第二节　用户画像

数字经济时代,数据量呈爆炸式增长。大量的数据汇聚让用户画像变得更加具体,用户需求也随之走向精细化。用户画像的概念最早由交互设计之父 Alan Cooper 提出,"Personas are a concrete representation of target users"是真实用户的虚拟代表,是建立在一系列真实数据(Marketing data, Usability data)之上的目标用户模型。用户画像最初的意义在于帮助企业找寻目标用户,明确他们的喜好与厌恶,从而优化产品功能与服务,帮助企业快速找到精准用户群体、精准用户需求等更为广泛的信息进行各种精准营销,创造出更多的商业与社会价值。

用户画像对现实世界中用户建模,用户画像应该包含目标、方式、组织、标准、验证这五个方面。①目标指的是描述人,认识人,了解人,理解人。②方式分为非形式化手段,如使用文字、语言、图像、视频等方式描述人;形式化手段,即使用数据的方式来刻画人物的画像。③组织指的是结构化、非结构化的组织形式。④标准指的是使用常识、共识、知识体系的渐进过程来刻画人物,认识、了解用户。⑤验证侧重说明用户画像应该来源于事实,经得起推理和检验。

一、用户画像应用

作为大数据的根基,用户画像完美地抽象出一个用户的信息全貌,为进一步精准、快速地分析用户行为习惯、消费习惯等重要信息,提供了足够的数据基础,奠定了大数据时代的基石,广泛应用在精准营销、用户分析、数据应用、数据收集等领域。

(一)精准营销

从粗放式到精细化运营,将用户群体切割成更细的粒度,构建智能推荐系统,让营销对象更加聚焦。旅游行业商家不仅需要在产品设计、营销内容、营销方式等方面迎合当下的消费趋势,也需结合不同人群的行为偏好、出游动机、体验需求,提供更为精细的、定制化的、颗粒度更小的旅行体验以及营销方案。

(二)用户分析

用户画像也是了解用户的必要补充。在产品早期,产品经理通过用户调研和访谈的形式了解用户。在产品用户量增加后,调研的效率降低,这时候就可以辅以用户画像配合研究。方向包括新增的用户有什么特征、核心用户的属性是否发生变化等。

(三)数据应用

用户画像是很多数据产品的基础,诸如耳熟能详的推荐广告系统,利用关联规则计算;新一线城市用户通常喜欢什么目的地,利用聚类算法分析新一线城市用户出游方式等。如携程暑期报告分辨 MBTI;其中 I 人优选酒店度假,演唱会是 E 人派对,J 人提前三十天预订酒店,P 人主打说走就走。

(四)数据收集

数据收集大致分为网络行为数据、服务内行为数据、用户内容偏好数据、用户交易数据这四类。网络行为数据包括活跃人数、页面浏览量、访问时长、激活率、外部触点、社交数据等;服务内行为数据包括浏览路径、页面停留时间、访问深度、唯一页面浏览次数等;用户内容偏好数据包括浏览/收藏内容、评论内容、互动内容、生活形态偏好、品牌偏好等;用户交易数据(交易类服务)包括贡献率、客单价、连带率、回头率、流失率等。

二、用户画像数据类型

用户画像数据类型可以分为以下两种。

　　①静态数据:主要包括年龄、性别、所在的省份和城市、教育程度、婚姻情况、生育情况、工作所在的行业和职业等。这类信息自成标签,如果企业有真实信息则无须过多建模预测,更多的是数据清洗工作。

　　②动态数据:用户不断变化的行为信息,指用户的接触、消费等行为数据。如对浏览内容的兴趣特征、消费能力、兴趣偏好等。随着互联网的发展,各种动态的行为数据都可以被记录下来。

　　上述两者的结合组成了用户画像的基石。用户标签越丰富,用户画像越丰满。而用户画像越丰满,则越能支撑旅游企业做出正确的决策。比如,某个用户打开某视频网站,每一次点击、停留、互动、消费均汇成一串串数据流,为用户画像提供数据基础。[①]

三、用户画像标签

　　用户画像的焦点工作就是为用户打标签,一个标签通常是人为规定的高度精练的特征标识,如年龄、性别、地域、用户偏好等,最后将用户的所有标签综合来看,就可以勾勒出该用户的立体画像了。大数据能够借助标签程序化处理与人相关的信息,甚至可以通过算法、模型"理解"人。当大数据具备这样的能力后,无论是搜索引擎、推荐引擎还是广告投放等各种应用领域,都将能进一步提升精准度,提高信息获取的效率。

　　标签指的是某个用户特征的一种表示,或者说是某一用户特征符号表示。将用户的所有特征定义为一些碎片化的标签。如年龄段标签:25—35 岁,地域标签:北京。标签呈现出两个重要特征:第一,语义化。人能很方便地理解每个标签含义,也使用户画像模型具备实际意义,能够较好地满足业务需求。第二,短文本。每个标签通常只表示一种含义,标签本身不需要再做过多文本分析等预处理工作,这为利用机器提取标准化信息提供了便利。

(一)标签分类

　　用户画像标签可以分为基础属性标签和行为属性标签。由于基于一个目标的画像,其标签是动态扩展的,因此其标签体系也没有统一的模板,在大分类上,与自身的业务特征有很大的关联,在整体思路上可以从横纵两个维度展开思考(横向是产品内数据和产品外数据,纵向是线上数据和线下数据)。人物基础属性指的是用户客观的属性而非用户自我表达的属性,也就是描述用户真实人口属性的标签。行为属性标签是基于用户使用产品过程中产生的信息,游客行为可细分为旅游动机、旅游动力、决策行为、空间行为等,包含平台点击、浏览、关注、搜索、评价等互联网行为数据,通过基础统计分析了解游客的行为周期、习惯偏好、关注内容等。

---

　　①　邓宁,牛宇.旅游大数据:理论与应用[M].北京:旅游教育出版社,2019.

（二）标签级别

标签的体系分级有两个层面的含义：一是指标到最低层级涵盖的层级；二是指标的运算层级。标签从运算层级角度可以分为三层：事实标签、模型标签、预测标签。事实标签是通过对原始数据库的数据进行统计分析而来的，如用户投诉次数，是基于用户一段时间内实际投诉的行为做的统计。模型标签是以事实标签为基础，通过构建事实标签与业务问题之间的模型，进行模型分析得到的。如结合用户实际投诉次数、用户购买品类、用户支付的金额等，进行用户投诉倾向类型的识别，方便客服进行分类处理。预测标签则是在模型的基础上做预测。如针对投诉倾向类型结构的变化，预测平台舆情风险指数。

（三）标签命名和赋值

标签命名和赋值主要是为了便于理解标签。为了统一标签风格，在实践过程中根据内部开发规范统一设置即可。

（四）标签属性

标签属性可以理解为针对标签进行的再标注，这一环节的工作主要目的是帮助内部理解标签赋值的来源，进而理解指标的含义。标签属性可以总结为五种。①固有属性：这些指标的赋值体现的是用户生而有之或者事实存在的，不因外界条件或者自身认知的改变而改变的属性。如性别、年龄等。②推导属性：由其他属性推导而来。如星座，我们可以通过用户的生日推导；用户的品类偏好则可以通过日常购买活动来推导。③行为属性：产品内外实际发生的行为被记录后形成的赋值，如用户的登录时间、页面停留时长等。④态度属性：用户自我表达的态度和意愿。如通过问卷方式询问用户是否愿意选择滨海目的地、是否喜欢爬山等。在大数据的需求背景下，利用问卷收集用户标签效率显得过低，更多的是利用产品中相关的模块做了用户态度信息收集。⑤测试属性：来自用户的态度表达，但并不是用户直接表达的内容，而是通过分析用户的表达，结构化处理后，得出的测试结论。如用户填答了一系列的态度问卷，据此推导出用户的旅游偏好等。

四、用户画像在旅游领域中的应用

对旅游领域来说，其核心主体是游客。因此，基于大数据技术充分发现与游客及其行为相关的有价值的信息，能够为旅游业实现更加智慧化的经营和管理提供有效的支撑，从而为游客提供更加高品质的旅游服务。

（一）基于游客的分析（游客画像）

目前，旅游大数据对游客进行的分析主要围绕其客源地、基本属性、行为和偏好展开。①游客基本属性分析是对游客本身特征进行认识的初步阶段。对游客基本属性的分析一般从人口统计学特征的角度对游客进行认识。人口统计学特征一般包含对游客性别、年龄、教育、职业、婚姻及收入等基本属性的认识。从不同的属性切入,会得到对游客及其消费行为的不同理解。以旅悦集团旗下的花筑民宿为例,"95后"的比例逐年上升,已经成为民宿消费的主力,提供更多Z世代消费者喜爱的特色服务,也成为旅悦集团近两年来努力的方向。2021年,花筑旅行与同程·王者荣耀在部分门店开展联合活动,消费者通过连接门店无线网络,即可享受王者荣耀指定特权,包含"79款英雄＋71款皮肤＋2套满级铭文"等银牌特权福利。②旅游客源地是指具备一定人口规模和经济能力,能够向旅游目的地提供一定数量游客的地区。根据旅游目的地的市场规模和范围,可以将旅游客源地划分为几种类型:区域性客源地、全国性旅游客源地、中转性客源地、客源地国家。从个别的旅游客源地切入,可以对来自客源地的游客进行初步的认识。③游客行为和偏好分析:在对游客基本属性分析的基础上,需要对游客的旅游消费行为和发生行为时体现出的偏好进行深入分析。游客的各种消费行为(例如决策、购买、消费、评估及处理等)都体现出一些新的特性和偏好。携程数据显示,2023年暑期研学游报名人次较去年增长两倍,历史人文、科学探索、亲近自然品类订单数较2019年都有大幅度增长。此外,赛事演出成为暑期最热门的标签,携程平台上,"展演门票＋酒店住宿"套餐火热,同时对演出场馆周边及目的地的旅游消费带动作用显著。

(二)基于旅游目的地的分析

游客的旅游消费行为不是独立存在的。游客的旅游消费行为与旅游目的地相关,因此从旅游目的地的角度对旅游消费行为进行分析也是重要内容之一。①消费热度分析。旅游消费热度主要描述旅游目的地对旅游消费者的受欢迎程度。一般来说,去往某旅游目的地的旅游消费者越多,该旅游目的地的受欢迎程度越高,反之同理。对旅游目的地消费热度进行分析,能够从更为宏观的角度掌握游客在旅游需求方面的状态、趋势和变化等内容。②消费结构分析。从实际的角度来讲,消费结构指的是消费者在各项消费资料上的花费,以及占总消费支出的比例与变化规律。通俗来讲,就是人们愿意在哪些产品上花钱消费。在旅游情境下,消费结构分析主要探索游客对各类旅游产品的消费情况。③游客评价与满意度分析。新时代游客的突出特点之一是信息分享行为。该行为不仅发生在旅游后,在年青一代的带动下,旅游信息分享行为已经贯穿整个旅游活动。就分享的内容来说,主要包括评论、游记、攻略及锦囊等。其中,旅游企业尤其重视旅游消费者发布的关于旅游产品的评论信息。在这些旅游评论中,包含着旅游消费者对旅游产品的所思所想,对旅游企业分析游客需求、改善旅游产品等具有重要意义。马蜂窝旅游发布的《后疫情时代的"新旅游"——Z世代旅游消费变化报告》显示,85.09％的Z世代热衷于在网络上分享自己的旅行内容,其中,近六成受访者表示喜欢在旅行中分享自己的见闻和趣事,近半数的Z世代旅行者表示会在旅行后整理和分享自己的旅游攻略。

(三)基于旅游市场的分析

旅游消费者和旅游企业及其之间的交互共同形成了旅游市场。基于旅游市场的分析主要包括发展趋势分析、旅游需求开发、旅游舆情分析、传播分析及品牌评估。①发展趋势分析。通过对各旅游市场的发展趋势做出解读,可以进一步了解游客的需求状况,从而提出促进旅游市场发展的相关对策和建议。从一般意义上讲,我国的旅游市场整体可以划分为入境游市场、国内游市场和出境游市场。各旅游企业或组织定期会对各旅游市场进行相关的旅游大数据分析,涉及旅游分布、游客流量、旅游收入、客源结构、旅行主题及消费水平等内容,从而及时掌握旅游市场的发展趋势和游客的消费需求状态。②旅游需求开发。当下,游客在旅游体验和出游方式等方面的需求发生了巨大的变化。例如,周边游、碎片化旅游等已经成为游客行为的重要特征之一。大数据技术在旅游中的主要应用场景之一就是通过海量的数据对新的旅游需求进行分析和挖掘。③旅游舆情是指游客在旅游目的地、旅游景区游览体验过程中围绕他们的活动、针对某个问题、现象等表达的态度、意见和情绪的总和。随着游客面对的出游选择越来越多,为了降低自身选择的风险,他们会大量搜寻关于目的地/景区服务质量、体验质量的评价信息,以此为出游决策提供参考。游客对旅游品质的期望和要求越来越高,而且现在人们普遍热衷于表达个人观点和意见,因此旅游舆情的重要性就尤为凸显了。它的重要性不仅体现在预防和处理危机上,还在保护目的地旅游品牌,提升游客口碑,以及目的地产品和服务的迭代升级等方面起到了重要的作用。④传播分析及品牌评估,利用互联网旅游大数据技术,实时收集和监测旅游目的地的相关传播资讯,计算品牌传播力。从知名度、忠诚度、获得感、质量、景区魅力细节等方面分析品牌形象的影响因素及变化情况,从而指导营销决策,形成智能营销服务闭环。央视热播纪录片《跟着书本去旅行》以中小学课本或经典名著为线索,在"读万卷书"的同时"行万里路"。马蜂窝大数据显示,2023 年"五一"假期,可以放松身心、寓教于乐的景点受到年轻父母的偏爱,故宫、泰山、西湖、八达岭长城、颐和园、寒山寺、黄山、圆明园、天安门广场、漓江位列热门"课本旅游"景区前十。

第三节　旅游数字化市场细分

　　大众旅游时代的到来,恰恰是大众旅游产品市场不断被蚕食,细分市场快速崛起的过程。每个游客的画像都被贴上更细分的标签,每次出行的动机都可能更加具体,这些个性、细分、专业化的市场需求都需要旅行服务商以更创新、更专业化的服务去满足。基于大数据的市场细分,数据采集维度的全面性、实时性、细致性更强,更加实时有效。在细分旅游市场时,旅游行业相关企业可依据企业自身的竞争优势选择合适的市场竞争战略,如成本事先战略、差异化战略、集中化战略等,最终达到精准营销目的。对于旅游供应商而言,利用大数据对游客市场进行细分后便于通过精准营销对相应的目标消费群体投放广告,进而培育潜在消费者,同时,还可采取相应措施培育新的消费者群体,提升客源市场的转换率。

一、数字化市场细分概念

市场细分(Market Segmentation)指营销者根据不同消费者在人员特征、需要、利益追求、购买习惯等方面的差异,将整体消费者市场划分为若干不同消费者群的工作过程。所划分出来的每一个消费者人群就是一个市场部分,称为细分市场。市场细分包括两种类型:一种是以消费者为导向的细分,主要是对消费者的行为及需求特征进行分类,以消费者总体特征作为细分标准对消费者进行分组,可从个体的人口特征、行为态度、外界影响三个不同方面对消费者进行细分。另一种是以产品为导向的细分,即根据不同的营销决策,如产品定位、定价或者广告定位等,再通过一系列的特定消费情境,从该产品的使用率或游客所追求的利益等对游客进行合理归类而进行的市场细分。[1][2]

对于旅游数字化营销的情况而言,数字化市场细分就是旅游营销企业通过大数据技术对产生的旅游数据进行挖掘、分析与处理,采取科学的预测方法,通过建立数学模型,挖掘有价值的信息,了解旅游行业潜在的市场需求,将整体旅游市场动态分解为若干细分市场的过程。最终达到三种作用:①识别旅游市场,发掘旅游新市场;②有针对性地制定和调整旅游市场营销组合策略;③优化资源配置以取得良好的经济效益。

传统的营销理念是根据消费者的基本属性,如消费者的性别、年龄、职业和收入等判断消费者的购买力和产品需求,从而进行市场细分,并制定相应的产品营销策略,这是一种静态的营销方式。基于数字化的市场细分不仅参考了消费者的行为轨迹,还参考了消费者的情感与生活习惯,能够精准预测消费者需求,从而实现以消费者生命周期为基准的精准化营销,这是一个动态的营销过程。传统营销方式效率低,基于数字化的市场细分则可以通过用更精准的细分市场,获取并运营流量(公域和私域流量),让营销从"千人一面"到"千人千面"再到"一人千面"。

二、旅游数字化市场细分原则

旅游企业可根据单一因素,亦可根据多个因素对市场进行细分。利用大数据在收集的海量非结构化信息中快速筛选对企业有价值的信息,对消费者行为模式与消费者价值进行准确判断与分析,使企业有可能甚至深入了解"每一个人",而不只是通过目标人群洞察消费者和提供营销策略,表现出超细分的特点。为了保证市场细分的质量,基于大数据的市场细分策略应遵循以下原则:

---

① 颜帮全,张尚民.市场营销学[M].天津:天津大学出版社,2018.

② 甄英鹏,陈昭璇,洪圣恩,等.数字化服务:用户体验的变现法则[M].北京:企业管理出版社,2021.

1.可衡量性

可衡量性是指旅游企业在进行市场细分时所选择的细分标准必须是可以识别和度量的,亦即细分出来的市场不仅范围明确,而且对其容量大小也能大致作出判断。大数据应用内涵极其丰富,在一个维度无法达到细致分类的情况下,可以增加维度,直至达到最佳特征数量。此外,所选的细分维度应具有闭合性,易于形成普适性的"范本"。

2.基于需求

为了让选择的维度与市场变量相关联,应该以潜在消费者的行为为考察对象进行细分,即从行为出发归纳行为背后的需求,然后对不同需求进行分类,注重群体人员需求特征的相似性。

3.可进入性

可进入性指细分出来的市场应是旅游企业营销活动能够抵达的,即通过努力能够使产品进入并对游客施加影响的市场。对于旅游企业而言,并非所有的细分市场都具有相同的吸引力,只有那些与企业自身的资源相适应,能够发挥自身优势的细分市场才具有价值,才是最佳的细分市场。

4.规模性

规模性即细分出来的市场,其容量或规模要大到足以使企业获利。进行市场细分时,旅游企业必须考虑细分市场上消费者的数量,以及他们的购买能力和购买产品的频率。如果细分市场的规模过小,市场容量太小,细分工作烦琐,成本耗费大,获利小,就不值得细分。

5.差异性

差异性指各细分市场的游客对同一市场营销组合方案会有差异性反应,或者说对营销组合方案的变动,不同细分市场会有不同的反应。如果不同细分市场消费者对产品需求差异不大,行为上的同质性远大于其异质性,此时,企业就不必费力对市场进行细分。另外,对于细分出来的市场,旅游企业应当分别制订营销方案。如果无法制订出这样的方案,或其中某几个细分市场对是否采用不同的营销方案不会有大的差异性反应,便不必进行市场细分。

三、基于大数据的市场细分

(一)准确细分

在以往常规的市场细分中,企业结合地理、人口和心理等不同性质的变量可以大致描述出游客画像的轮廓,但游客行为变量的缺失,难以形成准确的细分市场。基于大数据技术,海量的游客行为数据让企业能够更好地按照游客的行为习惯进行市场细分,通过大数据中的分类方法,把具有相同行为特征的归到一起,有效弥补游客行为数据缺失的短板,在游客结构化及非结构化的数据中整理对企业有用的游客行为数据,融合静态变量的数据结果,可以使企业更加深入地了解每一个游客,从而通过全面的数据构成和庞大的用户数据量,促使企业的市场细分更为准确。

(二)动态细分

动态提取用户特征标签,勾画用户画像。用户画像可以把相似标签存放到一个子集中,从而将用户自动分类成具有相似喜好的用户群体,即实现自动细分。同时,当用户行为发生改变,用户画像可以自动将该用户从细分市场子集中剔除。营销者可直接从用户画像集合中,按照某种细分变量提取符合条件的用户集作为企业的细分市场进行精准营销。例如,企业可以基于LBS数据、搜索引擎数据和OTA数据等对旅游市场进行细分,研判城市和景区旅游市场成长性,分析潜在客源市场和相关区域市场的客源流失情况。其中,游客偏好分析有助于实现旅游市场细分;旅游景气指数有助于预测未来旅游市场增长情况;潜在客源市场分析有助于探索区域旅游市场洼地;客源流失分析有助于提升旅游市场转化率。

有别于传统的市场细分,大数据应用于市场细分在以下方面起到更为重要的作用:①数据采集的维度更为全面,数据采集更为实时,尤其是对行为数据的采集更为及时、全方位;②用大数据算法进行细分模型建模,可以吸纳更多的细分维度,从而可以有效细分各个群体,使群体人员较少且具有高度相似的需求特征;③数据更新更快,计算速度更快,市场细分模型更新速度更快,对于用户需求的变化也能够更加及时地反映,从而使市场细分这个过程变得又快又准;④可以实时地对大数据算法判定的细分群体进行最有效的营销活动推荐,并可以用大数据计算出最为有效的直达这些细分群体的推广渠道。

专栏2-2　在线旅游三大细分市场2022年发展情况

OTA指的是旅游消费者通过互联网、移动互联网以及电话等方式,向旅游中介服务商或在线预订服务供应商查询、预订、支付旅游产品以及相关旅游服务,涉及酒店、票务、旅行社、景区景点等消费内容。在线旅游行业可划分为在线住宿、在线交通和在线度假三大细分市场。在线住宿可细分为连锁酒店集团、独立酒店和在线民宿,在线交通可细分为机票、火车票、汽车票和船票,在线度假可细分为出境游、长线游、周边游等。其中商品交易总额(Gross Merchandise Volume,GMV)口径下,在线交通市场规模最大,占比可超七成;营收贡献角度下,在线住宿营收占比超五成,是OTA主要的收入来源。

在线住宿预订市场增长稳健,随着移动互联网时代红利消失,在线住宿预订企业获客成本上升,龙头OTA企业也与上游供应商构建了良好的合作关系,未来OTA渗透率有望保持长期稳定;在线交通市场渗透率快速提升,推动行业快速发展,疫情后行业恢复最为迅速,根据艾瑞咨询数据,2015—2019年中国在线交通行业发展迅猛,近年来行业线上渗透率持续提升,是推动行业高速发展的重要原因;在线度假市场增速最快,2015—

2019年中国在线度假市场规模年复合增长率达44.9％,是三大细分板块中增速最快的行业。

将在线旅游市场按渠道进行进一步细分,又可以分为在线直营和在线旅游代理两大类,根据艾瑞咨询数据,2019年在线交通、在线住宿、在线旅游度假的OTA率分别达63％、82％、83％,在线化程度最高的大交通领域OTA渗透率低于住宿和旅游度假,主要是因为交通领域在线化业务与民生息息相关,行业监管更为严格,OTA想要获取代理商牌照难度相对较高,况且铁路、民航公司市场集中度高、规模效应强,诸如"12306"等自营票务平台业务发达。(资料来源:《在线旅游OTA行业深度研究报告:下沉市场空间扩容,错位竞争龙头共生》)

第四节　旅游数字化目标市场与定位

旅游企业获取的数据除来源于企业本身线上和线下的收集外,更多的是通过第三方采集的游客数据,这些数据大多具有单一的、片面的和静态的特征,仅是针对游客个人的单向客观调查和分析,而游客往往具有群体消费的特点,其消费行为具有不确定性和易变性。因为目标市场的选择很大程度上由市场细分的精准度和合理性决定,所以企业以传统的游客数据对目标市场进行分析选择时,难免会由于数据的不完整而导致企业无法准确选取适合的目标市场。大数据应用到目标市场与定位,意味着将收集到的旅游信息数据整合形成旅游大数据,通过深度挖掘和加工处理大数据,从而对细分市场的容量大小、发展潜力及自身企业的能力匹配度和竞争优势有更准确的判断,便于企业更加精准地选择与其自身特征相适应的目标市场。

目标市场选择被认为是营销的方向性决策,营销者能够基于大数据高效地确定目标市场,精准地进行信息投放,在不同的消费者群体中寻找可能的商业机会,最终为每个消费者群制定个性化的营销战略,每个营销战略都有特定的目标。基于用户画像的目标市场选择,通过借助大数据分析确保目标市场的规模与企业的经营能力吻合,剔除市场空间过于狭小的细分市场,还可以实现对目标市场的实时监控,洞察目标市场的需求变化,及时做出营销反应,避免出现营销行为滞后导致的消费者流失问题。针对潜在的消费者或用户,借助大数据的精准推荐,可以将营销信息精准地推送到目标消费者端,避免资源浪费,提高效率并追踪用户的反应。

一、目标市场选择

(一)目标市场选择概念

目标市场选择(Market Targeting)是指估计每个细分市场的吸引力程度,并选择进入一个或多个细分市场。企业选择的目标市场应是那些企业能在其中创造最大消费者价值并能保持一段时间的细分市场。资源有限的企业或许决定只服务于一个或几个特殊的细分市场,包括评估每个子市场的发展潜力,然后选择其中的一个或多个市场进入。公司应选择那些可以产生最大价值并可持续一段时间的子市场。[①]

传统市场营销理论认为,选择目标市场的第一步是分析评估各细分市场,对各细分市场的规模和增长率、细分市场结构吸引力,以及旅游企业营销目标和资源等方面予以准确评估,帮助识别出更小、更明确的目标群体,从而能把握最佳的市场机会,决定细分市场的取舍。[②] 旅游数字化目标市场选择是利用大数据来加强目标市场规模和潜力分析,通过大数据分析确定某一市场或某些市场的规模,并分析其市场发展前景;利用大数据明确目标市场结构,利用大数据分析目标市场中的用户、供应商、竞争对手、替代产品、潜在竞争对手等,为目标市场选择提供有效依据;利用大数据分析目标市场吻合度,初步确定目标市场之后,确定企业未来发展方向与目标市场发展的契合度,从而保障企业进入目标市场后可以长期稳定地发展。

(二)基于大数据的目标市场选择

区别于以往目标市场选择,基于大数据的目标市场选择在原来定性化的选择标准上使其能够定量衡量,同时,不但能够更加准确地把握消费者的需求,还能够对竞争对手的情况进行监控,并对市场的未来发展进行一定的预测,使企业对于目标市场的选择更加科学有效,推动企业转型升级。

对那些传统市场来说,由于消费者的意识和行为不断变化,传统市场也将不断发生变化,任何一家企业要想实现长期发展,必须要立足长远,洞察市场和行业变化趋势,让企业战略顺应行业发展的趋势。

新市场的诞生不是偶发的个别现象,一定是各种因素相互作用的结果,而这些因素也将是复杂和数量庞大的,对每一个旅游企业来说,往往很难将各种因素看得清楚,大数据的作用能够对这些因素进行中和分析,从而显现新市场。

对市场发展趋势的预判同样如此,未来虽然未知,但依然可以从现有的各方面的信息来进行分析,市场行为具有连续性和连贯性的特点,任何新事物都要经历从无到有的发展过程,现状一定蕴含着未来发展趋势的因素。从行业多维度行为数据出发,能够形成对目标市场的清晰判断。

专栏 2-3　自由行大数据联合实验室

2018 年 5 月 24 日,中国旅游研究院与马蜂窝旅游网共同成立的自由行大数据联合

---

① 科特勒,阿姆斯特朗.市场营销原理[M].楼尊,译.13 版.北京:中国人民大学出版社,2010.

② 屈云波,张少辉.市场细分:市场取舍的方法与案例[M].北京:企业管理出版社,2010.

实验室落地贵阳。自由行大数据联合实验室是全国首个针对新一代旅游市场和产业研究的大数据实验室,整合了中国旅游研究院的专业科研能力与马蜂窝旅游网全球领先的数据采集分析能力。此实验室从游客行为数据、决策数据、交易数据、产业宏观数据等维度出发,通过一系列以智识产品为核心的行业研究成果,帮助政府和企业更好地了解旅游产业的发展情况,准确地把握旅游市场的变化,及时掌握游客的需求,为优化旅游产品结构,提升旅游服务水平,提高旅游业发展质量,打造满意的旅游品牌提供强有力的数据支持。

　　自成立以来,此实验室推出多项基于数据驱动的行业大数据研究报告,其中包括《"一带一路":中国出境自由行大数据报告》《中国省域自由行大数据系列报告》等区域性旅游大数据报告,以及《文旅融合》等洞悉宏观旅游市场全年发展现状和趋势的全球自由行报告。报告从多方面分析、评估旅游产业发展现状,包括热度、客源、景点、住宿、出游高峰等,为全国各省市地区的旅游产业布局、旅游经济增长提供了重要参考指标。同时,实验室还协助中国旅游研究院进行"游客满意度调查",覆盖交通、餐饮、住宿、景点等 13 项指标,对游客评论进行指数化处理。(资料来源:根据关于"自由行大数据联合实验室"网络信息整理)

二、市场定位

(一)市场定位概念

　　市场定位(Market Positioning)指的是企业在进入目标市场后,面对现有竞争对手的产品,要生产出跟现有产品之间具有明显差异的产品并且在消费者心中得到认可、引起共鸣。即根据消费者对于产品某种属性的关注度或者重视度,在产品设计上能够着重突出该产品属性,从而在消费者的心中产生一种该企业产品与其他竞争对手的产品相比有着鲜明特征的感觉,满足消费者的个性化需求心理。市场细分是为了企业更好地选择市场,市场定位则是为了消费者更好地找到企业,它的实质就是通过准确的市场定位将企业与现有的竞争对手区别开来,并且能够让消费者明显地感受到该区别,从而使企业和企业产品在消费者的心中占据特殊的位置。[①]

　　市场定位的实质是使本企业与其他企业严格区分,使消费者明显感觉到这种差距,从而在消费者头脑中占据特殊位置,取得目标市场的竞争优势。在大数据时代,企业或产品定位差异化的选择将发生大的变化,以前行之有效的因素,如价格便宜、商品耐用、广告投入多等,可能会失去其原有的效果,消费者的个性化趋势要求企业更多地关注它的目标消费者,市场环境的变化对市场定位提出了新的要求。[②]

---

①　杨柏欢,丁阳,李亚子.市场营销理论与应用[M].南京:南京大学出版社,2020.
②　程明.数字营销传播导论[M].武汉:武汉大学出版社,2022.

（二）基于大数据的精准市场定位

基于大数据的市场定位在大数据的市场细分和目标市场选择的基础上，对消费者需求和偏好有更精准的把握。行业产品同质化严重，这就要求企业在产品上比竞争对手更有优势；另外，人们的消费观念和消费水平与以往相比有很大的改变，不再盲目从众、追求时尚，更多的是基于自己的偏好和消费水平进行个性化消费。企业运用大数据，可以更好地了解用户的需求和偏好，真正做到以消费者为中心，从而在用户更为关注的产品属性上下功夫，打造出具有独特优势的产品，注重与消费者达成对价值的共鸣、共创和共识。

基于大数据的精准市场定位思路包含数据收集、数据深度挖掘和统计分析、精准化业务场景三个步骤。

第一，数据收集。大数据采集是指从传感器和智能设备、企业在线系统、企业离线系统、社交网络、互联网平台等获取数据的过程。通过用户搜索引擎、在线信息平台、门户网站、地图商、游客反馈、户外智能设备数据等渠道获取更丰富的消费者数据，包括网站浏览数据、社交数据和地理追踪数据等（在不涉及个人信息安全的前提下）。更全面、更及时的大数据必然为市场预测及决策分析提供更好的支撑。如国内某风景名胜区根据其导览系统及客流量系统的数据分析结果，得知夏季其辖区范围内岩洞景区讲解词点击量增长率远超总客流增长率，推断该岩洞景区季节性市场度强于整个风景名胜区，并针对这一结论于次年夏季以岩洞景区为宣传核心，从而达成有效宣传效果，实现游客量的同比提升。

第二，数据深度挖掘和统计分析。数据挖掘与大数据分析以计算机为基础，以挖掘算法为核心，通过高级分析的解决方案以管理复杂的数据环境，为企业精准市场定位提供借鉴并带来业务创新。尤其是对用户社交媒体信息分析，获得对目标受众具有（潜在）影响力的商业情报，帮助企业影响用户的思想和行为，为企业的生产实践提供服务。

第三，精准化业务场景。依托大数据平台定位精准化业务场景，建立多维度、多层面的数据采集及共享体系，以海量的大数据为基础，通过对市场分析、竞争对手分析、替代性产品分析、消费行为特征分析等数据服务，有效锚定目标用户群体，建立定位精准化业务场景。

专栏 2-4　马蜂窝"北极星攻略"

2020年底，马蜂窝基于大数据和对用户画像的分析发布了北极星攻略品牌，用更加系统化、结构化的攻略内容，提供及时、新鲜的旅行玩乐信息，在资讯泛滥的时代，帮助游客节省时间、提升旅游消费决策的效率，为游客搭建从"发现"到"抵达"所需的一站式旅游信息岛。以"五一"假期为例，通过大数据可以看到，在关于湖南的旅游攻略中，长沙吃货嗦粉必备地图、文和友吃逛全攻略、湘西特色活动体验等内容的阅读量均增长 300% 以上。再结合长沙用户画像，马蜂窝内容部门第一时间完成了长沙北极星攻略，针对"五一"游客的旅行特征推出及时、专业的旅行攻略，包括玩法、服务和问答，帮助用户以最快的速度获取旅行所需的全面信息，并高效完成旅行计划。

2021 年初，马蜂窝推出第一期"好货情报局"栏目，整合了旅游攻略、内容社区和产品预订三大功能，让"好货"从内容出发，更精准地匹配到需要它的旅行者，并基于对消费者需求的深度洞察促进产品供应端的升级与完善，从而实现产品和内容的双向互动，并能进一步缩短用户、社区和商品之间的心理距离，打通用户消费决策闭环。从模式上看，"好货情报局"打破了以往"内容到货"的单向链路，以好产品为主导产出内容，最终实现产品和内容的双向互动。（资料来源：根据"北极星攻略"网络信息整理）

本章小结

数字化转型是大势所趋，旅游业需要深刻认识当下面临的重大逻辑变化，真正从消费者需求出发，全面树立产业互联网思维，将数据作为一种战略性资源进行开发和保护，进一步提升文旅企业运营效率，创新商业模式，增强发展动能。本章从宏观、微观两个层次详细阐述了旅游数字化营销环境，以及旅游企业数字化转型的现状和问题。此外，基于用户画像、市场细分、目标市场与定位等基本市场营销概念，探讨了数字化将给旅游企业带来怎样的影响。研究案例为旅游行业数字化发展树立了标杆，借助大数据技术更好地把握旅游市场。

即测即评

复习思考题

（1）影响用户画像绘制的因素有哪些？

（2）假如您刚刚出任一家酒店的数字营销经理，制作一份清单，列出进行市场细分、选择目标市场与定位的步骤。

（3）从微观视角出发，大数据技术对消费者出游（游前、游中、游后）的影响有哪些？

（4）人工智能可以应用于市场细分、选择目标市场与定位的哪些方面？

（5）基于大数据的市场细分是否适用于每个行业？

参考文献

[1] 杨林,杨佳祺.客户智能:客户营销与服务的数字化转型[M].北京:人民邮电出版社,2021.

[2] 汪吉,汪豪.首席体验官[M].北京:电子工业出版社,2020.

[3] 廖秉宜.数字内容营销[M].北京:科学出版社,2019.

[4] 金斯诺思.数字营销战略:在线营销的整合方法[M].王亚江,王彻,译.2 版.北京:清华大学出版社,2021.

案例思考题

主题公园大数据画像

近年来,中国主题公园的增长速度惊人。《2021 年全球主题公园和博物馆报告》显示,2021 年全球前 25 个主题公园的游客数量超过 1.4 亿人次,同比增长 70%,相当于 2019 年 56%的水平。中国共有 6 个主题公园跻身前 25 名,其中包括上海迪士尼乐园、广州长隆欢乐世界、珠海长隆海洋王国、香港海洋公园、香港迪士尼乐园、北京欢乐谷。在国内主题公园快速生长的背后,通过对游客的大数据画像分析,可以发现国内主题公园发展的一些有价值的画像信息。

1.产业链画像:上下游产业链完整

主题公园产业链强调主题旅游、休闲娱乐、文化会展、住宅、商业、酒店等诸多产业的良性互动。上游为旅游设备、IP 供应方、地块提供方和第三方服务等,游乐设施企业有金马游乐、乐动时代等,IP 提供方有任天堂、乐高、变形金刚、漫威等著名 IP;中游是主题公园,有环球影城、欢乐谷、海昌公园、融创乐园等;下游是销售渠道和各类消费群体。

2.发展画像:中国品牌与迪士尼分庭抗礼

在迪士尼面前,中国品牌毫不示弱。中国主题公园市场发展已有近 30 年,中国主题公园品牌形成成熟的产业链商业模式,与国际品牌相互竞争共同吸引游客。从地域分布来说,东、中、西部呈现明显的差异,东部 11 个省市拥有的主题公园数量占到全国的 58.08%,中部地区主题公园的数量占全国的 23.33%,西部地区只占全国的 18.75%。① 其中,东部地区中广东占比最高,主题公园数量几乎超过 9%。从区域来看,我国主题公园集中在东部地区,尤以北京和广东最多。广东代表性主题公园中长隆排名第一;北京代表性主题公园是环球影城和欢乐谷。其中,华侨城、华强方特、长隆集团、宋城演艺、海昌控股等是我国头部主题公园企业,从市场份额来说,占据了国内主题公园市场的半壁江山。目前主题公园的主流盈利方式有"公园＋IP""公园＋配套服务""公园＋演艺""公

---

① 百分数涉及约数,三个百分数相加约为百分之百。

园＋地产"等模式。国内外品牌相当关注中国主题公园市场,在争抢目标游客上各显其能。未来默林娱乐、六旗娱乐、团聚公园集团等国际知名主题公园运营商将相继进入中国市场,为中国主题公园市场带来新鲜血液,激发与满足更多潜在用户需求。

3. 游客画像:"80后"妈妈成为主题公园客流的中坚力量

从出行目的来说,游玩性质是游客选择主题公园的主要因素,其中亲子游和约会是主要细分部分但关注点迥异。大数据统计显示,主题公园亲子游的决策者主要是"80后"妈妈。其中,亲子游家庭多是年龄在3—12岁的宝宝随行,占比52%。另外48%的游玩人群基本是恋爱约会人群,游玩目的更明确——寻求刺激。

4. 三大主题公园游客画像PK:差异明显

基于上海迪士尼、方特、长隆旅游度假区进行游客画像研究与数据分析,可以看出游客画像差异明显。性别分布:三大主题公园均更吸引女性,其中迪士尼拔得头筹;年龄分布:主要分布在25—44岁,其中长隆游客35—44岁年龄段超过半数;学历分布:迪士尼游客本科学历接近半数,长隆游客硕士以上学历超过两成;收入分布:迪士尼、长隆游客高收入比例较高,方特游客月收入主要集中在5 000—10 000元;家庭与资产情况:三大主题公园的游客主要是已婚人士,有房有车比例较高;兴趣偏好:迪士尼游客喜欢音乐,方特游客热爱对战游戏,长隆游客偏爱旅游;游客区域分布:上海迪士尼游客主要来自东部沿海发达地区,其中上海、北京、苏州游客位列前三。方特游客区域分布就近特征明显,主要来自山东、河南、广西等地区。长隆大部分客源来自广东,广州占比最高,深圳、佛山、东莞等游客也占有一定比例。

5. 地域画像:有的关注可玩性,有的关注性价比

大数据画像显示,游客在选择主题公园时存在明显的地域特征。第一,不同城市等级游客在选择主题公园时存在选择差异:受人口密度和经济规模的影响,大多数主题公园分布在东南沿海地区;受经济发展程度的影响,不同城市等级的游客也有不同的喜好。360搜索的统计数据显示,在选择主题公园时,一二线城市的游客更关注游玩所需的时间和可玩性;三四五线城市的游客对价格更为敏感,较高的性价比更能打动他们。此外,通过大数据分析,发现不同主题公园的游客的兴趣偏好也各有不同,去上海迪士尼的游客普遍喜欢音乐,去方特的游客热爱对战游戏,喜欢在长隆游玩的游客则更偏爱旅游。

第二,假期长短决定地域游客的关注差异。通常来说,主题公园存在明显的地域辐射范围。比如,北京欢乐谷主要辐射京津冀地区,还有山西、山东两省;厦门华强方特和广州长隆公园则主要辐射浙江、福建、广东、广西和海南。不过,假期的长短变化成为能否打破地域限制的关键。国庆长假的辐射范围要明显大于三天小长假。

6. 交通画像:PC端＋移动端,融合数据链蕴含巨大商机

360搜索的统计数据显示,游客出行信息的获取渠道对主题公园运营商来说极具价值,具体表现为PC端游客出行前准备行为明显,移动端出行中游玩行为明显。游客在出行前,会在PC端查询分析信息,进行交通工具、游玩线路、自驾路线的选择,从而决定出

行方式和游玩方式。在移动端的影响则体现在出行后,游客通过 App 购买机票/车票、支付购物费用、制定游玩攻略等,并通过社交软件分享游玩动态。主题公园的游客希望交通便捷,短途首选大巴或自驾,长途的交通工具则主要为高铁和飞机。其中,省时省力的高铁和自由度较高的自驾更受欢迎。

7.内容画像:差异化定位是关键,打造 IP 不能光靠故事

通过大数据对比可以发现,受众认知与公园游乐设施相关,各家主题公园通过不同定位吸引游客。比如,在 4 个主题公园中,广州长隆的游乐项目最多,达 42 个,且 76％的项目都适合儿童游玩,老少皆宜,是家庭亲子游的重要选择;上海迪士尼是儿童的欢乐天堂,是一个自带流量的超级大 IP;追求刺激的游客更关注北京欢乐谷,各种过山车受游客青睐;方特则另辟蹊径,使用沉浸式 AR/4D 电影和演艺抓住孩子的眼球,这也是其区别于其他对手的重点。(资料来源:根据《2018 年主题公园用户消费地图》《2019 主题公园研究报告》《2021 年全球主题公园和博物馆报告》《2019—2022 全球及中国主题公园运行大数据及行业升级趋势报告》《2022 年中国主题公园行业产业链全景梳理及区域热力地图》整理而成。)

讨论题:

(1)从上述主题公园的游客画像可以细分出哪些目标市场?针对这些细分市场可以做出怎样的数字化营销方案?

(2)请分别阐述头部主题公园的市场定位。

(3)上述头部主题公园主要采用哪些数字化营销方式?可以为其他主题公园的营销和传播提供哪些借鉴?

第三章　旅游数字化营销组合

[学习目标]

(1)把握旅游数字化营销组合框架的内涵。

(2)理解旅游数字化产品的内容。

(3)理解旅游数字化营销中的定价策略。

(4)理解旅游数字化营销中的渠道模式。

(5)了解旅游数字化营销的新动向。

开篇案例

景德镇中国陶瓷博物馆在数字时代的市场营销组合

在后疫情时代,旅游业逐渐复苏,越来越多的人选择参观博物馆,并热衷于在社交媒体上分享自己的参观体验。景德镇中国陶瓷博物馆也吸引了大量游客前来参观,尤其是那些千里迢迢赶来的游客,他们更是热衷于与博物馆的"无语菩萨"合影留念,并在社交媒体上分享。

市场营销组合策略是市场营销实践中常见的策略。在数字化时代,传统的4Ps组合策略得到了全面升级,并催生了新的营销组合"4C"。以在博物馆旅游市场占有一席之地的景德镇中国陶瓷博物馆为例,其成功的市场营销策略与数字营销组合策略紧密相连。从其营销组合策略来看:

首先,产品(Product)与内容(Content)相结合。景德镇中国陶瓷博物馆注重陶瓷产品的内涵,例如,通过将菩萨表情与游客日常生活中的各种情绪相联结,打造出了一系列爆火的旅游产品,如"无语菩萨""弥勒佛"等,给游客留下了深刻印象并具备分享价值。因此,产品这个营销要素需要与内容这个营销要素结合,实现产品即内容、内容即产品的融合。

其次,渠道(Place)与连接(Connection)相结合。景德镇中国陶瓷博物馆采用线上公众号提前预约、刷码进入的方式,不仅可以精准控制游客流量,还能通过这种方式与游客的社交网络建立连接。例如,通过线上推送活动图文,鼓励游客在社交网络中转发以获得相应奖励。这样就可以与游客的社交网络进行连接,增加自己的流量。公众号还嵌入了讲解服务、奇趣博物馆小剧场等模块。此外,景德镇中国陶瓷博物馆还运营视频号、官方微博等平台,引导游客更积极地参与其旅游活动。因此,渠道这个营销要素需要与连接这个营销要素结合,以实现与游客高效、便捷的沟通。

再次,价格(Price)与场景(Context)相结合。景德镇中国陶瓷博物馆与陶侃剧场合作,推出了奇趣博物馆小剧场,并推出了首部瓷画剧《瓷画怎讲》。该剧以喜剧形式现场演绎展出的瓷画上的著名典故,让画中人物"活"起来。表演以大众喜闻乐见的喜剧形式展现,不仅好看而且好玩,可称为开心麻花版的"又见敦煌"现场。这些著名历史人物与观众近距离互动,气氛不输大唐不夜城的"房谋杜断"。票价根据团队人数和淡旺季进行浮动。讲解服务根据游客成团人数进行定价。因此,价格这个营销要素需要与场景这个营销要素结合,定价策略需考虑不同的消费场景。

最后,促销(Promotion)与社群(Community)相结合。景德镇中国陶瓷博物馆通过引导游客在社交媒体上分享表情精彩的陶瓷菩萨形象,获得了良好的宣传效果,在游客的社交圈中引发了广泛关注。此外,景德镇中国陶瓷博物馆还与专业演艺公司合作开发了《瓷画怎讲》节目,进一步提高了自身的盈利能力,成为博物馆进入旅游市场的典范。在社交媒体时代,社群中的互动和分享行为对游客的旅游决策具有潜移默化的影响。因此,促销这个营销要素需要与社群这个营销要素结合,促销策略需要考虑如何更好地面对社群,以获得更好的传播效果。

综上所述,数字时代赋予了4Ps营销组合框架新的生命力。在数字时代,结合4Ps营销组合仍然是一个有效的分析框架,但需要与时俱进地增加新元素。(资料来源:景德镇中国陶瓷博物馆微信小程序和笔者自行整理)

第一节　旅游数字化营销组合概述

一、市场营销组合理论演变

市场营销组合是指企业针对目标市场特点,将各种可能的营销策略和手段有机地结合起来,形成整体优化的营销策略,以保证企业目标的实现。市场营销组合理论的发展主要经历了以下阶段。[①]

---

① 黄志锋,吕庆华.市场营销组合理论历史沿革及发展趋势[J].江南大学学报(人文社会科学版),2009,8(6):103-108.

（一）第一阶段：4Ps 理论

1960 年，密歇根州立大学教授杰罗姆·麦卡锡在其著作《基础营销学》中提出了 4Ps 理论，这个理论以企业为核心，包括产品（Product）、价格（Price）、渠道（Place）和促销（Promotion）四个要素。这个理论成为现代市场营销学的理论基础，将企业的营销要素归结为这四个基本营销策略的组合。20 世纪 70 年代，菲利普·科特勒在强调"大营销"时，又提出了三个额外的"P"，即公共关系（Public Relations）、政治权力（Politics Power）和人（People）。菲利普·科特勒认为，如果公司能生产出适当的产品，定出适当的价格，利用适当的分销渠道，辅之以适当的促销活动，同时处理好公共关系、运用政治权力，并且关注人，那么该公司就会获得成功。市场营销是一门实践性很强的学科，其本身应该在企业营销实践中得以完善。因此，随着时间的推移和市场的变化，4Ps 理论也需要不断地进行扩展，以适应新的市场环境和营销需求。

（二）第二阶段：4C 理论

20 世纪 80 年代，美国的罗伯特·劳特伯恩提出了 4C 营销组合理论。以消费者为核心的 4C 理论包括顾客需求与欲望（Customer Needs and Wants）、顾客的支付能力（Cost to the Customer）、方便顾客（Convenience）、与顾客沟通（Communication）四个要素。4C 理论的重点是由生产者转向消费者，强调依据顾客的需求、欲望和支付能力组织生产和销售，并强调一切为了顾客，方便顾客，同时加强与顾客的沟通，以便随时改进。

总的来说，4C 是 4Ps 的转化和发展。但其被动适应顾客需求的色彩较浓，企业需要以更高层次及更有效的方式在企业与顾客之间建立起新型主动关系。

（三）第三阶段：4R 理论

随着产业组织和营销学的发展，4R 理论逐渐被广泛接受并应用于关系营销中。目前，营销理论界流行的 4R 理论有两个不同的表述。唐·舒尔茨提出的 4R 理论包括关联（Relation）、反应（Reaction）、关系（Relation）和回报（Reward）。[①] 他认为企业与顾客是一个命运共同体，关联是建立企业与顾客关系的第一步。企业应分析和选择顾客，通过更好地满足顾客的需求而与顾客建立联系；同时企业应该转变视角，主动站在顾客的立场上看问题，及时满足顾客需求，主动与顾客展开交流，建立快速反应机制对市场变化做出快速反应。企业与顾客之间应建立长期、稳定的关系，从实现销售转变为实现对顾客的责任和承诺，从管理营销活动转变为管理顾客关系。企业应满足客户需求，为客户提供价值，顾客也将为企业带来回报，为企业赢得长期的利润。艾略特·艾登伯格提出的 4R 理论，包括关系（Relation）、节省（Retrenchment）、关联（Relevancy）和报酬（Reward）。[②] 他认为美国经济正处于"后经济时代"，这一时期的消费者将从需求层次走向欲望层次，企业

---

①　舒尔茨. 全球整合营销传播［M］. 何西军，译. 北京：中国财政经济出版社，2004.
②　艾登伯格. 4R 营销［M］. 文武，穆蕊，蒋洁，译. 北京：企业管理出版社，2003.

应以最佳顾客为中心,通过了解最佳顾客来提升传递给他们的价值。在新形势下,传统的4Ps组合将被4R组合替代,即关系、节省、关联、报酬。关系策略是指企业和企业的目标市场之间构筑一种独特的关系,其核心是服务;节省策略是指企业应接近顾客,其核心是技术和便利;关联策略是指将企业的品牌资产与顾客的主要购买动机相联系,其核心是专业技能和商品;报酬策略是指酬谢顾客,其核心是品位和时间。4R理论有效地体现了关系营销的基本思想,在一个全新的层面上描述了市场营销的构架,与4Ps、4C相比更具有动态性、互动性、可持续性和互利性。但是,4R理论也存在一些不足和缺陷。

(四)第四个阶段:4V理论

随着高科技产业的崛起,尤其是IT技术的迅速发展,吴金明在2001年提出的4V理论在营销学界掀起了巨大的波澜。[①]

4V理论包括差异化(Variation)、功能弹性化(Versatility)、附加价值化(Value)和共鸣(Vibration)。差异化指的是在消费者需求多样化和个性化的时代,企业需要根据顾客的独特需求进行差异化营销。企业需通过差异化策略,满足顾客多元需求。功能弹性化意味着提供多功能产品系列,让消费者基于个人偏好和经济能力做出选择。附加价值化则强调在产品基本价值之上,通过技术创新、营销服务、企业文化和品牌提升,为消费者提供更多价值。这种价值创新和共鸣能够使消费者价值和企业利润最大化,将企业创新与消费者需求紧密结合,提高顾客满意度和忠诚度,实现企业与顾客间的互动和共鸣。[②]

综上所述,4Ps理论的核心是企业,4C理论的核心是顾客,4R理论的核心是竞争者,4V理论的核心是培育企业的核心竞争力。4Ps理论是一个基础框架,4Ps理论所提出的产品、价格、渠道和促销的组合,是任何企业营销活动的必有措施之一。因此,这个市场营销组合理论是探索旅游数字化营销组合理论的基础。

二、数字时代的市场营销组合

市场营销组合策略是市场营销领域的核心框架,它涉及一系列与企业选择产品、制定价格、选择渠道和实施促销活动相关的营销决策。有效的市场营销组合通常是企业在竞争激烈的市场中获得竞争优势的关键。

传统的4Ps营销组合策略包括产品策略、价格策略、渠道策略和促销策略四个方面。然而,随着数字技术的不断发展,市场、企业和消费者都经历了许多变化,这也促使企业不断创新以往的营销组合策略。一些业内营销专家提出了新的市场营销组合策略,从4Ps向4C演变和发展(见图3-1)。

---

① 吴金明.新经济时代的"4V"营销组合[J].中国工业经济,2001(6):70-75.
② 黄志锋,吕庆华.市场营销组合理论历史沿革及发展趋势[J].江南大学学报(人文社会科学版),2009,8(6):103-108.

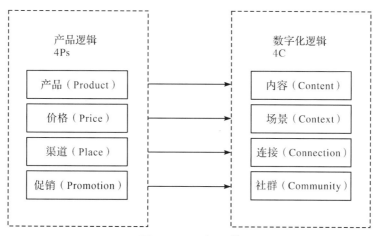

图 3-1　4Ps 和 4C[①]

(一)4Ps 营销组合策略的内涵

在市场营销过程中,企业以满足消费者需求为前提,通过向目标市场提供产品来实现其营销目标。为此,企业需要注重产品的开发,并将产品的功能性放在第一位。对于价格策略,企业需要以一定的标准为参考来制定价格和变动价格,从而实现其营销目标。产品的价格受到多种因素的影响,包括产品特征、时间、需求、供给等,因此价格策略不是一成不变的。在制定价格策略时,企业需要考虑生产成本,并根据不同市场制定不同的价格策略。渠道策略是指企业通过合理地选择营销渠道来实现营销目标。企业不与消费者直接接触,而是更加注重销售网络的建立。通过选择合适的销售渠道,企业可以更好地与消费者进行沟通,提高产品的曝光度和知名度。促销策略是指企业利用各种信息传播手段来刺激消费者的购买欲望,从而实现营销目标。企业通过品牌宣传、公关和促销等一系列推广行为,提高与消费者的沟通能力,提高产品在目标群体中的曝光度和知名度。通过促销策略的实施,企业可以更好地吸引消费者的注意力,提高销售业绩。

(二)4Ps＋新 4C 市场营销组合的内涵

随着时代的发展,相关技术环境和社会环境也在不断变化,因此产生了与时代相适应的市场营销组合。有些专家提出了适合社交媒体时代的营销组合新 4C,即 Context(场景)、Community(社区)、Content(内容)和 Connection(连接)。[②]

对旅游市场营销来说,首先需要选择合适的场景,通过内容的策划,瞄准特定的社区,利用人与人之间的社会网络连接快速扩散与传播,最终实现营销目标。

产品是指旅游供给方为目标客户开发的合适产品。在移动互联网和社交媒体时代,游客每天接触的信息已经超过了人类大脑能够处理的能力。因此,旅游供给方需要在产

---

① 汪京强,黄昕.酒店数字化营销[M].武汉:华中科技大学出版社,2022.

② 汪京强,黄昕.酒店数字化营销[M].武汉:华中科技大学出版社,2022.

品宣传中对产品内容进行包装,如通过讲故事的方式给游客留下深刻印象并具备分享的价值。因此,产品这个营销要素需要和内容这个营销要素结合起来。

渠道是指旅游供给方为了将有价值的内容和产品传递给目标游客所需的渠道。在移动互联网时代,游客可以通过各种应用程序进行预订。因此,渠道这个营销要素需要和连接这个营销要素结合起来,将游客的注意力吸引到酒店自有的移动端和社交媒体端,以实现高效、便捷的沟通。

定价是指旅游供给方面向目标游客的定价策略。在移动互联网和社交媒体时代,游客的消费场景既包括线下也包括线上,甚至游前、游中和游后都是不同的消费场景,游客的愿望和需求也不同。因此,旅游供给方需要对同一产品的定价策略考虑不同的消费场景,尤其要考虑旅游业及酒店业这种存在明显淡旺季的行业。因此,价格这个营销要素需要和场景这个营销要素结合起来。

促销是指旅游供给方采用某种方法吸引或者说服游客立即购买产品和服务。在社交媒体时代,社区和社群中的互动和分享行为对游客的旅游决策起着潜移默化的作用。因此,促销这个营销要素需要和社区这个营销要素结合起来,促销要考虑如何面向社区和社群,以获得更好的传播效果和更高的信赖度。

三、旅游数字化营销组合

在数字化时代,旅游行业正面临着前所未有的机遇与挑战。为了在这个环境下取得成功,旅游供给方需要充分运用数字旅游技术,形成一种全新的数字旅游思维,最终形成数字旅游认知。这不仅是一种技术革新,更是营销策略和商业模式的全新变革。

首先,产品是旅游营销的核心。在数字旅游的视角下,产品不仅仅是传统的旅游路线和景点,而是包括一系列的体验和感受,如基于目的地的氛围与历史文化的沉浸式体验、与当地社区的互动等。通过利用 VR、AR 等技术,可以让游客在购买产品之前就能够预体验这些感受,从而增强购买的决心和信心。

其次,定价策略也需要进行相应的调整。传统的旅游定价主要基于成本和竞争,但在数字旅游的思维下,定价需要更加场景化,以满足不同游客的需求和预算。例如,可以为希望省心的游客提供全包价服务,包括机票、酒店、餐饮等所有费用;对于喜欢自由行的游客,则可以提供定制化的行程安排,并按照行程的复杂程度和资源的使用情况进行定价。

在渠道方面,数字化平台和社交媒体的作用日益凸显。通过这些平台,旅游供给方可以直接接触到潜在的游客,了解他们的需求和反馈,进而进行精准的营销推广。此外,通过与第三方合作伙伴数据共享,还可以进一步丰富产品线和服务内容,提高游客的满意度和忠诚度。

最后,促销活动也需要瞄准特定的客群进行。例如,对于年轻人群体,可以通过举办线上活动、发放优惠券等方式吸引他们的注意力;对于中老年人群体,则可以通过提供健康养生、文化体验等活动来吸引他们。

在连接游客社交网络的过程中,旅游供给方不仅可以获取更多的用户数据,还可以通过口碑传播、社群运营等方式提高品牌的影响力和美誉度。同时,通过与网红、意见领袖等合作,还可以进一步提高产品的曝光度和销售量。

综上所述,旅游数字化营销的关键在于充分运用数字旅游技术,形成数字旅游思维,也形成数字旅游认知。这不仅需要从产品、定价、渠道、促销等方面进行全面的革新和升级,还需要深入了解目标客群的需求和特点,以便进行更加精准和有效的营销推广。只有这样,才能在竞争激烈的市场环境中脱颖而出,实现持续的成功和发展。

旅游行业可以对传统的 4Ps 营销组合和社交媒体环境下发展起来的新 4C 营销组合进行结合,从而产生一个新的 4Ps+4C 组合理论框架,见图 3-2。

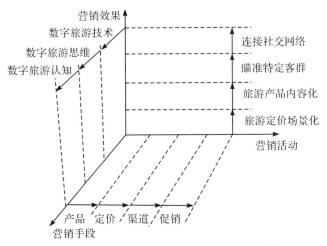

图 3-2　旅游数字化营销 4Ps+4C 组合理论框架

上述理论框架,可以从以下三点来理解。第一点是营销手段,侧重点是数字技术和数字思维。数字技术和数字思维的结合是旅游数字化营销的基础。数字技术是旅游数字化营销发展的支撑要素,旅游供给方数字技能水平与营销业绩增长之间存在积极联系[1],包括云计算、物联网技术、人工智能技术、数据挖掘技术等核心技术。数字思维是旅游供给方和目的地做好数字化营销的重要因素。数字化时代,旅游大数据不再只是决策的辅助性信息,而是上升为一种战略性资源参与旅游数字化营销全过程。旅游者、经营者等相关行业参与者都处于一个高度密集生产数据的状态,数据呈现出结构化、半结构化、非结构化三种形式,数据类型主要包括 UGC 数据、设备数据和交易数据。数字思维就是运营决策数据化,依托对这些海量营销数据的分析和学习,跨越决策者和营销管理

---

① ALFORD P, JONES R. The lone digital tourism entrepreneur: knowledge acquisition and collaborative transfer[J]. Tourism management,2020,81:104-139.

人员的主观判断,从而建立数字说话的系统。第二点是营销活动。Yu等认为网站、社交媒体、博客、移动应用程序等通信工具是旅游数字化营销最常见的渠道。[1] Tsourgiannis 和 Valsamidis 将旅游数字化营销理解为通过类似于 Airbnb 这样的数字平台,把相关旅游产品的功能、价值等信息传送给目标客户,实现旅游产品销售目的的营销活动。[2] 这些研究强调了营销活动的重要性,却淡化了数字技术的影响,旅游数字化营销应该是"数字技术+数字思维+旅游市场营销"。旅游企业与旅游目的地营销组织利用数字技术,以旅游大数据为重要资源,系统作用于产品、价格、渠道、促销这四大营销组合,使营销内容精准化、营销手段便利化、营销结构社区化、营销机制动态化,更好地适应数字时代下的游客需求,并为游客创造价值,助力数字时代下旅游业的可持续发展。第三点是营销效果。旅游数字化营销效果体现在以下几个方面:①通过精准的市场分析和定位,实现旅游产品定价场景化,更好地满足不同类型游客的需求;②通过丰富多样的数字化渠道展示旅游产品的内容,提高游客对旅游目的地的认知和兴趣;③利用大数据分析瞄准特定客群进行精准营销,提高营销效果;④借助社交网络扩大品牌的影响力,吸引更多的潜在游客。

第二节　旅游数字化营销组合特点

旅游数字化营销组合具有以下特点。

(一)精准性

旅游数字化营销的精准性是指通过数字化技术和平台,实现对目标客群的精准定位和个性化营销,从而提高营销效果和客户满意度。它包括对消费者行为的精准分析和把握、对市场需求的精准了解和活动策划的针对性,以及对营销效果的精准评估和优化等多个方面。

①旅游数字化营销手段的精准性表现在对消费者行为的精准分析和把握。通过运用大数据分析技术,旅游企业与旅游目的地可以深入了解消费者的兴趣、偏好和需求,从而更加精准地定位目标客群,并为其提供个性化的产品和服务。此外,通过人工智能等技术,旅游企业与旅游目的地可以实现智能推荐和个性化定制,进一步提高营销手段的

---

① YU M,LI Z,YU Z,et al. Communication related health crisis on social media:a case of COVID-19 outbreak[J]. Current issues in tourism,2021,24(19):2699-2705.

② TSOURGIANNIS L,VALSAMIDIS S. Digital marketing in tourism:why Greek tourists use digital marketing applications like Airbnb[J]. International journal of culture,tourism and hospitality research,2019,13(4):473-486.

精准性和效果。

②旅游数字化营销活动的精准性表现在对市场需求的精准把握和活动策划的针对性。为了吸引潜在客户和提高活动效果,旅游企业与旅游目的地需要深入了解目标客群的需求和特点,并制订有针对性的活动策划方案。例如,针对年轻人的营销活动可以通过社交媒体、短视频等渠道,运用游戏化、互动性强的元素吸引他们参与和分享;针对中老年人的营销活动则可以通过突出旅游产品的安全、舒适和服务质量等特点,以及提供更加实用的旅游资讯和攻略等内容吸引他们的关注。

③旅游数字化营销效果的精准性表现在对营销效果的实时跟踪和动态优化。旅游数字化营销工具允许实时跟踪营销效果并进行优化,提高成本效益,增强与用户的互动,快速响应市场变化,实现全渠道一致体验,并基于数据驱动决策,最终通过创新技术如VR 和 AR 提供沉浸式体验,从而有效提升旅游营销的效率和游客满意度。

(二)系统性

旅游数字化营销组合的系统性是指通过技术手段与数据共享,使旅游营销手段、旅游营销活动和旅游营销效果相互连接,形成协同效应,达到更好的营销效果和用户体验。这是以数字为集成手段,使旅游企业与旅游目的地可以将产品、促销、游客意见调查、广告、公共关系、游客服务等整合在一起,真正达到营销组合所追求的效果。此外,通过旅游供应链的各个环节,如旅游线路、酒店住宿、交通接送等,将其与数字化营销手段相结合,也可以实现更加精准的用户定位和更加高效的营销效果。

①旅游数字化营销手段的系统性表现在对各种数字技术的综合运用。旅游企业与旅游目的地不仅需要运用搜索引擎优化(Search Engine Optimization,SEO)、搜索引擎营销(Search Engine Marketing,SEM)等技术提高品牌曝光率和吸引潜在客户,还需要运用社交媒体营销、内容营销等手段与目标客户进行互动和沟通。此外,通过集成数据分析和人工智能等技术,旅游企业与旅游目的地可以实现对客户行为的精准预测和个性化推荐,从而进一步提高营销效果。

②旅游数字化营销活动的系统性表现在对各种营销活动的策划和执行。为了实现营销效果的最大化,旅游企业与旅游目的地需要制订完整的数字化营销计划,包括产品定位、目标客群、渠道选择、促销策略等方面。同时,还需要根据不同的营销活动类型和目标客群的特点,设计有针对性的活动内容和形式,以确保活动的吸引力和参与度。此外,与第三方合作伙伴进行系统性的沟通和协作也是数字化营销活动成功的关键之一。

③旅游数字化营销效果的系统性表现在对营销效果的评估和优化。通过建立数字化营销数据库和数据分析体系,旅游企业与旅游目的地可以实现对营销活动效果的实时监测和评估。通过对数据的分析和解读,可以及时发现营销活动中存在的问题和不足,从而调整和优化策略以提高效果。此外,通过对不同营销手段和活动的综合效果进行评

估和比较,旅游供给方可以找到最佳的营销策略组合,从而实现营销效果的最大化和最优化。

(三)动态性

旅游数字化营销组合的动态性是指旅游数字化营销组合是一个不断变化和发展的过程,需要根据市场变化和消费者需求的变化不断进行调整和优化。这种动态性反映在数字化营销策略的制定和执行上,需要随着时间的推移不断调整和优化。

①旅游数字化营销手段并非一成不变,而是随着市场环境和消费者需求的变化而动态调整。在数字化时代,旅游供给方需要敏锐地捕捉到这些变化,灵活地调整自身的营销策略。例如,随着短视频和直播的兴起,旅游供给方可以积极利用这些平台进行产品推广和互动营销;随着人工智能和大数据技术的发展,旅游供给方可以运用智能推荐、个性化定制等手段为游客提供更加精准的服务。同时,旅游供给方还需要不断地学习和尝试新的数字化营销手段,以保持其竞争优势。只有保持动态性,才能让旅游数字化营销始终保持活力。

②旅游数字化营销活动是一个持续不断的过程,它随着市场环境的变化和消费者需求的演变而动态调整和升级。这种动态性体现在多个方面,如在产品方面,旅游供给方需要不断更新和优化其数字化产品线,以适应不断变化的消费者需求和市场竞争格局;在定价方面,旅游供给方需要根据市场供求关系、消费者心理等因素进行灵活调整,以实现收益的最大化;在渠道方面,旅游供给方需要不断拓展新的销售渠道和合作伙伴,以扩大市场份额和提高销售效率;在促销方面,旅游供给方需要不断尝试新的营销手段和策略,以吸引更多的潜在客户,提高品牌影响力。

③旅游数字化营销的效果并非一成不变,而是随着时间、市场和消费者需求的变化而动态展现。在数字化时代,旅游供给方需要实时关注营销效果的变化,以便及时调整策略。例如,在节假日或特定活动期间,数字化营销的关注度和效果可能会呈现波峰和波谷;在不同的时间段,消费者的需求和购买行为也可能发生变化。因此,旅游供给方需要灵活地调整其数字化营销策略,以适应市场的变化和满足消费者的需求。同时,旅游供给方还需要对数字化营销的效果进行持续的监测和分析,以便了解哪些策略是有效的,哪些策略需要改进或调整。

专栏 3-1　旅游数字化营销组合的精准性和系统性

(1)2019年,杭州市文化广电旅游局依托杭州"城市大脑",以让游客"多游一小时"为主要目标,聚焦景区入园、酒店入住、游览转场等游客排队等候最多的场景,推出了"10秒找空房""20秒景点入园""30秒酒店入住""数字旅游专线"四大便民服务场景,利用大数据、物联网、人工智能等技术优化城市旅游服务。（资料来源：https://hznews.

hangzhou. com. cn/chengshi/content/2020-01/15/content_7661409. htm)

（2）桐庐数字旅游专线。"桐庐数字旅游专线"是"城市大脑"的首发应用场景,依托"城市大脑"洞察潜在桐庐游客的分布、行为与消费情况,在拥堵景区、交通枢纽等多场景下应用精准引流,通过小区短信、华数页面等,引导游客通过支付宝平台个性化预订专线产品,并在登车时刻扫码核销,一路畅游,实现"一部手机畅游全程"。（资料来源: https://www. sohu. com/a/328737127_100053214）

第三节　旅游数字化营销组合策略

一、旅游数字化产品策略

(一)旅游数字化产品的定义

旅游数字化产品是指通过数字化技术、平台或手段对旅游产品进行创新、升级或改造,从而形成的新型旅游产品。例如,虚拟旅游、在线游览、智能导游等都是旅游数字化产品的代表。这些产品借助数字技术,实现了旅游体验的升级和优化,给消费者带来更加便捷、高效、有趣的旅游体验。旅游数字化产品是旅游行业适应数字化时代的重要趋势,通过借助数字技术和手段,实现了旅游产品的升级和创新,提高了旅游产品的质量和效率,也为旅游供给方创造了更多的商业机会和价值。

(二)旅游数字化产品的属性

①社交性。旅游数字化产品不仅是一种旅游体验,更是一种社交体验。消费者可以通过旅游数字化产品与他人分享旅游经历、感受和心得,获得社交满足和认同感。例如,通过社交平台分享旅游照片、视频等,与朋友、家人和旅游爱好者交流。

②观赏性。旅游数字化产品可以作为一种纪念品或观赏品,具有一定的纪念意义和艺术价值。例如,旅游数字化产品可以以数字明信片、数字画册、数字纪念品等形式出现,让消费者在回忆旅游经历时拥有美好的情感体验。

③实用性。旅游数字化产品还可以具有一定的实用性,为消费者的旅游活动提供方便和实用的服务。例如,旅游数字化产品可以提供在线导游服务、旅游路线规划服务、酒店预订服务等,为消费者的旅游活动提供全方位的支持。

④创新性。旅游数字化产品可以通过数字技术实现创新性和个性化,从而满足消费者的个性化需求。例如,通过人工智能技术为消费者提供定制化的旅游服务,根据其兴趣、偏好和需求为其推荐合适的旅游产品和服务。

⑤绿色性。旅游数字化产品可以减少对环境的负面影响,具有环保性。例如,通过

数字化技术减少纸质材料的使用,从而减少对森林资源的消耗和环境污染。

(三)旅游数字化产品的开发策略

①目标市场和目标客户分析。在开发旅游数字化产品之前,需要对目标市场和目标客户进行深入的分析和研究。了解目标客户的兴趣、需求和期望,以及他们对于旅游数字化产品的接受度和使用习惯,从而制定针对性的产品开发和营销策略。

②创新性产品开发。结合数字技术和文化创意,开发具有创新性和差异化的旅游数字化产品,以吸引更多的消费者。例如,可以开发基于虚拟现实、增强现实、智能交互等技术的新型旅游体验产品,以及数字化文创产品等。

③优化用户体验。旅游数字化产品的开发需要注重用户体验的优化,以提高产品的实用性和吸引力。例如,可以开发具有个性化推荐、在线客服、智能导航等功能的产品,以提升用户的旅游体验和服务质量。

④合作与联盟。与其他旅游企业、相关机构或平台建立合作关系,共同开发旅游数字化产品,以扩大产品的覆盖面和影响力。例如,可以与航空公司、酒店、旅游景点等合作,推出联合的旅游数字化产品和服务。

⑤数据驱动的营销策略。通过数据分析和挖掘,了解消费者的需求和行为特征,制定精准的营销策略和推广活动。例如,可以通过社交媒体、搜索引擎、电子邮件等渠道进行数字化营销推广,以吸引更多的潜在客户。

⑥持续优化和更新。随着市场和技术的变化,旅游数字化产品也需要不断优化和更新。定期收集用户反馈、关注市场趋势、更新技术和产品内容,以保持产品的竞争力和吸引力。

⑦保障信息安全与隐私保护。在开发旅游数字化产品时,需要重视信息安全和隐私保护问题。采取必要的措施和技术手段,确保用户信息和数据的安全与隐私不受侵犯。

总之,旅游数字化产品的开发需要结合市场需求、技术进步和用户体验等因素,制定全面的开发策略和管理计划。通过不断创新完善产品和服务,为消费者提供更加便捷、高效、有趣的旅游体验,同时推动旅游产业的数字化转型和发展。

二、旅游数字化定价策略[①]

旅游数字化定价策略是指旅游业者在数字化时代利用数据和技术手段,制定和优化产品的定价策略,以更好地满足市场需求、提高盈利水平和市场竞争力的一系列措施。

①基于数据分析和挖掘的定价策略。通过收集和分析旅游产品的销售数据、客户评价、竞争对手价格等信息,了解消费者的购买行为和支付意愿,制定更加精准的定价策略。

---

① 邹光勇,刘明宇,何建民.从单边市场到双边市场:旅游定价文献综述[J].旅游学刊,2018,33(2):77-89.

②动态定价策略。根据市场需求和竞争情况，实时调整旅游产品的价格。在旅游旺季或需求旺盛时，可以适当提高价格；在旅游淡季或需求疲软时，可以降低价格吸引更多消费者。

③差异化定价策略。根据旅游产品的不同特点和服务水平，制定差异化的价格策略。例如，对于高品质的旅游产品或特色旅游服务，可以制定相对较高的价格；对于标准化的旅游产品或常规服务，可以制定相对较低的价格。

④捆绑销售定价策略。对多个相关旅游产品或服务进行捆绑销售，并给予一定折扣或优惠。例如，将机票、酒店和景点门票等打包销售，并给予一定优惠，吸引消费者购买。

⑤基于客户价值的定价策略。根据客户的购买行为和支付意愿，将客户划分为不同的价值层次，并为不同层次的客户提供不同的产品和服务。例如，对于高价值的客户，可以提供定制化的旅游服务或额外的优惠；对于低价值的客户，可以提供标准化的旅游产品或常规服务。

⑥基于时间序列的定价策略。根据历史销售数据和市场需求的变化趋势，预测未来一段时间内的价格走势，并制定相应的定价策略。例如，在旅游旺季到来之前，可以适当提高价格；在旅游淡季到来之前，可以降低价格吸引更多消费者。

总之，在数字化时代，旅游产品的定价策略需要灵活运用各种数据分析和挖掘技术、动态定价技术、差异化定价策略等，以提高定价的精准度和市场竞争力。同时，需要关注客户需求和市场变化，不断调整和优化定价策略，以适应数字化时代的发展趋势。

专栏 3-2　回头客竟被割韭菜？"大数据杀熟"知多少

佛山市消费者委员会针对旅游平台的"大数据杀熟"现象进行了调查，委托第三方机构对五大旅游平台（携程、飞猪、去哪儿、同程旅行、美团）中三个不同档次的酒店（佛山希尔顿酒店、维纳斯皇家酒店佛山南海万达广场店、城市便捷酒店佛山三水康乐路店）及景点门票预订进行体验。2021 年 9 月 27 日发布的报告揭示了"杀熟"现象，尤其是在酒店预订方面，老用户在携程、飞猪、去哪儿网三个平台上的平均支付价格高于新用户。携程平台的老用户比新用户多支付的价格最高，中档酒店平均多 16.7 元。调查报告还发现，高档酒店预订中价格波动幅度越大，消费者面临"价格歧视"的风险越高。

调查报告指出，有比价习惯的消费者和忠实用户并不一定获得更低价格，反而可能面临更高的预订价格。同时，个人信息安全存在隐患，平台服务质量需要提升。为了应对"大数据杀熟"，调查报告给出了五点建议：减少在同一平台的重复搜索次数；注意阅读信息授权条款；尝试使用不同账号或手机品牌订购；保留消费凭证；注重个人隐私保护。（资料来源：https：//szb.nanhaitoday.com/epaper/zjsb/html/2021-09/28/content_17306.htm）

三、旅游数字化渠道策略

旅游数字化渠道策略是指旅游供给方通过数字化渠道销售旅游产品和服务的计划和方法。这些数字化渠道包括网站、移动应用程序、社交媒体、在线广告、搜索引擎优化、电子邮件等。旅游供给方可以利用这些渠道与消费者建立联系、提高品牌知名度、促进销售、收集和分析消费者数据等，从而更好地满足消费者需求，提高市场竞争力。数字化渠道策略的成功关键在于正确选择和整合各种渠道，制订有效的营销计划，不断改进数字化营销活动。

（一）旅游数字化渠道类型

①社交媒体营销。利用社交媒体平台，如微博、微信、抖音等，进行旅游产品的宣传和推广，通过发布旅游资讯、景点介绍、游记攻略等，吸引潜在客户。

②旅游电商平台。在旅游电商平台，如携程、去哪儿、途牛等，发布旅游产品信息，进行在线预订和销售。同时，可以通过平台的搜索引擎优化和关键词广告，提高产品曝光率和销售量。

③旅游垂直搜索平台。利用旅游垂直搜索平台，如马蜂窝、穷游网等，发布旅游产品信息和用户评价，提高产品的知名度。

④短视频和直播营销。通过短视频和直播平台，如抖音、快手、B站等，发布旅游产品介绍、景点游览、美食体验等短视频和直播内容，吸引潜在客户。

⑤电子邮件营销。利用电子邮件向客户发送旅游产品介绍、促销活动、新闻资讯等信息，提高客户对产品的认知度和购买意愿。

⑥移动应用营销。开发旅游相关的移动应用，如旅游攻略、地图导航、语音导览等，通过应用内的广告和推广活动，吸引潜在客户。

⑦KOL营销。与旅游领域的KOL合作，通过他们发布旅游产品评测、攻略、游记等内容，提高产品的知名度。

⑧联盟营销。与其他旅游企业、航空公司、酒店等建立合作关系，共同推广旅游产品和服务。

⑨线上广告投放。在搜索引擎、社交媒体、新闻网站等平台投放旅游产品的广告，提高产品曝光率和销售量。

（二）旅游数字化渠道的优缺点

旅游数字化渠道的优缺点见表3-1。

表 3-1　旅游数字化渠道的优缺点

渠道	优点	缺点
社交媒体营销	用户基数巨大,可以快速吸引潜在客户,传播速度快,营销成本相对较低	需要投入大量的时间和精力进行内容创作和社交媒体运营,营销效果可能受到平台算法和政策的影响
旅游电商平台	拥有庞大的用户群体和交易量,可以快速提高产品曝光率和销售量,同时可以享受平台提供的各种便捷服务,如支付服务、客服服务等	需要支付一定的平台手续费,可能受到平台政策和规定的限制
旅游垂直搜索平台	用户群体相对精准,可以快速吸引潜在客户,同时可以享受平台提供的专业内容和搜索服务	需要投入大量的时间和精力进行内容创作和平台运营,营销效果可能受到平台算法和政策的影响
短视频和直播营销	可以快速吸引潜在客户,具有很强的互动性和沉浸感;可以享受平台提供的各种便捷服务,如直播购物车、短视频带货等	需要投入大量的时间和精力进行内容创作和直播运营,营销效果可能受到平台算法和政策的影响
电子邮件营销	具有很强的针对性,可以精准发送给目标客户群体,营销效果相对较好,同时可以享受平台提供的各种便捷服务,如邮件模板、发送工具等	需要收集和整理客户的邮箱信息,可能受到垃圾邮件过滤器的限制
移动应用营销	具有很强的针对性和互动性,可以精准吸引目标客户群体,同时可以享受平台提供的各种便捷服务,如应用内支付、推送通知等	需要开发移动应用并维护更新,需要一定的技术实力和经济成本
KOL 营销	KOL 具有较高的影响力和号召力,可以快速吸引潜在客户,同时可以享受KOL 提供的各种推广和服务支持	需要找到合适的 KOL 进行合作,需要支付一定的合作费用
联盟营销	可以扩大企业影响力和覆盖面,提高产品曝光率和销售量,同时可以享受联盟伙伴提供的各种支持和帮助	需要找到合适的联盟伙伴进行合作,需要协调和管理联盟伙伴之间的关系
线上广告投放	可以根据目标客户群体和投放平台进行精准投放,具有很强的针对性,同时可以享受平台提供的各种便捷服务,如广告投放工具、数据分析等	需要支付一定的广告费用,可能受到广告投放平台和政策的影响

四、旅游数字化促销策略

旅游数字化促销策略是指旅游供给方利用数字技术进行促销的一系列策略,主要有以下几个方面。

一是精心创作旅游推广软文。软文在网络营销中的成功案例非常多,所起到的作用也非常大。旅游景区可以针对主要旅游消费者的喜好,结合景区特色有针对性地创作软文,并将其投放到各大网络媒体上。

二是加大旅游景区在各大网络搜索引擎、门户网站的广告投放力度。当前搜索引擎、门户网站在网民日常生活中依然扮演着非常重要的角色,加大在搜索引擎、门户网站的广告投放力度,可以迅速提高旅游景区的知名度。

三是借助新型社交媒体进行营销。近年来,微博、微信等各种新型社交媒体迅猛发展,获得了众多网民的青睐。利用微博、微信等新型社交媒体开展网络营销更具针对性,广告投入也更精准、更有效。相关调研数据显示,微信营销的精准率要比门户网站营销的精准率高出 40%—50%。

四是有效运用大数据进行一对一个性化产品推介。大数据分析在旅游景区网络营销中所发挥的作用越来越重要,它可以准确锁定范围更小的用户群体,并分析出这些消费者的旅游偏好,从而有针对性地推介旅游服务产品。

传统的旅游产品促销方式主要是旅游供给方通过广告、公关宣传、人员推销和销售进行促销,而网络经济的发展给旅游供给方带来了新的契机,也使促销方式花样翻新,网上促销、网络形象、网上广告等日益显示出活力。旅游数字化促销的最大优势在于其低廉的价格和较高的效率,旅游供给方通过不多的投入就可以把与电视效果类似的广告瞬间送达全球。同时,这种形式还一改过去游客被动地接受广告的特点,使游客能够根据自身的需要主动搜寻广告,寻找自己需要的旅游产品或服务。总体而言,在旅游数字化营销背景下,渠道策略有效协同促销活动,相较于传统旅游营销的营销决策和绩效评价被动性、单一性的特点,旅游数字化营销能精确到旅游供给方或目的地在经营过程中的具体问题与维度,进而提升营销决策的科学性和绩效评价的精准性。此外,较之传统营销侧重于接触更多旅游者,扩大营销群体,数字营销更注重与旅游者之间的连接,从而获得更多与旅游者连接的触点,实现旅游供给方和目的地与旅游者之间越来越紧密的连接。

第四节　旅游数字化营销组合新动向

随着大众旅游和国民休闲时代的到来,旅游目的地依旧面临着广大散客在目的地消费多元化和体验生活化等方面的新需求。与之相应,景区景点规模日益扩大。随着市场竞争的加剧,旅游景区营销的重要性日益凸显。

一、旅游数字化营销组合的新动向——内容营销

随着数字化时代的到来,消费者对旅游产品的需求也发生了变化。他们不再只是追

求简单的旅游体验,而是更加注重旅游过程中的参与感和个性化需求。因此,为了满足消费者的需求,旅游供给方需要通过内容营销来提供更加丰富、个性化的旅游体验。而内容营销可以通过提供有价值的内容,提高网站在搜索引擎中的排名,从而吸引更多的流量和客户。通过内容营销,旅游供给方可以提供有趣、有用的信息,吸引用户关注。同时,通过与用户的互动和交流,可以建立紧密的联系,提高用户黏性和忠诚度。

旅游内容营销是指通过图片、文字、动画、故事等介质传达有关旅游供给方或目的地的相关内容,以吸引游客和潜在游客共同参与,为旅游供给方或目的地创造利润的营销过程。当前,数字营销渠道对内容的需求一直处于"饥饿"状态,营销者提供的促销信息一直难以深入影响目标受众深层心理需求。旅游供给方可以聚焦基于数字营销渠道展开的内容营销,加强对数字营销研究背景下"内容+运营策略"的研究。

二、基于大数据的旅游内容营销构建——以景区为例[①]

(一)何为景区内容营销

以市场营销核心概念为基础,景区内容营销的内涵应包括以下几个方面:它的起源是人们旅游的需要、欲望和需求;它需要提供具有一定质量的产品;它的最终目的是让顾客满意;旅游市场是因人们旅游的需要、欲望和需求而产生;市场营销需要进行交换、交易或建立关系。

所有的旅游景区亦属于旅游产品的概念范畴,因此通过旅游产品的根本属性与特征可以找出营销方法吸引旅游者。如何让广告投放更加有效?竞争越来越激烈,如何抢占用户,实现营销转化?信息爆炸,又如何让品牌走红,引发裂变式传播?这些正成为景区内容营销的关注点。

(二)如何通过内容营销让景区从"网红景区"到"口碑景区"

1. 深耕主要客源地,提升和优化客源市场结构

所谓深耕,150千米本地市场,250千米周边一日游市场,350千米两日游市场,500千米三日游市场,以及500千米外的市场等,都应布局。游客对景区产品和服务的需求复杂多样,而且是经常变化的。因此,旅游景区必须注意研究游客市场的需求,并预测其变化趋势,不断开发新项目,提高景区的应变能力与竞争能力。

2. 实施营销组合策略

如价格策略配合品牌策略,形成线上线下的整合营销。线上打造旅游产品品牌的文化附加值,烘托商业氛围,提高品牌知名度与美誉度。通过大数据分析定位消费群体,实施精准传播,对线下营销形成有力的依托,以及形成线下购买、线上体验的反向O2O(Online to Offline)。再如价格策略配合产品差异化策略,形成线下产品与线上产品不同的组合,避开

---

① 资料来源:https://www.sohu.com/a/463647530_120817128.

定价双轨制的矛盾。

3. 形成新媒体营销矩阵

微信、抖音等社交平台已经深度融入老百姓的生活中，对人们的生活娱乐方式有很大的影响。如何基于这些新媒体平台与旅游的高度关联性，进行内容营销，已经是景区营销必须要关注的重点。

景区必须主动融入这些平台，搭上快车借力营销，才能在市场竞争中占有一席之地。要加速融合线上线下平台，构建旅游新媒体营销矩阵。强化抖音等短视频平台、直播平台创新性营销、事件营销，利用网络力量打造"网红景区"。

4. 提高游客满意度

景区的火爆依靠的不仅是抖音这类新型的传播方式，更多的是依靠景区产品、服务、管理等方面的综合实力。要积极挖掘本地域景区的旅游价值和潜在资源，结合市场设计独特的产品，整合产业、锻造品牌、树立形象，变小为大、变突发为持久，助力区域景区释放魅力。

景区借助某种营销手段可以一时走红，但要实现长期走红，需要从根本上研究和提供质量上乘、设计新颖、配套合理、管理有效的产品组合。产品要很好地契合当今新兴市场的人群特征和消费偏好，服务和管理更要跟得上游客越来越高的要求，才能在市场上获得口碑传播效应。只有不断在提高游客满意度上下功夫，这些景区才能真正实现从"网红景区"到"口碑景区"的转变。

三、基于大数据的旅游营销渠道评估

①评估渠道的曝光率。评估渠道的曝光率，即评估在该渠道上发布的旅游内容被多少人看到，可以通过渠道的流量数据、用户访问量等指标进行评估。

②评估转化率。评估渠道的转化率，即评估在该渠道上发布的旅游内容能吸引多少用户购买或预订。

③评估盈利效益。评估渠道的盈利效益，即评估通过该渠道发布旅游内容所带来的收益，可以通过渠道的收益数据进行评估。

④评估用户满意度。用户在该渠道上获得的旅游内容和服务体验，以及用户对该渠道的满意度和忠诚度，可以通过用户调查、评价数据进行评估。

⑤成本效益。通过该渠道发布旅游内容的成本和效益，以及与其他渠道的比较，可以通过成本效益分析、竞争对手分析等方法进行评估。

评估基于大数据的旅游营销渠道需要综合考虑上述几个方面，并且要注意数据的准确性和可信度。通过评估，可以确定哪些渠道是最有效的，进一步优化营销策略，提高旅游内容的传播效果和转化率。

另外，旅游数字化营销渠道可以监测旅游舆情和塑造积极的旅游目的地形象。随着越来越多的旅游危机事件被社交媒体曝光、放大，基于舆情危机展开旅游目的地形象修复成为讨论的热点。例如,"天价虾""丽江女游客被打"等事件,旅游供给方通过构建旅游舆情预警机制[1],将舆情采集、分析、预警、研判等全流程治理有机结合[2],解决人工研判预警面临的旅游预警要求高、舆情演化复杂、舆情牵涉众多主体等问题。

通过旅游数字化营销可以即时联通国际市场,减少市场壁垒,提供平等机会。数字渠道创造了一个即时全球社区,它消除了国际贸易中的时间和地域障碍;同时,也创造了一个无法比拟的平等世界,这为广大中小旅游供给方开拓客源市场、参与竞争提供了契机。

总之,数字化商业时代的到来为现代旅游供给方营销带来了新的机遇。它增加了互动性,减少了成本,游客有选择的余地,减少了营销对书面文件的依赖;增加了旅游产品和信息的价值,减少了旅游供给方在国际市场上开创或拓展业务的障碍。它彻底改变了我们对旅游市场营销所持有的某些旧观念和采用的某些传统做法。

本章小结

本章分析了旅游数字化营销组合的概念、特点、策略和动向。通过本章分析,揭示了旅游数字化营销的理论形成过程,尤其是指出了旅游数字化营销的精准性、系统性和动态性,掌握如何根据旅游营销需求,组合出合适的旅游数字化营销策略,服务于旅游供给方和目的地的数字化营销活动。

即测即评

复习思考题

(1)旅游数字化营销组合的定义是什么? 它与传统的旅游营销方式相比有哪些特点?

(2)为什么说旅游数字化营销具有精准性? 请举例说明。

(3)怎样理解旅游数字化营销的动态性? 请给出一个实际的例子。

(4)在制定旅游数字化营销策略时,有哪些关键因素需要考虑?

(5)通过本章的学习,你如何评价数字化营销在未来旅游行业发展趋势中的地位和作用?

---

① 刘萌玥,陈效萱,吴建伟,等.旅游景区网络舆情指标体系构建:基于蚂蜂窝网全国百家5A级景区的游客评论[J].资源开发与市场,2017,33(1):80-84.

② 张晓玲,倪月犁."互联网+"背景下旅游目的地网络形象监测与预警指标体系的研究[J].中国商论,2021(21):51-53.

参考文献

[1] 艾登伯格.4R 营销[M].文武,穆蕊,蒋洁,译.北京:企业管理出版社,2003.

[2] 刘萌玥,陈效萱,吴建伟,等.旅游景区网络舆情指标体系构建:基于蚂蜂窝网全国百家 5A 级景区的游客评论[J].资源开发与市场,2017,33(1):80-84.

[3] 舒尔茨.全球整合营销传播[M].何西军,译.北京:中国财政经济出版社,2004.

[4] 汪京强,黄昕.酒店数字化营销[M].武汉:华中科技大学出版社,2022.

[5] 张晓玲,倪月犁."互联网＋"背景下旅游目的地网络形象监测与预警指标体系的研究[J].中国商论,2021(21):51-53.

[6] 邹光勇,刘明宇,何建民.从单边市场到双边市场:旅游定价文献综述[J].旅游学刊,2018,33(2):77-89.

案例思考题

构建旅游目的地 LOTS 生态，助力实现全域旅游①

旅游目的地 LOTS(Local Online Travel Supplier & Service)生态系统是旅游数字化营销的典型案例,它通过整合旅游产业链上的资源和服务,为消费者提供更加便捷、高效、智能的旅游体验。在 LOTS 生态系统中,消费者可以通过智能化的旅游 App 或网站,获取旅游目的地的各类信息和服务,如景点介绍、酒店预订、餐饮推荐、导游服务、购物娱乐等。同时,LOTS 生态系统还通过数字化营销手段,如社交媒体、短视频、博客等,将旅游目的地的特色和魅力展现给更多的潜在客户。在 LOTS 生态系统中,数字化营销不局限于线上渠道,还与线下渠道进行紧密结合。例如,通过智能化的导游设备、AR/VR 体验、互动游戏等,为消费者提供沉浸式、体验式的旅游服务。同时,LOTS 生态系统还通过数据分析和挖掘,了解消费者的需求和行为习惯,为其提供更加个性化、精准的旅游推荐和服务。通过 LOTS 生态系统,旅游供给方可以更好地满足消费者的需求,提高品牌知名度和市场竞争力。同时,LOTS 生态系统也通过数字化营销手段,扩大自己的业务范围和市场份额,实现多元化的发展。

(一)旅游目的地 LOTS 生态简介

旅游目的地 LOTS 生态是浙江深大智能集团基于深耕智慧旅游行业 20 年的经验和对旅游全产业链多年的研究在 2015 年正式提出的全新概念,与文化和旅游部提出的全域旅游发展理念高度吻合。旅游目的地 LOTS 生态以本地旅游龙头企业和本地化运营团队为主,整合周边旅游资源,在旅游目的地的准入圈层构建全员营销体系,以开放的格

---

① 资料来源:https://www.sendinfo.com.cn/lots.htm.

局全面对接互联网在线分销渠道,充分利用互联网媒体营销技术,构建旅游目的地的行业大数据,从而反哺景区,做好精准营销和个性化服务,用"互联网＋"的手段把景区、游客、供应商、政府等紧密联合,构建一个可持续发展的全域旅游生态圈。

旅游目的地 LOTS 生态倡导打破常规的从需求端发起到供应端被动满足的消费流程,采用线上线下并举的互联网思维,主动利用旅游的各类消费大数据,结合"全域旅游"概念,有效地将游客、旅游供给方、政府等各方资源整合在一起,从产品和服务上进行深度创新,把游客的旅行体验和服务做到极致,并做大二次消费增量。旅游目的地 LOTS平台以产品供应商的身份与各大在线旅游分销直销平台合作,搭建自身的本地化运营团队和营销服务网络,利用得天独厚的本地化优势大力开展全员营销,为游客提供完整优质的游前、游中、游后的各项服务,将一个区域整体作为功能完整的旅游目的地来建设、运作,实现景区内外一体化,做到人人是旅游形象,处处是旅游环境。

由贵州黄果树旅游集团股份有限公司、深大智能集团等共同投资组建的贵州黄果树智慧旅游有限公司,经过两年的精心运营,已建成涵盖 B2C 与 B2B 的智慧旅游平台——快行漫游网,该平台将黄果树丰富的旅游资源、美食美宿搬到线上,不仅为游客提供了在线预订、实时互动、行程定制等全天候服务,还将青岩古镇、百里杜鹃、大屯堡、荔波樟江等周边景区旅游资源整合上线,旨在以黄果树景区为核心旅游资源,整合安顺当地旅游资源,打造安顺旅游目的地一站式宣传、营销、接待、服务平台,推动安顺旅游业由门票经济向产业经济转变。

在营销层面,快行漫游平台突破景区的传统营销体系,建立了全面的线上交易体系,不仅在阿里飞猪、官方微信上建立了线上直销平台,同时还与携程、驴妈妈、美团、途牛等各大在线旅游服务商合作,实现了景区门票、宾馆酒店、旅游纪念品、土特产等旅游产品的线上分销。为了做好游客在旅游目的地的本地化服务,贵州黄果树智慧旅游有限公司还建立了基于移动端的快行漫游网,积极研发适合大众需求的、有社交属性的移动端产品,将更加便捷、实惠和舒适的旅游体验带给游客;同时结合旅游大数据分析报告,加强景区在各大互联网平台的建设和宣传,更加精准地做营销,更加个性地推产品。

随着沪昆铁路、贵阳至昆明段的正式开通,整个大黄果树旅游圈和安顺旅游目的地游客数量也将迎来井喷式增长。贵州黄果树智慧旅游有限公司抓住机遇,借势向高铁沿线的主要客源地制定优惠政策,吸引 2—4 小时高铁经济圈范围内的度周末、亲子游等新兴散客群体,使说走就走的"周末远程游"成为现实。通过"景区＋运营＋技术"的创新合作模式,目前深大智能集团以投资、参股、运营"三位一体"的形式在西湖、千岛湖、绍兴、黄果树、华山、敦煌、蓬莱、迪庆(云南城投集团)、湖北(鄂旅集团)、新疆喀纳斯、云冈石窟、河南中原大佛、尧山等 30 多个知名旅游目的地构建了 LOTS 平台,推动旅游目的地供给侧结构性改革,提升区域旅游资源的整合和产品创新、服务创新,从而实现了旅游全产业链共同发展、多方共赢,为目的地发展全域旅游提供了一条切实可行的途径。

在国家全域旅游发展模式的带动下,深大智能集团将抓住历史发展机遇,助力景区、旅游集团及政府管理机构实现更高效和更智慧的管理与运营,全面助推旅游产业健康发展。

(二)LOTS 如何运营

1.产品中心

整合具有明确区域特征的旅游产品,包括标准单品、组合产品,以及其他定制型产品等。

2.运营中心

组建本地化运营团队。深大智能集团为旅游目的地景区输送人才,并指导当地运营人才的培养,实现旅游目的地线上线下一体化运营。

3.服务中心

建立和完善目的地服务体系,包括在线客服、旅游顾问、呼叫中心、代销点、自助服务点、导游服务团队等,把游客的旅行体验服务做到极致,做大二次消费增量。

4.管理中心

包括管理云应用、云客栈、云票务、智慧管理系统、智慧景区、智慧酒店、智慧餐饮、智慧零售、智慧演艺等。

5.决策中心

包括移动端应用、WEB端应用、指挥大屏应用、区域大数据应用。

讨论题:

(1)旅游目的地 LOTS 生态系统如何通过整合旅游产业链上的资源和服务,提升消费者的旅游体验?

(2)旅游目的地 LOTS 生态系统如何将线上和线下营销渠道紧密结合?

(3)请阐述在旅游目的地 LOTS 生态系统中,如何通过数据分析和挖掘为消费者提供更加个性化、精准化的旅游推荐和服务。

(4)讨论旅游目的地 LOTS 生态系统在推动全域旅游发展方面的作用,并分析其如何实现可持续发展。

(5)如何评价旅游目的地 LOTS 生态系统在整合旅游目的地各方利益相关者(如景区、游客、供应商、政府等)方面的效果?

第四章 旅游数字化产品策略

[学习目标]

(1)理解旅游数字化产品的概念、属性和分类。

(2)理解旅游数字化产品策略的概念与分类。

(3)掌握旅游数字化产品开发的内涵、流程和模型。

(4)了解旅游目的地的品牌力和品牌识别数字化。

开篇案例

数字技术赋能杭州德寿宫遗址复原

浙江省杭州市德寿宫遗址数字化复原作为遗址本体展示的辅助手段，让观众通过更加形象的方式"看"懂了德寿宫的遗址，体会到了近似于身临其境的"穿越感"。

景区运营方通过虚拟现实、数字投影、增强现实等数字化手段，在原始的遗址空间之上，全方位展示遗址三个历史时期的变迁。和其他博物馆的数字化展示相比，德寿宫直接在遗址空间中进行了数字化复原展示，让观众能更直接地体验时间和空间上的"穿越"，德寿宫每个数字化展项都从眼前遗址中来，最后回归到遗址本体，实现了遗址的数字生长，凸显了遗址的价值核心。

德寿宫数字化展示在内容创意方面，以"见物、见人、见生活"为核心理念，在遗址的大殿区域（中区）和宫苑区域（西区），通过虚拟现实、数字投影、增强现实等数字化的手段，让观众可以非常直观地了解遗迹。

在中区遗址上展示了崇华殿的营造过程，让建筑在遗址上立体生长。通过还原高宗祝寿历史场景，也让观众了解了大殿的主要功能，以及体验南宋时期高宗和孝宗父慈子孝的情感基调以及皇家礼仪。

在西区园林遗址，通过数字化复原，围绕"工字殿后殿""方池及水池""凉棚及方亭"遗迹，以及对深埋地下的"小西湖"的复原展示，反映了南宋园林的营造理念，观众可以感受以德寿宫为代表的南宋园林的雅致；对于高宗的"退休生活"，数字化则是在复原研究的基础上，选取了春夏秋冬四个季节、八个历史故事，比如"夏日消暑""交趾进贡""高宗谈《诗经》的教化作用""高宗也爱点外卖"等角度,让观众了解南宋高度繁荣的社会经济、文化特点。

在数字化的形式设计方面,数字化展示遵循"以遗址保护为前提""与遗址展示不争、不抢",也就是不干扰观众参观遗址的理念。这也是德寿宫数字化展示的难点之一:如何在一个限制性很大的空间中做出一个好的数字展览。

德寿宫的 10 个数字化展项,在形式设计上,能让观众自然而然地沉浸到数字体验中。中区 Cave 空间的营造,三折幕与遗址形成的"地幕"相互辉映,让观众身临其境。通过影像融合技术,高差近 40 厘米的遗址在视觉上齐平。西区遗址展示通过 3D 打印技术,将遗址等比例缩小后再利用增强现实技术进行数字化展示,创新性地解决了大面积遗址解读的难题;西区增强现实(AR)和互动展项的设计,可以让观众在合适的视角,看到遗迹被补全,让观众在遗址中"移步异景",了解遗址的"前世今生"。德寿宫的数字体验不需要任何穿戴设备或者手机辅助设备,可以极大地提升观感体验。

德寿宫的数字化展示,是以德寿宫遗址为载体,系统性地以生动可见的方式向观众传达宋韵文化的一次探索。一方面,是为了让观众能更好地"看懂"遗址,知道遗址是"会说话的";另一方面,希望通过数字化手段建立观众和遗址间的情感连接,让观众从"知道遗址"到"了解遗址"再到"爱上遗址",爱上文化遗产。[1]

数字赋能,让德寿宫遗址中崇华殿的建造过程,以及南宋高宗在德寿宫举办寿宴的历史场景得以还原。观众在沉浸式参观遗址之后,由"知道了某个文化遗址"转变为"感受文化遗址的强大和魅力,进而爱上我国古代的文化遗址"。[2]

通过数字技术再现文化遗址,带动了当地旅游业的发展,也为游客呈现了当地的历史全貌,让游客有了高质量旅游体验。[3]

第一节　旅游数字化产品

一、旅游数字化产品内涵

(一)旅游数字化产品概念

旅游数字化产品是在传统旅游产品的基础上,赋能数字技术后演变而来的。传统旅游产品的定义视角多样。从旅游目的地角度看,是旅游活动的供给方凭借旅游吸引物、

---

[1]　资料来源:https://baijiahao.baidu.com/s? id=1749447451476451649&wfr=spider&for=pc.
[2]　资料来源:https://baijiahao.baidu.com/s? id=1749447451476451649&wfr=spider&for=pc.
[3]　郑喆人,陶林康,孙力,等.基于增强现实技术的传统村落文旅产品数字化设计研究[J].建设与文化,2021,206(5):156-158.

交通和旅游设施,向游客提供的以满足其旅游需求的全部有形或者无形产品与服务;从需求侧看,是游客花费了一定的时间、精力和金钱所换取的一次游玩体验经历;从整体来看,是游客外出旅游全过程中的必要开支,是游客在旅游过程中所购买的所有有形与无形产品;从单项来看,旅游企业所经营的设施和服务,或旅游企业借助设施向游客提供的项目服务,如酒店提供的住宿、航空、游船、旅游目的地各景点、公园娱乐等都被称为旅游产品。[①]

在传统旅游产品的基础上,一切融合了数字技术的旅游相关产品与服务都可以被称为旅游数字化产品。例如,AR旅游眼镜、数字文创产品、为景区管理提供的智能化人脸识别入园系统等。数字技术赋能传统旅游产品,是现代旅游业实现资源调配、管理保障的工具,其最终目的是为游客提供高质量的产品和服务。

(二)旅游数字化产品分类

旅游数字化产品的分类视角多样。按照其面向的主体不同,可以划分为面向政府的旅游数字管理产品、面向企业的旅游数字技术产品和面向游客的旅游数字化产品。

1.面向政府的旅游数字管理产品

面向政府的旅游数字管理产品是指融入了数字技术的旅游管理和保障平台,其主要目的是提升旅游政务工作的效率,帮助政府全面了解区域旅游现状并提出政策层面上的指导意见。例如,游客在旅游过程中所用时长、购买偏好、住宿偏好、评价等内容将通过大数据技术汇总到政府的数字化管理平台。

专栏 4-1　诗画浙江

在"互联网＋监管"上成效显著的"诗画浙江·文化和旅游信息服务平台",是浙江省全力打造的文旅信息服务平台项目。平台汇聚了全省238家AAAA级以上景区、978家AAA级以上饭店、2 423家旅行社的信息,接入全省220家重点景区共计616个视频数据实时监测,实现了"一景一档""一团一档"的日常运行监测及文旅导览一张图、文旅资源一张图、数据共享一张图综合应用与展示。通过收集、分析大数据信息发现,2021年来自广东省的游客量位列来浙旅游游客量第三。政府的相关管理部门也可以通过这些数据分析结果及时调整政策,并给旅游企业提供指导。

借助文旅信息平台,浙江省还推出了"非遗大脑",通过大数据和互联网科技保护和传承非物质文化遗产。非遗保护传承监测通过对全省非遗资源及发展情况进行监测。通过对具有失传风险的非遗项目进行警示,实现全省非遗资源的数字化管理,为拟订全省非物质文化遗产保护政策和专项规划提供帮助,为后续组织开展非物质文化遗产保护

[①]　曲颖,李天元.旅游市场营销[M].2版.北京:中国人民大学出版社,2018.

与利用工作提供数据基础,为更好推进非物质文化遗产与旅游深度融合提供参考依据。
(资料来源:https://zjnews.zjol.com.cn/zjnews/zjxw/202011/t20201124_12439331.shtml)

2.面向企业的旅游数字技术产品

面向企业的旅游数字技术产品是指融入了数字技术的旅游企业的日常管理平台、基础设施等,其主要目的是帮助旅游企业实现高效管理,了解游客动态。博物馆售卖门票的平台、扫码入园的设备等都是为旅游企业实现高效管理而开发的旅游产品。例如,深大智能集团的主要业务就是提供景区数字化闸机、年卡系统、一卡通系统、票务系统、酒店运营管理系统等数字化技术产品服务。

3.面向游客的旅游数字化产品

面向游客的旅游数字化产品能为游客带来高质量旅游体验,数字技术的运用赋予了观光游览、文化体验、度假休闲和绿色生态游新形式。譬如,当游客游览博物馆中呈现的虚拟展品时,体验的是面对游客的旅游产品。游客在博物馆通过手机扫描,或者观看虚拟现实影像,了解了文物展品的外形特征、历史变迁,极大地丰富了知识面。这是传统的走马观花式的游览模式所不能相比的。

依据传统营销理论中的一致观点,旅游数字化营销的核心仍是游客体验。因此,面向游客的旅游数字化产品可以进一步划分为观光游览型、文化体验型、度假休闲型、绿色生态型四种类型,这也是本章讨论的重点。

①观光游览型旅游数字化产品是指使用了 AR 等数字技术的观光游览型景区产品。例如,无锡拈花湾景区的 App 线路指引导览。

专栏 4-2　无锡拈花湾 AR 指引

无锡拈花湾景区打破传统旅游景区的观光模式,于 2021 年以拈花湾唐风宋韵实景为依托,使用 AR 技术,将景区打造成数字与现实深度融合的体验场景。游客进入景区可以选择换装,然后下载 App,并通过 App 内的路线指引完成游览任务。在核心场景中为游客设计了大量沉浸式的体验产品,增加了游玩趣味性,也丰富了游客的知识储备。

2022 年,无锡拈花湾文化投资发展有限公司还推出了"元宇宙"短视频——《梦回唐樱》,采用大空间点云定位技术,以景区地标拈花塔、鹿鸣谷为现实背景,将虚拟与现实融合,打造了一场沉浸式的游园体验,无锡拈花湾景区全新 IP 形象——3D 小鹿"鹿樱樱"也在视频中首次亮相。游客来到景区,只需戴上 MR 眼镜,便可观赏视频中的场景,体验数字孪生"元宇宙"的魅力。(资料来源:https://new.qq.com/rain/a/20220427A08KY200)

②文化体验型旅游数字化产品包含了与文化融合的旅游数字化产品,可以细分为三类:第一类,结合历史文化的旅游数字产品。红色文化与旅游融合的特色旅游产品借助

数字技术赋能为游客带来了新的体验。例如，"云上"红旅项目通过 VR/AR 等数字技术，将革命旧址、历史遗迹与动态场景相融合，让游客更加深入地了解红色文化。天津市曾于 2022 年将平津战役纪念馆、周恩来与邓颖超纪念馆等红色主题景点的旅游资源放到线上，为游客带来了全新的旅游体验，更打破了传统条件下游客游览红色景点的地域限制。此外，一些博物馆、纪念馆也推出了数字化导览、互动体验等服务，提升了文化展示的生动性和沉浸感。第二类，沉浸式旅游数字化产品。如沉浸式展示、沉浸式夜游、沉浸式街区、沉浸式主题乐园、沉浸式演艺等。第三类，旅游周边数字化文创产品。如黄山数字藏品、杭州西湖数字藏品。

专栏 4-3 黄山数字藏品

　　黄山旅游景区携手蚂蚁集团在全球首发了数字文创纪念门票，2 022 张数字门票在 16 秒内一抢而空。依托区块链技术上线新款 3D 数字纪念门票，每张 19.9 元。游客持有此门票可通过 AR 技术观赏黄山迎客松，线上体验还能生成专属线上明信片，游客分享和接受后可进入 AR 打卡。这是继在全国景区率先推出首张电子纪念门票后，黄山旅游进一步探索数字技术赋能线上旅游产品又一创新举措。此次发布的数字纪念门票是 2022 年初黄山发布的首款数字文创纪念门票的迭代延伸。在技术上进行了创意升级，将传统手绘和 3D 建模相结合，将黄山标志性的天都峰融入数字创意产品，展现了天都峰的险峭峻奇，为游客创作出可交互的黄山之旅新名片。黄山 AR 数字纪念门票旨在利用区块链技术探索互联网时代的数字内容创新，赋能黄山旅游数字文创产品。将现实与虚拟结合，将线上数字体验还原至线下，提高游客体验，带动实体经济的增长与升级。

　　黄山景区还打造了迎客松 3D 数字藏品，并于 2022 年 3 月 24 日在鲸探平台发售。"黄山旅游"旗下的安徽途马科技有限公司联合百度百家号平台发行两款黄山奇松系列数字藏品（合成款），分别来自黄山的宝藏景点"梦笔生花""连理松"，黄山徽商故里文化发展集团联合饿了么发布"徽菜美食数字藏品馆"。徽菜头牌"臭鳜鱼"被制成数字藏品，发行总量为 10 000 份。黄山也正在与安徽途马科技有限公司合作搭建一个具有黄山及徽文化特色的元宇宙世界。（资料来源：https://you.ctrip.com/sight/huangshan120061/19830.html）

　　③度假休闲型旅游数字化产品多见于酒店中借助数字技术赋能的服务与产品。例如，许多酒店推出了智能客房管理系统，游客可通过手机 App 或智能语音助手控制房间照明、空调、窗帘等，提升了入住体验的智能化和便利性。酒店内的健身房、游泳池、儿童乐园等休闲娱乐设施都融入了数字化元素，如虚拟现实健身、游泳教练人工智能辅助、AR 游戏互动区等，给度假带来了全新的乐趣。一些高端酒店推出数字化会员体系，会员可在线预订房间、预约运动设施、兑换积分权益，大幅提升了会员服务的无缝便利性。疫情

期间,一些酒店还推出了各类线上虚拟度假体验,如云端下午茶、线上瑜伽健身课、酒店厨艺教学等,让宅家度假成为可能。总的来说,数字技术让酒店度假服务更加智能化、个性化、多元化,酒店数字化转型正在为顾客打造全新的超越期待的度假体验。

④绿色生态型旅游数字化产品代表了将数字技术融入自然风景区,为游客打造更加智能化、科技感十足的亲自然体验。例如,基于 AR/VR 等虚拟现实技术,游客可以身临其境地体验林海雾涌、瀑布奇观等自然景观,感受大自然的磅礴力量,甚至进行虚拟实景植树、放生等互动体验,提高了生态旅游的沉浸感和参与度。一些景区通过物联网、人工智能等技术,建设智能导览讲解系统、生态环境监测预警系统等,为游客提供更精准的智能服务,同时加强对生态环境的保护。例如智能语音讲解员随时解答游客疑问、智能巡护机器人及时发现火情等。借助大数据分析技术,一些景区还对游客行为进行预测和引导,优化游客流量分布,减少对生态环境的压力;同时通过数字化营销手段,实现精准营销和宣传,吸引更多游客体验生态之美。此外,一些景区推出云旅游、VR 观光等线上生态旅游产品,让游客在足不出户的情况下,也能通过全景直播、360°VR 视角等方式,欣赏自然景观的迷人风采。总的来说,绿色生态型旅游数字化产品将生态保护和科技创新完美融合,不仅不会有损自然风景的原生态,反而通过人性化的科技手段,让游客拥有更加身临其境、智能化的亲自然体验。

除了以上的产品之外,一些新兴的数字化旅游企业能够同时提供面向政府、企业与游客的产品和服务。这些数字化旅游企业通常依托大数据、人工智能、云计算等新兴技术,构建覆盖旅游全产业链的数字化解决方案。例如,"麦扑旅游"公司。

专栏 4-4　杭州麦扑文化创意有限公司的智慧文旅服务

杭州麦扑文化创意有限公司是专注于智慧旅游行业服务的文旅建设运营服务公司。该公司以个性化、高精度手绘地图为切入点,基于专业的手绘地图,结合精准定位信息和景区特色,建立了电子导游服务系统。目前,该公司已与北京故宫、杭州西湖、龙门石窟、兵马俑、乌镇、张家界等三千多个景区达成合作,与浙江、江苏、云南、辽宁、河北等十二个省级文旅厅及各市级文旅单位合作全域服务。该公司还与高德地图合作推出了一键智慧游服务,与腾讯合作的"一部手机游云南"服务了两百多个景区单位。该公司还打造了自由平台"小鹿导游"App,为游客提供一站式电子导游语音讲解服务平台,目前用户已超过 1 000 万人。(资料来源:https://www.sohu.com/a/302509339_100247172)

(三)旅游数字化产品属性

数字技术的渗透使旅游数字化产品拥有了新属性,主要包括新颖性、变革性、持续性。

1.新颖性

旅游数字化产品的出现得益于对传统旅游产品中不合理要素的扬弃,革除影响游客体验的内容,转而提供新的旅游产品。例如,改革开放初期,传统观光型旅游景区是主要的旅游产品。以传统观光为主的景区产品和服务结构单一,设施陈旧,缺少娱乐性和游客的参与,其文化、历史、自然等特色并不能充分与旅游服务结合,游客并不能获得很好的体验。如今,一些有文化特色的景区摒弃了直观展现,转而通过内容演绎配以数字灯光和虚拟呈现等技术吸引游客,丰富了景区与游客对话的形式。

虽然创新变革的灵魂是"新",这并不是毫无章法的"新",而是从旅游业当前发展的实际情况出发,以实事求是为原则的创新,因而是传统旅游产品的超前发展。旅游数字产品的打造和呈现仍离不开现实世界的物质基础,例如携程结合数字信息,向旅客提供帮助他们判断航班乘坐舒适度的航班舒适度指数,体现了在传统标准产品的基础上的数字化思维,这就是基于实际产品发展规律基础上的创新。

2.变革性

通过数字技术赋能,将已有的旅游产品进行改造提升,就是对已有旅游产品的深刻变革。例如,中华文化博大精深,全国各地博物馆收藏了丰富的历史文物,是传承优秀文化、传播科学知识、提升人民精神文化程度、实现精神富裕的重要公共文化阵地。疫情期间,博物馆等文化场馆开始陆续引入云展览的相关技术,让人们足不出户就可以纵览国家历史文化瑰宝。[①]

3.持续性

数字技术让旅游产品持续展现价值,为旅游企业和社会发展带来可持续性收益。譬如,首都博物馆的"万年永宝——中国馆藏文物保护成果展"使用的 AR 技术,让游客面对展品,使用手机就能看到展品从出土到被修复的全部过程,起到了寓教于乐的作用。

在这种模式下,博物馆还可以通过平台收集游客的年龄、喜好、浏览时长、体验评价等大数据,结合数字化思维对这些数据进行深度分析,到博物馆之后再向游客精准推送符合他们偏好的展品内容。[②]

如今的旅游行业,已经进入了追求技术进步、知识运用,依靠创造性技术带来产品发展的时代,数字化的价值也得到了充分的肯定。[③]

二、旅游数字化产品策略的内涵

(一)旅游数字化产品策略

旅游数字化产品策略是建立在营销战略基础上的。旅游数字化产品策略的内容主要包括商标、品牌、包装、产品定位、产品组合、产品生命周期等策略。[④] 旅游数字化产品

---

① 资源来源:https://m. thepaper. cn/baijiahao_23131944.
② 资料来源:数字化让博物馆"活"起来(baidu. com).
③ 资料来源:http://www. meilidongnanya. com/post/172994. html.
④ 周素萍.住宅物业服务营销策略研究[J].价格月刊,2012(12):53-56.

策略的制定通常发生在数字化旅游"产品设计—产品生产—触及游客—更新迭代"的四个环节中(见图 4-1)。

①产品设计:通过数字技术实现产品更加精准的差异化、延长产品生命周期;

②产品生产:数字技术促进产品研发创新;

③触及游客:数字技术赋能产品触及游客环节中的品牌策略;

④更新迭代:数字技术实现产品可持续且快速迭代。

图 4-1　旅游数字化产品策略的四个环节

数字技术让旅游产品在这四个环节中实现持续稳定的迭代更新[1],增强旅游产品的竞争优势,并更精准地满足不同细分市场的需求[2]。例如,旅游景区的营销人员和运营人员通过数字技术对游客流量进行监控,绘制游客画像,根据游客特征提供符合需求的数字化旅游产品。这些产品在吸引游客、增加流量的同时,也会让游客提供评价和意见,景区则根据这些信息制定完备的产品策略。[3]

(二)旅游数字化产品策略设计

旅游数字化产品既有传统旅游产品的特征,又有数字化的新特征[4]。在一般意义的市场营销理论中,产品策略设计主要体现在产品定位与差异化[5]、目标市场导向[6]、品牌建设[7]、产品创新[8]等方面。在旅游数字化产品策略设计中,产品差异化、游客体验、游客黏性和可持续创新尤为重要。

① 王海云,尚志田.重复购买的产品生命周期模型研究[J].中国管理科学,2002,10(2):25-30.

② 陈德球,胡晴.数字经济时代下的公司治理研究:范式创新与实践前沿[J].管理世界,2022,38(6):213-240.

③ 资料来源:https://baijiahao.baidu.com/s? id=1748477240584565003.

④ 詹兆宗.旅行社基于互联网的产品策略研究[J].旅游学刊,2005,20(2):37-41.

⑤ 高静,焦勇兵.旅游目的地品牌差异化定位研究:基于品牌个性视角[J].旅游学刊,2014,29(3):49-57.

⑥ 赵皎卉,蔡虹.产品创新专有化手段的有效性:基于中国制造业企业的经验数据[J].经济管理,2013,35(8):144-152.

⑦ 关新华,谢礼珊,李健仪.旅游公共服务质量的提升:游客导向和创新导向的驱动作用[J].旅游导刊,2020,4(1):45-62.

⑧ 徐虹,王彩彩.旅游特色小镇建设的取势、明道和优术[J].旅游学刊,2018,33(6):5-7.

1.数字技术赋能产品差异化

传统旅游产品同质化严重一直是旅游企业面临的难以解决的问题。我们常常听到游客抱怨某一水乡、小镇与其他景区的小镇、水乡没有差别,且到处充斥着浓郁的商业气息;又或是很多城市的特色美食街,都卖着同一类食物,这些同质化严重的产品影响了游客的旅游心情。

数字技术为这些同质化的旅游产品或服务提供了改善思路。旅游目的地的非遗文化、历史民俗丰富多样,且各有特色,是凸显差异性和竞争优势的重要资源。数字技术让旅游产品策略与丰富文化资源相结合,产品特色也就更加显而易见。

专栏 4-5　阿里巴巴"菲住布渴"智能酒店

阿里巴巴旗下的未来酒店——"菲住布渴"酒店充分运用了阿里在智能化体验与管理上的黑科技。飞猪为该酒店设计了全链路的体验流程,人工智能实验室(A. I. Labs)为该酒店配备了最新设计的智能机器人。酒店的整套运营以及配套服务则由智能化场景的服务部来设计,实现了全场景的 AI 智能服务中枢,为到店的旅客提供入住、登记等服务。除此之外,天猫平台在酒店中的全面使用,更加精细化地实现了整个酒店中身份识别等相关服务。

除此之外,该酒店普及使用天猫精灵,实现了酒店与阿里巴巴公司产品的快速绑定与推广。在传统酒店提供住宿服务的基础上,增加了配套的产品销售服务。即客房中的家具、床品等产品都支持客户使用 App 拍照,之后可以在线一键下单。游客还可以购买当地具有特色的精选商品,且通过手机扫码就可以轻松快速地完成购买。(资料来源:https://www.traveldaily.cn/article/126314)

2.以游客体验为导向

旅游数字化产品开发策略的首要条件就是不断细分游客需求并反馈,再就是在精准洞察游客需求的情况之下,不断推出产品,尝试验证,在持续试错中提升游客满意度。在旅游数字化产品的开发过程中,相关人员还会基于游客体验需求和评价,对产品进行循环测试和完善。

专栏 4-6　绿云为酒店提供数字化产品方案改造

早在 2016 年绿云就为杭州望湖宾馆开发了第一代的客房管家系统,实现了基本的扫二维码呼叫服务功能。到 2019 年,绿云把望湖宾馆原来的客房管家系统升级到了蝶来金管家服务,服务员通过客房服务平台更好地给顾客提供服务。但酒店原本的系统是基于客房内部的流程设计,前台、客房、餐饮、营销依然没有贯通,还在各自使用独立的系统。

疫情期间,服务行业纷纷提倡无接触服务,绿云又为望湖宾馆研发了"金管家"小程序,小程序与客房服务运营平台联通,提供"一键扫码,尽享服务",满足顾客在住期间的个性化服务,提高了顾客的满意度。但该小程序运行近一年后,酒店发现,顾客使用率不高,主要是由三个原因导致:①小程序的宣传工作困难,仅靠服务员的引导非常有限;②顾客习惯很难转变,大多还是选择打电话呼叫服务;③产品的黏性不够,客房服务并非是高频的需求。

2021年,针对以上问题,望湖宾馆通过收集、分析顾客数据,发现停车出场和免费洗漱(六小件)的输送是扫码频次最高的触点。彼时,绿云已在2021年初与支付宝正式通过"智慧住全链路"解决方案,即以"支付宝蜻蜓IoT+支付宝小程序"为载体,在线下设备及线上App多方位多场景连接触及游客,在满足酒店运营提效的基础需求上,以服务带营销,实现用户及会员经营,帮助酒店商家实现高效获客、降本增效,实现收入的持续增长。

在绿云的帮助下,借助支付宝的软硬件基础设施,望湖宾馆启动了第三代"智慧住全链路"方案的升级迭代,逐步完成了从预订、入住、住中服务到退房点评全链路的解决方案。客房服务、客房商品、停车收费、客房送餐、叫醒服务、电子发票、扫码点餐、酒店商场等众多酒店内部系统全部统一接口对接。

"智慧住全链路"解决方案自2021年4月1日提出,经过浙江雷迪森酒店集团、望湖宾馆、绿云、支付宝四方团队经过长达四个月的紧密配合和不断打磨,在2021年7月27日于望湖宾馆正式落地。

望湖宾馆客房部经理认为:绿云方案实施以来,便利了客房管理工作。现在可以针对楼层、房间片区安排相应的服务员,固定路线不用多走,保证在5分钟内完成服务。所有的服务轨迹都可以在后台被记录下来,可以更好地复盘,从而优化服务质量。

望湖宾馆前厅部工作人员反馈:办理入住的流程简单流畅,客人用身份证或刷脸就可以完成所有的步骤,比起以前需要客人出示各种证件、卡片等,简单了许多,客人很快就能自己办理好,焦虑和抱怨减少了,我们工作时的心情也更好了。这些空出来的时间用来关心一下客人,明显感受到了他们的满意态度。

望湖宾馆副总经理指出,绿云给酒店提供数字化解决方案,实现了数字一体化,在入住体验、对客服务、员工管理上加大数据化工具和技术的使用,全链路全场景真正赋能酒店数字化,增强了酒店竞争力。(资料来源:https://talk.cri.cn/n/20220908/c3db5e85-ddc8-7b04-a3c8-4d5e89ad70e1.html)

3.以游客黏性为目标

数字技术让旅游产品的营销人员完成了游客用户社群的建立和覆盖,进一步巩固与游客之间的合作共赢关系,让游客参与到旅游产品的更新迭代中去。有了数字技术,游客接触旅游产品的机会更多、方式更多样,也有足够精力和兴趣关注周边产品。譬如,游客在旅游景区体验模拟仿真产品的同时,商家将旅游景区周边纪念品与旅游数字化产品打包呈现给游客,这样就能通过提升旅游游客黏性来聚合游客,甚至收获游客社群。

4.以可持续创新为趋势

数字技术为旅游企业提供了产品迭代升级的空间和技术,让旅游产品实现可持续发展。借助数字技术的力量,那些曾经看似遥不可及的产品构想如今得以实现。

专栏 4-7　敦煌艺术数字技术

敦煌艺术瑰宝具有极高的历史文化价值,数字技术让敦煌艺术瑰宝得以永久保存,展现给更多的游客。自 2016 年的"数字敦煌"资源库上线以来,就实现了敦煌 30 个洞窟整窟高清图像和全景漫游节目全球共享。来自中国、美国、英国、韩国、日本、意大利、俄罗斯、加拿大、法国、西班牙等全球 78 个国家的游客都能访问这个资料库,2022 年 11 月的累计访问量就已经超过了 1 680 万余次。(资料来源:https://m. thepaper. cn/baijiahao_20666397)

专栏 4-8　"CityGame"线上线下结合

完美世界控股集团也在积极探索数字文创赋能文旅,打造了"CityGame"(数实融合沉浸式文化体验)概念和品牌,赋予文旅行业内容创新。基于"CityGame"概念,完美世界文创于北京前门大街建立了"CityGame"线下体验空间慢坐书局。在书局里,游客除了喝茶、读书,还可以参与沉浸式体验项目剧本游《書·局》。

在整个游戏中,线上线下相结合,用户可以通过 AR 扫描获取线索,所有获取的道具都可以呈现在线上,通过小程序的链接,参与者即便离开体验场景,也可以随时查看自己的成就和专属的数字藏品。另外,通过任务获取的金币也可以在书局里进行消费,如书局里的咖啡可以通过游戏中赚取的金币进行兑换。

据完美世界文创负责人介绍,慢坐书局是"CityGame"概念的首次落地实践。作为一种全新的沉浸式文化体验,"CityGame"以故事和游戏化的方式串联不同的场景,结合物理空间,有针对性地创作故事内容,激发每个玩家的兴趣。

通过真人 NPC、实景环境,以及 AR、MR 等数字技术,给予用户沉浸式的体验,让用户在体验中感受历史与文化的魅力,也感受数字技术的新奇,从而推动"门票经济"向"体验经济"和"沉浸式经济"转变。另外,这种沉浸式文化体验以游戏串联不同场景,也能将商业空间、文化空间和公共空间有效地连接起来。(资料来源:https://baijiahao. baidu. com/s? id=1748477240584565003&wfr=spider&for=pc)

(三)旅游数字化产品策略类型

1.错位互补的产品组合策略[①]

数字化背景下的旅游产品组合策略升级为存量和增量之间在产品组合上错位互补的策略。存量指旅游企业中已有的旅游产品,增量指数字技术赋能下的新的旅游产品。比如,酒店属于重资产企业,酒店建筑、设施等还不能数字化,因此酒店的存量比景区或者旅游目的地的产品存量更多且更难以提升和改变。由于酒店提供的住宿服务或餐饮服务仍然需要人员和实体物质参与,在进行旅游数字化产品组合的时候,旅游企业不能完全忽视存量。

另外,数字技术带来了旅游产品增量上的扩充,如基于已有历史文化资源而设计出的虚拟呈现、全息投影、手机智能游览 App 等产品就是在已有旅游产品基础上增加的新内容和新形式。这些增量产品则需要借助游客手中的智能移动设备来配合呈现。[②]

然而,数字化背景下的旅游产品组合,既不能忽略增量,也不能忽略存量。由此,线上线下无缝融合的错位互补的产品策略是能实现协同增效,为旅游数字化产品提供蓝海的关键。关于这一模式的实践案例早已存在:

①中青旅的产品策略结合遨游网、连锁店、呼叫中心三个方面设计产品,基于前期积累的成功经验,进一步拓展产品发展空间。

②中旅总社尝试与芒果网跨界融合,万达旅业也尝试与 OTA 平台融合。这些都是为了实现"天地联网",让已有的线下产品与线上产品无缝融合,帮助旅行社、景区、酒店及运输公司等实现更加高效的组合。[③]

③2021 年 8 月,黑河市文广旅局制定并实施了城市旅游目的地线上与线下结合的新产品组合策略。在"途牛旅游"App 和途牛 PC 端,基于黑河市旅游的存量,打造了一个黑河市文旅线上旗舰店。在旗舰店中,黑河市以"中俄双子城,北国养生地"为主题,向游客展现黑河市作为旅游目的地的丰富资源和人文风情。同时,又结合黑河市冬季旅游目的地的特色,专门设计出黑河市文旅冬季专题页面,向游客供应黑河市的纪念品、特产,并提供黑河市的旅游路线攻略等产品内容。[④]

④绿云是为酒店提供 iHotel 酒店信息化平台的企业。绿云的产品结构显示,酒店行业能通过数字技术赋能的主要产品模块有:客房产品、"客房+门票+餐饮(零售)+服务券"组合、云餐饮与云零售、门票和服务券等。

①　王鹏飞.旅游产品设计基础[M].北京:首都师范大学出版社,2005.

②　王玉,李城,胡金玲. App 数字产品国际市场渗透与衰退速度的实证研究:基于用户参与价值共创理论[J]. 技术经济,2022,41(11):165-176.

③　资料来源:https://baijiahao. baidu. com/s? id＝1736115951179988486&wfr＝spider&for＝pc(qq. com).

④　资料来源:https://baijiahao. baidu. com/s? id＝1760970328946065360&wfr＝spider&for＝pc(sohu. com).

2.提升旅游体验的新品开发策略[①]

使用数字技术的旅游企业具备了以提升游客旅游体验为导向的新产品开发能力。数字技术为旅游企业的新品开发提供了核心竞争力,帮助他们捕捉游客偏好信息,实现产品服务差异化。充分满足游客的体验需求,是旅游企业实现差异化,产生吸引力的重要突破口,数字技术是帮助旅游企业实现这项任务的关键。如今,旅游数字化新品的开发策略代表了围绕游客体验展开的新品开发活动。旅游数字化产品的创新带动了旅游新产品研发由以往的"大创想"走向"大创想与大数据",这是传统新品研发策略的进一步升级。

(四)旅游数字化产品策略发展动向

1."产品+社区"模式普及的动向

在未来的旅游数字化产品策略中,游客将会看到"产品+社区"的新模式,也就是企业在设计旅游产品的过程中兼顾游客的旅游体验需求,提供场景再现、数字化沉浸式旅游产品组合吸引游客,并将游客带入"社区"。数字技术赋予了旅游企业在产品策略上更多考虑旅客体验的可能性,从而更好地满足游客日益增长的多样化的需求。这种转变不仅为旅游业带来了新的机遇,还成为推动旅游产品实现价值提升和差异化竞争的关键所在。

专栏 4-9　希尔顿酒店与 Uber 合作推出打车服务

传统酒店前厅提供的打车服务逐渐被数字化、网络技术所影响与更新,希尔顿酒店与 Uber 就进行了合作。希尔顿酒店会员可以在 HHonors App 上设置 Uber 用车提醒,还可以用 Uber 提供的数字化导航技术来搜索当地旅游景点、娱乐场所等目的地,为游客提供出行便利。如果用户将入住希尔顿酒店,并在希尔顿酒店会员 App 中设置了 Uber 用车提醒,到了指定时间,就会有短信或电话通知叫车。客人入住的希尔顿酒店的地址也会自动出现在 Uber 上,免去了手动输入目的地地址的不便。Uber 还在希尔顿的 HHonors App 增加了"Local Scene"的功能。这一功能主要是为住户推荐会员经常去的地方,帮助他们寻找更多有趣的旅游目的地。(资料来源:http://wap. traveldaily. cn/article/95384)

2.技术引领产品更新的动向

在未来,随着 5G、超高清传输技术、裸眼 3D、AR、VR 等技术的日益成熟,它们将被运用到越来越多的旅游数字化产品中。目前,我们已经可以看到博物馆的数字化展示、

---

① 喻小航.旅游产品特点的新视角:论旅游产品的本质特征[J].西南师范大学学报(人文社会科学版),2002(2):60-64.

数字文旅体验馆、VR 主题乐园、结合数字技术的沉浸式演绎,以及虚实互换场景等新产品和服务,它们为游客带来了突破传统的感官和视觉体验。然而,如何将这些技术更加合理地应用到旅游数字化产品的开发中去将是未来旅游数字化产品发展的方向。[①] 未来,甚至还有可能出现更多的创新技术,会有更多的元宇宙、自动驾驶、人型机器人服务、脑机接口、区块链等技术来营造更加具象的旅游空间、服务、交互环境的可能性。[②]

专栏 4-10　青岛方特《飞越千里江山》

2018 年 8 月 11 日,青岛方特梦幻王国全新项目《飞越千里江山》开启,此项目是由青岛方特梦幻王国的热门项目《飞越极限》升级而来,意在向经典致敬,讲好中国故事,助力弘扬传统文化,在开放首日便吸引了大量游客前来游玩体验。

《飞越千里江山》项目采用全新 VR Soaring 技术,把画中的一山一水、一草一木、一动一静都复刻在高 22 米拥有 48 帧率 4K 分辨率的球幕画面上,让每一个画面都活灵活现地展现它独特魅力,配合着灵巧的悬挂式座椅,为游客呈现出全包围式的体验环境,与这幅传世名画零接触,把科技与文化完美地糅合到一起,以独特的视角带着游客感受中华文明的博大精深,让游客置身青绿山水画卷中,感受中国美学的新体验。(资料来源:https://baijiahao.baidu.com/s? id=17305081072946273364.wfr=spider&.for=pc)

专栏 4-11　华强方特《飞越千里江山》

2017 年,北京故宫博物院展出了文物《千里江山图》,华强方特集团高级副总裁丁亮观赏了这一画作后深受震撼,他认为华强方特集团应再现文化瑰宝。随即,华强方特组织数字技术团队,致力于打造中国画球幕影院游乐项目《飞越千里江山》。

华强方特集团是国内知名的大型文化科技集团,其对传统文化 IP 的挖掘早在数年前已经开始。旗下有专门讲述中国传统文化的东方神画主题乐园,园内项目通过创新包装原生态、传统文化故事 IP,如《女娲补天》《孟姜女》《水漫金山》等,通过高科技手段使一大批耳熟能详的传奇故事走进大众的视野。对中国画这类题材使用数字技术进行挖掘,并包装成主题项目。

没有前人的经验可循,华强方特只能依靠自身的技术实力和创作团队,通过大量的创新和探索,让国宝“活”起来。对此,华强方特数字电影公司模型部部长表示:“我们想通过一种三维的形式将中国的青绿山水画重新组合,用现代流行的一种手法呈现在观众

---

① 资料来源:https://baijiahao.baidu.com/s? id=1748477240584565003.

② 邓宁,牛宇.旅游大数据:理论与应用[M].北京:旅游教育出版社,2019.

面前,让观众在球幕影院中切身感受中国青绿山水画的美妙意境。"

对于本项目而言,前期的测试尤为重要。团队对《飞越千里江山》的材质、质感、山型、人物、草木、鸟鹤等一系列元素进行了精心的测试,采取边测试边制作,分批调整的形式,既节省时间又提高效率。历经多次测试,华强方特提出了一整套技术解决方案,通过数字技术完美再现了这幅著名青绿山水画的神韵。(资料来源:https://baijiahao.baidu.com/s? id=17305081072946273368&.wfr=spider&.for=pc)

第二节　旅游数字化产品开发

一、旅游数字化产品开发的内涵

(一)旅游数字化产品开发原则

旅游数字化产品开发是旅游企业利用数字思维洞察游客对新产品和服务体验的需求,并结合数字技术,提升产品和服务功能、内容的过程。旅游数字化产品的开发需要遵循适度设计、游客反馈和注重场景化的原则。

1.适度设计原则

数字技术的应用为旅游产品的设计提供了展现内容和功能的空间,旅游产品复杂多样,对旅游数字化产品的设计,应基于原有旅游要素,适度设计。

历史文化旅游景区和博物馆、美术馆中的资源具备了开发成旅游产品的潜力。自然风景优美的森林、湖泊等景点也具有丰富的旅游资源值得开发和设计。但这些并不意味着产品设计师可以任意将已有资源转化为旅游数字化产品,或是在已有资源基础上进行夸张的内容设计。对这一类产品的数字化设计,仍需尊重其原本的发展和存在规律,以适度为原则进行设计,保留文化、历史和自然资源的本真属性。

专栏 4-12　数字赋能巴黎

现代科技对城市文化形象的塑造,始于城市广场中自控喷泉的兴起。法国巴黎拉德方斯广场的"阿加姆"音乐喷泉建于 1980 年,采用电脑技术对灯光、水流以及音乐等要素进行操控。这是自控音乐喷泉的鼻祖,共有 66 个喷头,以 S 状分布,喷出的水柱距离为 1 米到 15 米不等。尤其是在黑夜中,由于使用彩色灯光,整个广场富有现代气息,再配以古典音乐,市民既可以欣赏喷泉,也可以聆听《蓝色狂想曲》等音乐,更可以在光影和音乐的交汇中感受生活的美。(资料来源:http://www.360doc.com/content/15/1027/19/410279_

508803531. shtml)

专栏 4-13　数字赋能芝加哥

城市文化首先是人的文化,一座城市的个性首先体现在其外表与市民之间的一种情感呼应。最为经典的案例之一是芝加哥的千禧公园。在千禧公园中,数字科技贯穿始终,但并不是冷冰冰的仪器,而是与民众高度互动的载体。在玻璃立方体中装有发光的二极体,内部储存了1 000个芝加哥普通市民的头像,这些头像随机出现在屏幕上。这种通过电子屏幕呈现头像的方式,既具有时代感,又凸显以人为本的城市品格,象征着芝加哥的人文精神。这里已经成为芝加哥的城市地标。(资料来源:http://www.360doc.com/content/15/1027/19/410279_508803531.shtml)

专栏 4-14　数字赋能卡斯帕

在美国西北怀俄明州有一座名叫卡斯帕的城市,在历史上是美国西进运动的一个中转站。大批西行的拓荒者在这里补充给养,继续西进,追逐自己的梦想。卡斯帕以这段历史为核心,建造了一座博物馆,运用数字技术,让参观者感受拓荒者的经历。其中最让人印象深刻的是,在讲述西进人群遭遇冬季风暴时的无助和坚韧时,博物馆运用了拟声、光影、图像等手段,尤其是在这个区域加大了冷气的效果,让参观者有亲临其境的感觉。卡斯帕是西部大城市丹佛前往黄石公园的必经之路,很多前去黄石公园的游客会在这里休整,一座凸显城市历史和精神的博物馆,让卡斯帕这座城市随着黄石公园一起进入了游客的记忆中。(资料来源:http://www.360doc.com/content/15/1027/19/410279_508803531.shtml)

衡量旅游产品数字化转型的适度性,可以借助对游客评价等大数据信息的分析实现。如果数字技术的应用超出了游客的接受范围,旅游企业可以通过用户评价及时发现问题,并适度改进。

2.游客反馈原则[①]

美国学者 Ira Kaufman 在数字时代的市场营销战略中指出,近几年由于移动互联网的兴起,大家纷纷谈论"产品时代不需要营销,只需要产品"。虽然这是目前流行的错误意识,但是从侧面反映了数字化背景下营销领域的一个特点,即产品开发师能与顾客直接沟通,他们可以通过分析顾客的意见,提升产品的性能。D2C(Direct to Customer)产品开发理念应运而生。这一理念指出,开发者可以利用数字技术直接与顾客进行对话。

---

① 郭晓妹,张焱,徐健.道歉承诺类管理反馈策略对顾客二次满意度的影响:基于顾客多样情绪调节效应[J].中国管理科学,2021,29(2):217-227.

对话的形式可以是通过中间者的传递,或者通过终端客户进行沟通。

在 D2C 沟通模式下,游客将自己的旅游体验和需求反馈给开发者,开发者据此开发出更加符合游客需求的旅游数字化产品。例如,目前老年人群体和青年人群体是红色旅游市场的主要客户,红色旅游景区就可以在产品开发过程中借助大数据技术,以这两类游客为中心,预测他们的偏好,通过对旅游轨迹、偏好等内容进行精准捕捉和分析,尽量让每一位游客的需求以及评价都能通过数字化的技术传递到红色旅游产品开发者的信息库中,开发者就能基于这些信息设计出个性化的红色旅游数字化产品,实现差异供给。

专栏 4-15　"浙里好玩"旗舰店在 OTA 平台开设

浙江省级官方平台"浙里好玩"与各大知名 OTA 平台(如马蜂窝)共同开设"浙里好玩"旗舰店,可实现 OTA 平台浙江全部城市目的地页下设商城入口。结合内容引导消费,结构化站内热门旅游攻略、游记等内容,推出"浙里好玩"系列主题线路及产品。"浙里好玩"旗舰店上线以后,营销人员借助平台文旅大数据赋能,精准推送给浙江省目标客源地用户,并在知名 OTA 平台首页及浙江省全部目的地页面通栏位置推广。

借助知名 OTA 平台实现"浙里好玩"品牌形象展出及链接引流,并实现"浙里好玩"的私域引流,实现流量营销和品牌营销的高效融合,扩大"浙里好玩"的品牌知名度,活动期间总曝光量不少于 1 000 万次,并能持续影响自由行用户关注旅游目的地及景区,促使其做出自由行决策。结合投标人的平台优势资源,采用 CPM 信息流算法方式进行精准投放。

"浙里好玩"还与去哪儿合作,整合浙江省文旅资源及产品,参与"浙里好玩"平台共建(相关宣传投放页面能跳转至"浙里好玩"),搭建"浙里好玩"官方旅游旗舰店,将他们的产品搬到线上与游客见面。线上长期提供旅游服务窗口,并赋予平台宣推资源,影响游客的行为模式,提升旅游产品的经营模式,智慧赋能优化在线管理模式。"浙里好玩"旅行产品及资源联动 OTA 机票、度假、酒店等产业链打造专属营销阵地,实现旅游产品在线售卖,有效提升浙江省文旅产品的销量。(资料来源:http://zj.sina.com.cn/comprehensive/2021-09-28/detail-iktzqtyt8614355.shtml)

3.注重场景化原则[①]

游客旅游行为经历了决定旅游、搜索旅游信息、选择旅游目的地、实现旅游、游后反思的五个环节。在这五个环节中,需要旅游企业设计出符合当下游客心理需要的产品。例如,人们在搜索备选旅游目的地的信息时,就给了旅游企业大量机会将他们的产品内容呈献出来。在旅游过程中,由于旅游时长、选择的旅游地和路线千变万化,游客的旅游需求也会发生变化。旅游企业会在不同节点为游客设计让他们满意的旅游数字化产品,

---

① 余军,谢朝武.电子服务场景如何唤起旅游电商直播观众的购买意愿:基于场所依恋的链式中介模型[J].旅游学刊,2024,39(2):89-102.

也就是在产品具体内容的多样化呈现上下功夫。

旅游过程中的场景内容最能吸引游客注意,数字化为这些场景的设计和丰富内容的呈现提供了技术支持。设计者在设计旅游数字化产品的时候,需要充分坚持场景化原则,这也是旅游数字化产品设计优于传统的旅游产品设计的关键。

如今数字技术赋能的旅游行业也出现了"场景旅游"一词,被定义为一种跨越虚拟幻想与现实实践,结合了历史与虚构的新的旅游形态。实践领域对于场景旅游的重视也源于推动文化与旅游融合发展的重要目标。

在旅游电商直播中,数字化技术下的场景认同和场景依赖极大促进了游客的购买意愿。[①] 在技术支撑下的旅游体验场景能够充分展示社会象征要素和自然要素,促进地方认同和地方依赖。[②] 旅游直播以其特有的互动性、体验性和实时性已经成为场景体验的重要方式。[③]

数字化背景下的旅游市场正在发生日新月异的转型,很多旅游企业开始打破原有的旅游场景之间的边界,以沉浸体验、城市漫游、城市会客厅、社区文化生活圈等新兴的场景旅游模式吸引游客,实现旅游数字化的新产品和服务的纵深发展。因此,发展场景旅游、增加场景在原有旅游资源存量中的投入,实现旅游产品由"风景"向"场景"的转变,是旅游企业实现创新发展的重要突破口。[④] 计算机视觉技术和图片大数据在旅游领域的应用范畴不断扩大。[⑤] 以"互联网＋旅游"为代表的旅游新业态快速发展,进一步推动了生产方式、服务方式、管理模式的创新,也丰富了产品业态,进一步拓展了旅游消费空间。[⑥]

例如,红色旅游景区通过运用 5G、人工智能、VR、AR 等技术,让红色旅游产品可视化与可参与的程度提高。需要高度保护的红色文物能通过数字技术呈现在游客面前。沉浸式体验中的红色基地文物的场景化展示让原有文物得到了保护,也让红色文化可以更加直观地供游客体验学习。

红色景区积极建设红色文旅资源数据库,也是为打造场景化的红色旅游产品奠定基础。基于数据库,红色旅游基地推出云旅游项目,为游客定制个性化云旅游路线图,将红色文旅资源串联起来为游客提供更加丰富且详细的红色文化解释,"云研学＋旅游"新模式成为亮点。

---

① 余军,谢朝武.电子服务场景如何唤起旅游电商直播观众的购买意愿:基于场所依恋的链式中介模型[J].旅游学刊,2024,39(2):89-102.

② 张辉,徐红罡.触"景"会生"情"吗?:旅游体验场景和目的地熟悉度对游客地方依恋的影响[J].旅游学刊,2023,38(6):122-135.

③ 陈俊彤,殷平.直播场景下旅游凝视行为研究[J].旅游学刊,2021,36(10):49-61.

④ 资料来源:https://www.sohu.com/a/617726485_121124434.

⑤ 张坤,李春林,张津沂.基于图片大数据的入境游客感知和行为演变研究:以北京市为例[J].旅游学刊,2020,35(8):61-70.

⑥ 资料来源:https://www.gov.cn/xinwen/2021-03/24/content_5595239.htm#:～:text=.

专栏 4-16　数字化应用在旅游产品开发中的困难

开发旅游数字化产品对于旅游企业来说并非易事。"颠覆性创新之父"Clayton M. Christensen 在《颠覆性创新》一书中指出:"当一项具有行业革命潜力的技术出现时,由于它不是主流客户想要的东西,预计的利润也不足以覆盖成本结构,成熟的企业往往对其选择性忽视。一旦有企业将这种技术推广开来,将对现有格局造成冲击。由于其高昂的开销和利润率要求,大公司想要随之做出改变,会非常困难。"这段话给旅游行业中重资产型的企业带来了启发。譬如,无论数字技术如何成熟,人们选择到酒店住宿或者到餐厅就餐都是出于对住宿服务和食物的基础需求。这些是数字化中虚拟呈现、5G、全息投影等无法独立完成的。

酒店中数字技术的投入,更多见于配套的管理与附加服务系统中。例如,餐饮中使用的全息投影为顾客提供了更加新颖有趣的就餐环境。核心产品如食物以及客房则无法由数字化完全取代。（资料来源:https://baijiahao. baidu. com/s? id＝1748477240584565003&wfr＝spider&for＝pc）

二、旅游数字化产品开发流程

(一)旅游数字化产品生命周期视角下的设计流程

数字技术的赋能让游客有了全程参与新产品设计、开发的机会,这成为旅游数字化产品设计流程的重要特色(见图 4-2)。旅游企业通过对从游客处收集的大数据信息进行分析与研究,省时、高效地设计出虚拟旅游数字化产品。此时,旅游数字化产品可以同时在虚拟的数字化市场中进行调研与产品测试。在获得游客反馈之后,还可以进行更加精准化的修改与再加工。因此,游客的全程参与促进了旅游数字化产品设计的良性机制。

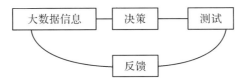

图 4-2　宏观角度下旅游数字化产品设计流程

(二)微观视角下旅游数字化产品的开发流程

当旅游企业确定了游客市场后,就需要进行具体产品设计流程讨论,这是基于一般市场营销理论中产品开发流程得到的。[①] 但是,在旅游数字化产品聚焦各模块的设计与

---

① 李晓英,周大涛.企业产品开发全过程设计评价流程与方法研究[J].科技进步与对策,2018,35(24):144-149.

开发的时候,游客需求刺激下的产品目标和产品功能,以及旅游数字化产品在交互层面的设计和数字化呈现过程中的界面设计,最后再到引起游客兴趣的感知层面的设计,都变得十分重要(见图 4-3)。

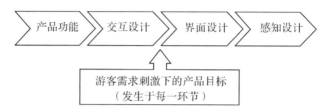

图 4-3　旅游数字化产品的具体开发流程

1.产品功能[①]

选择产品的功能范围是产品设计工作的核心。[②] 这些功能组成了最终呈现在游客面前的产品形态。在旅游数字化产品设计前的策划中,设计者已经找到了痛点。在功能的设计中就需要具体确定哪些功能需要在当下加到产品中去,哪些功能是在未来有发展潜力的。这些内容都影响游客最终是否真的购买和使用这些产品和服务。

以 AR 技术为例,这一技术所展现的体验场景已经被运用到越来越多的历史景点、饭店布景甚至是夜间游园的设计中。比如,2022 年 10 月底,首个落地在上海的户外沉浸式夜游项目"幻光森林·东方曦望"在奉贤新城,九棵树都市森林内正式开放,吸引了大量游客参观打卡。这一技术引入夜游经济,为游客带来了身临其境的感官体验。

对于室内的旅游景点,比如数字技术赋能博物馆参观类产品,其功能又会有所不同。[③] 例如,颐和园数字文物的 App 同样应用了增强现实技术,但并不像全息投影那样在环境中进行设计,而是向游客提供了特殊的卡片,游客拿着卡片并将其对准自己的手机摄像头,就可以将颐和园中的文物放在他们的智能设备中浏览,了解文物的信息。观众结束参观后,还可以在实体商店或线上店铺购买颐和园周边产品。这些案例说明同一类数字技术赋能下的旅游产品也存在不同的功能和规格。

2.交互设计[④]

设计者在这一步需要思考如何将游客对产品的实际需求从抽象的功能探讨转至实

①　孙寅迪,曹国忠,韩卫培.产品开发过程中的高价值专利组合设计过程研究[J].中国高校科技,2021(6):84-87.

②　王福,何佳华,刘俊华,等.场景链如何基于"人货场"主导逻辑演变赋能制造业商业模式生态化创新:福田汽车案例研究[J].科技进步与对策,2024(6):30-39.

③　吴祺,鲁东明,袁庆曙.数字技术辅助博物馆展陈的若干思考[J].东南文化,2009(3):99-104.

④　张瀚文.基于"虚实"联动模式的旅游 APP 产品设计[J].包装工程,2019,40(16):181-186.

际运用中。^① 这一阶段,需要设计者紧密联系目标市场中游客的行为习惯和心理特征^②,以及他们希望能切身体会到的场景。所有的交互设计都需要依照游客的使用习惯等要素进行调整。同时,产品要传递的具体信息,也要以游客能接受的方式进行编码传递。在这一阶段,设计者要尽可能确保游客能直观、快捷地从他们的产品中获取自身所需要的产品体验。

例如,"云游敦煌"小程序,是敦煌研究院首个可供游客欣赏敦煌石窟艺术的旅游数字技术产品。在该小程序中,游客可以按照自己的喜好改变界面的内容和色彩设置,也可以观看敦煌故事和相关的视频。如果游客想要进一步地了解敦煌文化,可以在"探索"栏中输入关键词进行搜索,搜索结果如壁画类型、所属朝代、色彩构成等。除此之外,游客还可以对自己感兴趣的壁画进行标记。这种交互设计的内容,一方面为游客带来了愉快的体验,另一方面也向游客传递了文化知识,这更是对敦煌文化的保护和传承。交互设计不仅要便捷,还要满足游客的需求。

3. 界面设计^③

界面设计这一步,需要有专门的设计师对游客的使用和操作习惯进行了解,对界面的控件、布局和导航等内容进行专业设计。^④ 要遵循的规则就是能使游客更加容易地操作这些界面,快速找到自己想要的信息。界面的设计还要能引导游客使用数字产品。设计者在这一步会根据游客需求等内容设计界面的不同模块,并将它们排序。文旅类的数字产品的界面设计主要以帮助游客获取旅游信息、咨询服务为主要功能,如方便快捷地找到购票、导览、咨询等窗口。简单来说,就是界面的设计要尽可能满足游客的"一站式"需求。

4. 感知设计

如果前面的设计都是具象的,那么在感知设计这一步,设计者就要关注如何对游客的感知层进行激发。人类的感知与知觉内容中,包括了视觉、嗅觉、触觉、听觉和味觉这五个方面。^⑤ 但是,数字技术的表现形态有限,游客感受到的主要就是视觉、听觉和触觉的内容。设计者就要重点关注产品设计的美学、文字、色彩、图案、结构等内容,并进行精雕细琢。

文旅数字化产品的设计师还有一项重要任务,就是尝试如何以最合适的方式将历史、文化、风俗等要素融入产品内容中。以"乌镇旅游"App 这款专为乌镇景区定制的应用为例,App 纯手绘古风的画面和全方位文化导览服务吸引了大量游客粉丝。在这款

① 叶斌,潘郁,潘芳. 面向不确定需求租户集的云服务智能匹配模型[J]. 数学的实践与认识,2014,44(4):211-220.

② 张改清,张寒. 以品牌策略进行旅游产品营销之我见[J]. 商场现代化,2007(3):126-127.

③ 杨程,杨洋. 面向用户情感的情绪板界面设计方法改进[J]. 包装工程,2019,40(12):157-161.

④ 郑林欣. 基于用户行为的产品设计原则[J]. 包装工程,2016,37(14):73-76.

⑤ 吕屏,杨鹏飞,李旭. 基于VR技术的虚拟博物馆交互设计[J]. 包装工程,2017,38(24):137-141.

App 中,传统的工笔画风格绘制出来的界面效果与乌镇的特色相得益彰。每天下午六点,App 画面还会由白天秒变夜晚,这一细节与现实乌镇生活中万家灯火的状态相映生辉,吸粉无数。

扬州中国大运河博物馆巧用光影高科技,让观众登上一艘长约 21 米、桅杆高 15 米的"沙飞船",模拟坐船扬帆远行,"身临其境"感受繁华盛景。数字资源整合,博物馆与 AR、VR 等技术加快融合,展览的互动性、观众的体验感都大大增加,博物馆与公众"对话"的形式更加丰富多彩、生动有趣。①

5.产品目标

在以上旅游数字化产品设计流程的四个环节中,设计者都需要弄清楚产品设计的具体目标,即产品需要传递什么内容或者信息,以及游客的具体需求。设计者要从供给侧和需求侧之间找到平衡,这一平衡点包含了产品的主要目标。这是战略层面的设计,看似抽象,却影响了产品设计的每个环节。

以龙门石窟景区官方旅游服务平台推出的"智游龙门石窟"小程序为例。小程序设计之初的目标是向游客展示龙门石窟的风景、活动和文化等内容,向游客传递龙门石窟的审美价值、文化价值和精神价值。因此,在旅游服务设计方面,基于地理数据提供了各类配套的智慧文旅服务功能;在界面设计上,使用了中国唐宋古韵手绘风格的景区导览;在交互内容中,提供了各种文化主题的旅游路线推荐,还设计了一个 AI 智能导游、81 个景点语音助手服务。②

三、旅游数字化产品开发模型工具

(一)横向设计

横向角度的设计矩阵参照了 Product Design Matrix,将旅游企业的所有碎片化数字产品的系统整合在一张图片中。如图 4-4 所示,横、纵坐标分别代表了产品应具备的创新性和交互性。相应地,旅游企业生产的各个单项产品就可以填入这样的坐标中,从而帮助旅游企业了解他们已有的旅游数字化产品情况。拥有较强的创新性和交互性的旅游数字化产品更有发展潜力。③ 当然,不同的旅游企业可以根据产品的特殊性,对横、纵坐标所对应的产品特性进行重新选择和组合。

在产品的设计过程中,设计者更加需要考虑他们将要生产出哪些单项产品,并将其组合在一起。图 4-5 的设计矩阵就为设计者提供了系统化的参考。

① https://baijiahao.baidu.com/s? id=17305081072946273368&wfr=spider&for=pc.

② https://zhuanlan.zhihu.com/p/529983758.

③ 张琰飞,朱海英.西南地区文化产业与旅游产业耦合协调度实证研究[J].地域研究与开发,2013,32(2):16-21.

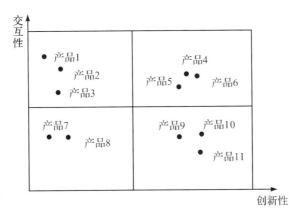

图 4-4　旅游数字化产品分布矩阵①

图 4-5　旅游数字化产品设计矩阵②

1.引流产品③

引流产品主要用来帮助旅游企业、景区和旅游目的地吸引游客的关注,其特点为创新性较强,容易在短时间内获得游客。

2.入门产品

当游客在了解某个旅游企业、景区或者旅游目的地的产品时,如果只有价格昂贵且不容易获取的旅游产品被展示了出来,就有可能吓跑游客。相反,一些较低程度数字化赋能的旅游产品,更加能让游客感受到数字化带来的新奇体验感受,从而打好群众基础。例如,提供线上智能购票和导览平台等服务。

3.中端产品

体验入门级产品后,游客就会期待体验数字化赋能程度更高、更加多元化的产品。这时,就可以配套提供一些数字化赋能程度更高的产品。例如,游客从未体验过的线上云旅游等活动。

4.高端产品

不排除有为了追寻数字技术带来的新体验,不在乎产品价格高低的游客。这时,就可以提供一些数字技术融合度更高,价格有所提升的旅游数字产品。例如,将数字门票、

---

① 资料来源:https://k.sina.com.cn/article_1663312464_632422500200150cq.html 和作者调研整理所得。

② 资料来源:https://k.sina.com.cn/article_1663312464_632422500200150cq.html 和作者调研整理所得。

③ 易阳.一元产品引流秘诀[J].光彩,2020(7):40-41.

数字藏品等打包提供。

5. 超级 VIP 产品

超级 VIP 产品属于旅游企业中最高端的一类,满足游客在高质量、强体验等多方面的旅游需要。未来有可能实现的旅游元宇宙或许就符合超级 VIP 的赛道。例如,一个村庄建立了元宇宙数字孪生之后,可以向世界各地的游客发放元宇宙村庄的村民身份证,这样每一位游客都可以以村民的身份参与到这个村庄的建设工作中。

(二)纵向设计

酒店、景区和旅游目的地中涉及的衣、食、住、行、游、购六要素的各类单项数字化产品,都会由于其产品特质、游客需求、技术成熟度等要素不同而存在数字化赋能程度和侧重点上的不同。

在产品的打包设计程序中,系统确定各个单项产品的功能、规格等要素也是旅游数字化产品设计的必要任务。以某一历史文化博物馆的旅游数字化产品纵向设计为例,在前期通过横向设计矩阵确定了博物馆内数字赋能的产品项目。接下来,就可以将这些产品填入表 4-1,随后可以邀请文旅数字化方面的专家以及游客对各个产品进行评价。即如果该产品的设计符合相应的原则,则在表 4-1 中相对应的产品设计原则处打"√"。表 4-1 对博物馆内的常见数字化产品进行了评价,第一列考察要素的具体内容还可以按照专家和游客的提议增减。

表 4-1　某一历史博物馆内数字化产品设计矩阵

考察要素	产品 1:全息投影	产品 2:线上文物介绍	产品 3:线上文创
知晓度	√	√	√
可及性		√	√
可支付功能			√
是否与游客互动	√	√	
是否与线下场景结合	√	√	√
...	...	...	...

参照"横向＋纵向"的旅游数字化产品的设计矩阵是有效的产品设计工具,为旅游企业中的产品研发、设计与营销人员提供了更加系统的方法确定产品的性能、要素和构成。

第三节　旅游目的地品牌数字化管理

一、旅游目的地品牌数字化的概念界定

(一)旅游目的地的含义

旅游目的地的定义最早出现于 20 世纪 70 年代,起初被看成是一个包括乡村、度假中心、海滨、山岳休假地、小镇、城市或者乡村公园等在内的区域。人们在这些区域中通过特别管理与规则运营,影响游客活动。[①] 到 21 世纪,英国旅游学者 Buhalis(2000)提出了著名的旅游"6A"要素来概括旅游目的地产品包含的内容。

①旅游吸引物(Attractions),包括自然、人造的、出于特殊目的建造的、历史遗留的吸引物和风俗节庆活动等。

②设施和服务(Amenities),指住宿、餐饮、零售等在内的旅游服务和设施。

③交通(Accessibility),指包含旅游过程中的路线、站点、交通工具等在内的交通体系。

④包价服务(Available Package),指由旅游中介和主管机构事先安排的包价。

⑤活动(Activities),指游客在旅游目的地逗留期间参加的所有活动。

⑥辅助服务(Ancillary Service),指游客在旅游过程中所用到的一切服务的综合,如银行、签证中心、电信、邮政、医疗等内容。[②]

(二)旅游目的地品牌数字化的含义

当旅游目的地同质化现象严重,各个省份或城市向游客提供相似的旅游产品与服务时,这些旅游目的地就需要找到一个方法,凸显自身的优势并且经过包装,向目标市场稳定地传递这些优势特色,与游客逐渐建立情感层面的联系,获得一批忠实游客,这是旅游目的地品牌建立的过程。[③]

旅游目的地品牌数字化指的就是数字技术赋能旅游目的地品牌化建设的过程,其本质是在"数据+算法"的智能世界里,通过网站、应用程序、社交媒体、视频等方式建立和积累某一旅游目的地品牌的形象、声誉、联想、意识,拉近游客与旅游目的地之间的距离,帮助其在网络世界中吸引游客。

数字技术让旅游目的地品牌策划和营销人员获得了更多与游客直接对话的机会,形成了较为流行的 D2C 品牌建设新模式。通过线上与线下的对接与互动,赋予旅游目的地品牌前所未有的竞争力。虽然当前的旅游目的地还没有全面建成强大的数字化品牌,但

---

①　邹统钎.旅游目的地管理[M].2 版.北京:高等教育出版社,2019.

②　邹统钎.旅游目的地管理[M].2 版.北京:高等教育出版社,2019.

③　邹统钎.旅游目的地管理[M].2 版.北京:高等教育出版社,2019.

是数字化品牌推广的成效早已凸显(Molinillo et al.,2019)。

二、旅游目的地品牌数字化的内容

(一)旅游目的地品牌个性数字化

旅游目的地具有鲜明的品牌个性是实现品牌竞争力提升的重要因素。当同类级别的旅游目的地品牌同质化现象严重,可替代的旅游目的地之间没有明显差异的时候,如果塑造了独特的品牌个性,会有助于提升旅游目的地的核心资产价值。例如,洛阳、西安等地就会让游客联想到其深厚的文化底蕴,桂林以独特的自然风光著称,拉萨以神秘的佛教和藏文化在众多旅游目的地中成为游客心中的独特目的地。[①]

旅游目的地品牌个性定义为游客将自己与旅游目的地捆绑联系的品牌特征。Aaker (1997)曾将品牌个性划分为真诚(Sincerity)、刺激(Excitement)、胜任(Competence)、教养(Sophistication)和强壮(Ruggedness)五个维度(见图 4-6)。中国学者黄胜兵和卢泰宏构建了中国特有的品牌个性维度:仁、智、勇、乐、雅。

真诚	

- 务实:顾家、小城镇的
- 诚实:直率、真实
- 健康:原生态
- 快乐:感性、友好
- 大胆:时尚、兴奋

刺激	

- 活泼:活力、酷、年轻
- 想象:富有想象力、独特
- 现代:追求最新、独立、当代
- 可靠:勤奋、安全

胜任	

- 智能:拥有技术、团队协作
- 成功:领导、自信
- 高贵:魅力、漂亮

教养	

- 迷人:女性、柔滑

强壮	

- 户外:男性、西部
- 强壮:粗犷

图 4-6 Aaker 的品牌个性五个维度

---

① 资料来源:https://www.fx361.com/page/2018/0818/4076908.shtml.

　　数字技术的引入能在其原有品牌塑造工作基础上,附加个性价值塑造,有效助力旅游目的地功能实现。一些数字媒体平台,如视频号、社区等都是数字时代游客表达自我需求和渴望寻找共鸣的最直接场所。一方面,数字技术能为旅游目的地品牌建设者提供与游客更加近距离且无障碍沟通交流的渠道;另一方面,大数据为旅游目的地品牌塑造者提供了大量数据信息,让他们了解游客追求哪些个性层面的展现,帮助他们实现对那些有不同个性满足需求的游客的精准推广,与游客产生共鸣。

　　以陕西西安的旅游目的地品牌个性的变化过程为例,随着"一带一路"倡议的发展,西安在国际上的地位得到提升,开始向多元化的方向发展,这些发展一定程度上源于西安与时俱进的品牌个性塑造工作。2010年前后,西安的品牌宣传口号为"华夏之都,山水之城——中国西安"。2014年,西安的宣传口号改为"丝绸之路起点,华夏文明之源——美丽西安",添加了美丽等与品牌个性相关的词汇。2016年,西安的宣传口号又改为"龙在中国,根在西安",进一步体现了中国特有品牌个性要素的内容。2018年,西安在引入数字技术之后,宣传口号发生了明显变化,改为"时尚古都,活力之城",加入了"时尚"和"活力"这些体现个性的要素。西安还借助大数据分析技术精准推送了"西安年——最中国"这一具有中国传统文化特色的口号。由此可见,西安作为城市旅游目的地,充分考虑了西安的品牌个性塑造。

(二)旅游目的地品牌 IP 数字化

　　旅游目的地品牌 IP 代表的是旅游目的地形象的认知物或者是任何能吸引游客的旅游目的地元素,注重在形象塑造中实现文化价值层面的丰富。因此,打造旅游目的地品牌 IP 被看成是向世界讲好中国故事的重要桥梁。当某一旅游目的地与成功的品牌 IP 联手,品牌 IP 本身所具有的市场影响力能为旅游目的地带来竞争优势。打造 IP 型旅游目的地成为越来越多的旅游目的地提升品牌影响力的重要手段。

　　2022年7月,山东青岛推出城市虚拟智能数字人物 IP"青岛小嫚",收获了大量游客和市民的喜爱。在青岛的百盛大厦前,每一位路过的人都可以看到"青岛小嫚"在裸眼3D 大屏幕上向人们走来。

　　这位青春可爱的虚拟人物 IP 是由青岛市人民政府新闻办公室指导、山东金东数字创意股份有限公司精心打造的青岛城市推荐官。与传统的海尔兄弟等 IP 形象不同,"青岛小嫚"的定位是数字人,其特色更多集中于功能的丰富。

　　如真实人物一样,"青岛小嫚"22岁,精通多国语言,能歌善舞,喜爱阅读、旅游和美食,上知天文下知地理,具有知性稳重、独立大方、乐于助人等特点。"青岛小嫚"在青岛老城区亮相,她为老城区带去了新的高光时刻,科技赋能了历史街区的新发展。除此之外,青岛还借助这一数字化品牌 IP 的优势,打造出了历史街区中的元宇宙,让城市的记忆馆得以升级,为百年文化换上了数字化的新衣裳。

　　类似的旅游目的地品牌数字化 IP 还有很多,如杭州的城市数字人"杭小忆"。相比于传统的城市形象大使,这些城市数字人更受年轻人喜爱、更具有可塑性,人设更加可控且营销成本更低。这些数字 IP 助推了各个旅游目的地品牌力提升,也从视觉上让旅游目的地品牌焕然一新,在延续品牌文化的同时深度挖掘文化价值,让旅游目的地品牌故事得以更加生动地叙述。

三、旅游目的地品牌识别数字化

(一)传统的企业形象识别系统

企业形象识别系统(Corporate Identity System,CIS)包含理念识别(Mind Identity,MI)、行为识别(Behavioural Identity,BI)、视觉识别(Visual Identity,VI),是企业有计划、有意识地向社会公众传递自身区别于其他企业特征的一系列经营方法,让企业在市场留下良好印象(见图 4-7)。

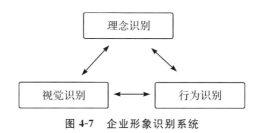

图 4-7　企业形象识别系统

MI 是 CIS 的内核,统领整个 CIS 的发展,包含企业的经营宗旨、方针、价值观、愿景和使命等核心内容。VI 与 BI 都是 MI 的外在表现。VI 是实际展现在公众面前的视觉层面的形象内容。BI 则是包括企业营销活动、公共关系、公益活动等内容的一系列企业社会行为层面的内容。CIS 不仅能帮助企业树立良好的文化形象,还能有效地促进企业品牌文化的发展。

(二)旅游目的地品牌识别数字化策略

数字技术克服了信息不对称的难题,为旅游目的地品牌识别的数字化策略提供了更加广阔的空间。旅游目的地品牌识别数字化模块见图 4-8。

图 4-8　旅游目的地品牌识别数字化模块

1. 视觉传达层

旅游目的地品牌的视觉传达层面的设计包括地名、设计的标识，还有设计色彩和风格等要素。这些要素类似于我们在日常生活中见到他人的外形外貌特征那样，会在游客心中留下第一印象。通常第一印象没有引起游客的旅游兴趣，那么之后的品牌识别塑造就比较难让游客再次注意这个旅游目的地。

数字技术让旅游目的地视觉呈现更多元。例如，2022 年 7 月，福建福州的城市标识数字藏品"有福之州"首发暨"格物链藏"平台上线仪式在福州新店古城遗址公园举行。这是我国首个城市标识数字藏品，该数字藏品发行总量为 7 686 份，第一批上线量为 1 000 份，上线一分钟就销售一空。

"有福之州"形象标识中有福州市树"榕树"和古建筑"马鞍墙"作为标识的基本元素。榕树代表了福州人不屈不挠的精神品质；蓝色和绿色分别代表福州以及榕树的主要颜色，彰显福州建设绿色科技示范城市，打造生态友好的宜居城市的目标。字体的设计上采用的是篆刻印章风格，并采用了北宋大书法家蔡襄的书法。

2. 语言行为层

在数字赋能旅游目的地品牌的新实践中，越来越多的旅游目的地开始走上数字化道路。一些旅游目的地开始在其宣传口号中增加智能与数字化的内容。例如，隶属于湖南长沙的长沙县就在 2021 年 12 月开展了一次以"长沙县新型智慧城市"为主题的宣传口号征集活动。在口号征集的要求中，明确指出新口号要体现长沙县新型智慧城市发展战略的定位，展现其智慧星沙的独特魅力和感染力。

相关技术也被运用于旅游目的地参与举办的赛事、会议和活动中，呈现了旅游目的地品牌作为智慧化的旅游目的地的新面貌。例如，"数字科技"就成为 2022 年北京冬季奥运会的关键词之一，这是因为在北京的冬奥会上，采用了云转播。这是一种基于云架构技术的云端转播技术方式，取代了传统的转播车，导播在云端就能处理好视频信息的切换和编辑。

2022 北京冬奥会期间，实现了 8 K 超高清直播，以及信息的采编、编码、传送到终端呈现流程上的优化，让原本较难捕捉到的运动员风采清晰地呈现在观众面前。例如，短道速滑选手平均时速可达 50 千米/小时，顶尖选手甚至达到了 70 千米/小时，新的 8 K 超高清摄像机的时速可以达到 90 千米/小时，为捕捉短道速滑选手的风采提供了技术支持。因此，观众能获得更好的观赛体验，感受到北京这一目的地品牌的智慧化。

3. 理念主张层

在数字技术赋能的背景下，旅游目的地品牌在其理念塑造层面获得了更多展现机会。理念的塑造是一项综合性的工作，需要结合目的地的历史文化、城市特色、社区的个性和价值等系统打造。数字技术提供了更加有效的平台，将这些要素进行融合，展现给游客群体。

数字技术赋能文旅行业更为旅游目的地品牌原有的精神内涵增色不少。华东师范大学教授楼嘉军指出,科技是文旅融合的"桥梁",数字化让文旅深度融合,是文化自信的表现方式。在科技赋能的背景下,丰富的旅游资源的文化内涵得以彰显。

意大利罗马城拥有丰富的人文历史。近几年,数字技术已被广泛运用于文化保护工作中。罗马城中大量的博物馆都引入了全息投影、互动触摸屏等技术设备。遗产研究者也开始利用数字技术对历史遗址进行复原,并使用 GIS 技术和 App,将罗马城中大大小小的历史遗迹进行汇总,一体化呈献给游客。让游客借助智能设备游览罗马城,并通过 App 选择最适合每一位游客的个性化旅游路线。在这些数字技术赋能的过程中,能清晰看到罗马城所展现的城市态度与品质,已经不再局限于以往的历史基因。

4. 场景打造层

场景打造层并非独立存在,是与以上三层交织在一起实现的。数字赋能的旅游目的地品牌识别的场景打造中的"场"代表的是在数字化背景下,旅游目的地品牌与游客发生关联的时空载体,更是旅游目的地品牌能与游客接触、与游客互动、扩大品牌影响力和辐射力的新通道。

数字技术赋能旅游目的地品牌,就是为旅游目的地品牌提供新的"流量红利场"。社交网络、短视频直播、电商平台、新零售等数字媒体渠道为旅游目的地品牌提供了与游客跨时空、多触点的交流场所,让游客更能与旅游目的地产生共鸣。

游客群体正在向社群化和裂变化的趋势转变。打造旅游目的地品牌识别所需的"场"代表了一个能让品牌持续面对游客群需求裂变并做出反应的场所。在这样的场所中,旅游目的地品牌尽量多与游客沟通,长久吸引游客的注意,将潜在游客群变成私域流量。

以苏州市吴中区文化体育和旅游局在 2021 年春节期间推出的"江南中国年 心上吴中味"吴中好物品牌系列活动为例。在这一活动中,互联网、短视频成为主要应用工具。吴中美食年货线上秒杀、景区门票秒杀、好物全民话题讨论、各乡镇短视频拜年等一系列精彩纷呈的线上活动,吸引了大量网友参与,使"吴中好物"的品牌口碑得到宣传。这一举措推动了吴中文旅品牌的传播。游客在线上购买吴中产品,秒杀景区门票,再到线下参与旅游体验,这样线上线下的链路打通,为吴中文旅作为旅游目的地的品牌打造了广阔的"流量红利场",缩短了游客和旅游目的地的情感距离。

旅游目的地是包含所有与旅游相关的企业、景区、交通和设施的综合载体,更加需要数字化能量供应,而数字化转型也成为旅游目的地打造强有力的品牌识别的必然趋势。这不仅是数字技术与品牌的简单合作,更是数字赋能下,旅游目的地品牌对于社会、对于人、对于资源做出贡献的能力的提升。

本章小结

旅游数字化产品是旅游企业开展营销工作最核心的内容之一。从广义上看,一切融合了数字技术的旅游产品都可以称为旅游数字化产品。与传统旅游产品不同,旅游数字化产品具有新颖性、变革性、持续性三大特征。旅游数字化产品策略的制定通常发生在"产品设计—产品生产—触及游客—更新迭代"过程中,其策略类型主要包括错位互补的产品组合策略、提升旅游体验的新品开发策略等。在产品开发中需要遵循适度设计、游客反馈和注重场景化等原则。游客全程参与新产品设计开发是旅游数字化产品设计的重要特色。旅游企业可以通过大数据技术设计虚拟旅游数字化产品,产品在虚拟的数字化市场中进行调研与测试,在获得游客实际反馈后,进行更精准加工。旅游数字化产品的设计与开发需要聚焦产品功能、交互设计和界面设计等。旅游数字化产品开发模型工具包括横向和纵向两个方向。旅游目的地品牌数字化是指数字技术赋能旅游目的地品牌化建设的过程,其本质是以"数据＋算法"为基础,通过网站、应用程序、社交媒体、视频等方式建立和积累品牌形象,拉近与游客的距离。数字技术在视觉传达、语言行为、理念主张和场景打造等方面,为旅游目的地品牌建设提供了更广阔的空间。

即测即评

复习思考题

(1)旅游数字化产品的定义是什么?具有哪些属性?

(2)面向游客的旅游数字化产品具体可以划分为哪些类型?

(3)旅游数字化产品的开发流程和原则有哪些?

(4)旅游数字化产品开发的模型工具有哪些?

(5)旅游目的地如何打造数字化品牌形象,有哪些策略?

参考文献

[1] 曲颖,李天元.旅游市场营销[M].2版.北京:中国人民大学出版社,2018.

[2] 王永贵,项典典.数字营销:新时代市场营销学[M].北京:高等教育出版社,2023.

[3] 邹统钎.旅游目的地管理[M].2版.北京:高等教育出版社,2019.

[4] 邓宁,牛宇.旅游大数据:理论与应用[M].北京:旅游教育出版社,2019.

[5] 钟栎娜,邓宁.智慧旅游:理论与实践[M].上海:华东师范大学出版社,2017.

[6] 曹虎,等.数字时代的营销战略[M].北京:机械工业出版社,2017.

[7] 赵西萍,等.旅游市场营销学[M].3版.北京:高等教育出版社,2020.

[8] 汪京强,黄昕.酒店数字化营销[M].武汉:华中科技大学出版社,2022.

扬州中国大运河博物馆沉浸式体验区①

2021 年 6 月 16 日,扬州中国大运河博物馆建成并开放,它呈现的传统文化和数字化技术完美结合,将展馆建筑本身和馆中历史文物的魅力展现得淋漓尽致。扬州中国大运河博物馆坐落于扬州市的三湾风景区,总面积约有 7.9 万平方米,属于大运河国家文化公园的标志性项目之一,也成为传统文化与数字化技术相融合的经典之作。

在扬州中国大运河博物馆的展厅中,设计者广泛运用了"5G+VR"、投影技术、红外技术等新科技手段,打造出"5G 大运河沉浸式体验区"和"河之恋"的 720°环幕空间,以及青少年互动解谜空间"运河迷踪"等沉浸式特色体验场地。数字技术全流域、全时段、全方位展示出了大运河的历史文化。因此,扬州中国大运河博物馆被誉为中国大运河活着的"百科全书"。

在"5G+VR"技术赋能的 720°全景视角和超高清视觉等互动技术打造的"5G 大运河沉浸式体验馆"中,观众可通过裸眼 3D 形式观看 17 座运河城市的变迁,纵览千年古运河沿途的历史和人文风貌。例如,从京杭大运河的最南端开始,游客可以欣赏杭州拱宸桥、苏州吴门桥、无锡清名桥。这些石桥无言,但是与江南运河的美景相依相生。游客还可以通过裸眼 3D 形式观赏常州东坡公园、镇江金山寺等知名景区。在沉浸式体验过程中,观众甚至可以亲身体验推开一扇花格窗,看到一桌淮扬细点热气腾腾。窗外落英缤纷,映衬着扬州文峰塔。一路向北体验,观众还可以观赏山东南旺戴村坝、河北白洋淀、天津之眼、北京白浮泉等知名景点。

在扬州中国大运河博物馆的"直播大运"互动区域中,开发者还利用 5G 信号传输和 VR 720°全景视角展示模式,向观众实时呈现运河之美,以及运河沿线串起的诸多的名胜古迹。例如,风景优美的扬州瘦西湖是大运河遗产之一,也是世界文化遗产。因此,开发者将超清 VR 摄像头架设在了瘦西湖最具标志性的五亭桥对面,再通过 5G 信号将瘦西湖的美景实时传输到扬州中国大运河博物馆的展馆中。观众就能够看到瘦西湖周围打卡的游人、锻炼的居民、碧波荡漾的湖面美景,还能听到欢快的虫鸣鸟叫。游客仅仅需要在展馆中动动手指,就可以将 720°的运河美景尽收眼底。

讨论题:

(1)案例中扬州大运河沉浸式体验区的旅游数字化产品有哪些特征?

(2)扬州大运河博物馆在开发数字化文旅产品的时候采用了什么产品策略?

(3)请结合生活中的实例,描述一个与案例中类似的旅游数字化产品,对比两者在产品开发中的异同点。

---

① 资料来源:https://www.thepaper.cn/newsDetail_forward_13162371.

第五章 旅游数字化定价策略

[学习目标]
(1)理解旅游数字化定价策略的内涵。
(2)理解旅游数字化定价策略的特点。
(3)了解旅游数字化定价的主要方法。

开篇案例

OYO 酒店使用"智能定价体系"动态定价

OYO 酒店是印度经济连锁酒店品牌,成立于 2013 年。OYO 酒店为合作业主打造了一个先进的"智能定价体系",该体系依托严谨的算法,结合酒店的实时库存、入住率,并综合考虑附近酒店的价格和历史大数据,对价格趋势进行精准预测,从而为业主提供合理的价格建议。与此同时,OYO 酒店还会安排熟悉当地市场和酒店的运营经理进行价格复核,规避系统可能未能察觉到的临时促销或者活动影响。

"新系统可以说是不可同日而语了,现在能自己调价了。"OYO 江西亿家宾馆的业主韦老板笑着说道,"和 OYO 合作的业主能限时免费使用这个定价体系。"在 2021 年 OYO 酒店升级系统中,合作业主也掌握了改价的主动权。酒店在经营过程中,往往受到区域和社会热点等因素影响,从而影响客房供需关系,进而影响价格。这个时候,酒店合作业主可以根据自身情况对房价进行干预。在 OYO 全新的"智能调价体系"中,业主在合理范围内可实现一键改价,全网同步,快速有效地满足突发性的调价需求。

OYO 酒店建立了结合 AI 大数据算法、专业运营经验和业主自助调控的动态价格管理机制,为酒店最优整体收益助力。(资料来源:https://mp.weixin.qq.com/s/dYrYrgxRKys3x73klEPDvg)

第一节　旅游数字化价格策略

定价策略是市场营销组合策略的重要组成部分。旅游数字化定价策略是旅游定价策略在数字化时代的有机体现。因此，为了了解旅游数字化价格策略，首先要了解旅游定价策略，然后根据数字化要求做进一步的扩展。

价格是影响交易成败的重要因素，同时也是市场营销组合中最为复杂的因素之一。企业定价的目标是促进销售、获取利润，这要求企业既要考虑成本的补偿，又要考虑消费者对价格的接受能力，从而使定价策略具有买卖双方双向决策的特征。[①] 此外，价格还是市场营销组合中最灵活的因素，它可以对市场作出最灵敏的反应。在传统的定价策略中，价格具有一定的固定性和无差别性。然而在数字化时代背景下，传统的定价策略可能会显得不够充分和全面，因为它无法应对日益变化的供求变化。传统的定价策略有诸多缺点，以酒店业为例，主要缺点有：

第一，时效性差。数字化背景下的时代瞬息万变，为了适应不同时期、不同情况的竞争，酒店要随时根据外部情况进行调价，但传统的调价方式从调价决策到价格调整落地，都无法与瞬息万变的市场信息同步，时效性较弱。

第二，工作量大。酒店的房价普遍以房价码表示，但因酒店需要针对不同市场、不同来源的预订客人进行细分，房型的差异化也使房价细分化，并且酒店的星级越高规模越大，房价体系也就会越复杂。对于一些收益管理要求高的酒店，可能每隔几个小时就需要变动房价一次，如此高频又按部就班地劳动，工作难度虽然不高，但是颇费工夫，也容易出现一些操作上的失误。同时，若酒店收益管理人员兼管多家门店的调价工作，就需要切换到不同门店的 PMS 系统内进行操作，这增加了工作步骤，并降低了工作效率。

第三，对收益管理人员要求高。传统的调价方式需要在每个酒店配备专业的收益管理人员，但这会导致成本增加，而且并不是每个酒店都会配置这种人员。这就很容易导致人员配置与岗位需求不匹配，使酒店的收益管理工作不尽如人意。

针对这些缺点，许多酒店开始使用数字化管理工具探索数字化定价策略，用数字化方式进行定价，让定价更方便，让收益更大化。例如，浙江雷迪森酒店集团引进了绿云CRS"房价动态管控"系统，该系统能够用技术取代程序化的房价调控工作，提升工作效率，避免操作失误，实现酒店收益最大化。具体而言，首先，按照一家酒店 20 个房型，3 个基础房型价码的规模估算，传统的手动调价方法一次调价需要手工输入 60 个房价，集团

[①]　范周.中国文化产业和旅游业发展报告：2022 年总结及 2023 年趋势[J].深圳大学学报（人文社会科学版），2023,40(2):11.

100 家门店,就需要操作 6 000 次,现在使用"房价动态管控"功能后,一家门店一次调价仅需系统中操作 1 次,如果酒店集团拥有 100 家门店,仅需操作 100 次,工作效率至少提升 60 倍,因此使用数字化定价管理工具能够大幅提升酒店人员工作效率;其次在"房价动态管控"后台进行时间规划、价差配置等规则设定以及基础代码设置,后台根据已设定规则进行自动关联价格,可实现从调价决策到价格调整落地实时同步;再次,由于使用"房价动态管控"后可大大减轻收益人员的工作量,对于酒店集团来说,收益管理人员可以集中在酒店集团统一管理,达到了降本增效的效果,真正实现了集约管理;最后是统一系统,由于"房价动态管控"是基于绿云 CRS 上的一个模块,因此即使一位收益人员同时管理多家门店,也可在 CRS 系统内操作,切换门店不需要多次登录,方便快捷。因此,数字化管理工具可以实现业务流程的标准化和自动化,也可以增强旅游企业的协同和沟通能力,提升旅游企业的创新能力和竞争力。[①]

旅游数字化价格策略是指旅游企业运用数字技术,通过进行产品成本分析和顾客需求估量,进而实施动态定价的一种策略。具体而言,旅游企业可以利用数字化工具,如智能算法和机器学习技术,进行市场价格分析和竞争对手监测,以快速制定出具有竞争力的定价、询价和报价策略。在旅游行业中,通过数字化技术开展的动态定价具有广泛的应用前景[②],可以给企业带来巨大的潜在收益。旅游企业借助数字化和高级数据分析方法,可以在每一笔订单的"客户+产品"层面实施传统定价手段很难做到的定制化、高度细化的定价策略。

第二节　旅游数字化定价策略特点

在旅游行业中,采用数字化定价策略可以增强企业的精准性、灵活性和科学性,使企业更好地了解市场需求和竞争情况,提高市场竞争力。同时,旅游数字化定价策略也可以为消费者提供更好的服务和体验,提高消费者的满意度和忠诚度。因此,旅游数字化定价策略具有如下特点。

1.科学化

以往旅游产品在进行定价时,往往依赖专业的收益管理人员,这会增加企业运营成本,而且依靠个人经验得出的结果也未必完全科学。旅游数字化定价策略的科学性在于

[①]　根据"绿云服务"公众号资料改编而成。

[②]　邹光勇,刘明宇,何建民.从单边市场到双边市场:旅游定价文献综述[J].旅游学刊,2018,33(2):77-88.

依靠科学的算法与模型[①],通过对大数据的深度分析得到定价结果。数字化技术的运用使旅游企业的信息更加透明化,可以分析历史价格与历史销量的相关性,总结需求规律,同时能够结合当下顾客需求,通过算法给出最优定价,因此旅游数字化定价策略更具有科学性。

2.动态化

动态化的表现即企业定价更加灵活和迅速。旅游市场环境瞬息万变,旅游产品价格波动除受到季节和时间等众多因素影响外,也受到外部突发事件影响。[②] 面临外部市场环境的瞬息变化,传统旅游定价方法遇到诸多挑战。数字技术的应用使旅游业的定价变得更简单,收益管理人员只需要通过软件根据数据进行预测便可确定合适的价格,不用担心价格的更新赶不上市场变化。

3.个性化

施行旅游企业数字化定价策略后,顾客每一次下单都能被后台记录,留下数字痕迹,旅游企业据此可以建立客户数据库,通过分析更好地了解不同客户的个性化需求。再通过多次个性化分析,就能为顾客提供个性化定价,如 Airbnb 的"Smart Pricing"就是为房东提供价格管理工具来实现个性化的定价区间的。旅游数字化定价能够在满足旅游者个性化需求的同时帮助企业获利,以便于企业更好地开展个性化营销。

专栏 5-1　Airbnb 定价管理工具

Airbnb 是全球民宿短租公寓预订平台,拥有全球百万间特色民宿、短租、酒店、公寓、客栈房源。想给 Airbnb 上所有不同的房间定价是非常有挑战性的,即使可以收集同一区域中的同样大小的房间,但是其他因素(例如评分星级)也会影响价格。除此之外,由于不同的季节和区域因素,需求也是随时间波动的。预订时间的早晚也是影响价格的因素,预订得越晚,房间预订成功的机会就越小,这也会导致需求函数的变化。

为了让房东的收益最大化,Airbnb 提出了 Price Tips 和 Smart Pricing 工具。Price Tips 可以提供价格日历,根据房东目前的定价,显示该房间每天被预订出去的概率。点击某一天,页面中会显示 Airbnb 推荐的价格以及其他信息。在 Smart Pricing 工具中,房东可以设置一个最低值和最高值,之后 Airbnb 会自动生成不同日期的新价格。Airbnb 使用了预订概率模型和机器学习的方法帮助房东合理动态定价。

4.低成本化

旅游数字化定价策略相比于传统的定价策略,最大的优势就是降低了交易成本。传

---

① 李妍峰,龚桂琳.基于游客年龄特征的旅游巴士定价研究[J].运筹与管理,2021,30(6):159-165.
② 左冰.分配正义:旅游发展中的利益博弈与均衡[J].旅游学刊,2016,31(1):12-21.

统的定价策略会消耗大量的人力物力①,这导致了成本增加。由于信息的不对称,传统的定价策略往往导致中间商抽取较高比例的佣金,从而使消费者支付的旅游产品价格较高。但是,通过旅游数字化定价策略,以上交易成本均降为最低,大大减少了企业的经营成本,也使消费者获得最大受益。② 当然,购买数字化定价工具也会提升企业的经营成本,但是相比于定价失误造成的收益损失,数字化定价工具的购买成本微乎其微。

5.精准化

在传统的旅游定价流程中,对消费者需求的分析较为粗糙,有了数字技术的帮助,可以进行更为细致的消费者需求分析,从而开展更为精准的定价工作,即针对不同需求的消费者进行产品定价。同时,旅游企业通过数字化工具掌握的信息更加全面,有充足的时间制定价格策略。③ 比如,在机票定价方面,航空公司也开始探索利用新技术提高基于当前需求的定价策略和尝试个性化定价的方法。通过机器学习技术,利用多个数据源更准确地预估市场需求,航空公司能够更准确地预估市场需求并根据这一需求确定机票价格。

第三节　旅游数字化定价模式

一、旅游数字化定价模式概念

旅游数字化定价模式是指旅游企业中各种商品价格的制定和调整完全从自身经济利益的角度出发,通过利用数字化技术更好地确定价格的一种行为方式。旅游数字化定价与传统定价有相似之处,但也有自己的一些特点。④ 相似之处在于进行定价模型构建时,基于的原理是相同的,不同之处则在于有了数字技术的加入,会让定价过程更加合理及便捷。⑤

经济学中定价模型的主要原理为:

基础假设:价格与销量成反比;

算出固定成本(与销量无关的固定投入);

① 刘静艳,王雅君.景区门票分时定价策略研究[J].旅游学刊,2015,30(7):72-79.
② 宋晓兵,何夏楠.人工智能定价对消费者价格公平感知的影响[J].管理科学,2020,33(5):3-16.
③ 邹光勇,刘明宇.在线旅游平台竞争与预订价格差异化研究[J].旅游科学,2023,37(1):75-92.
④ 黄锐,谢朝武,张凌云.旅游者门票感知价格及影响机制研究:基于中国5A景区网络点评大数据的模糊集定性比较分析[J].南开管理评论,2023,26(2):210-219.
⑤ 李玥.考虑价格泡沫的多特征农产品智能定价模型[J].湖北农业科学,2023,62(4):175-179.

算出变动成本(随销量增加而增加的投入);

算出一个需求随价格变动的函数;

列出公式:利润＝收入－成本＝价格×销量－固定成本－变动成本;

然后对价格求一阶导数,一阶导数等于 0 就是利润最大时候的价格。

数字技术的使用使每个函数中的每个参数在计算时都参考了过往数据,使最终的计算结果更为准确。

二、旅游数字化定价模式分类

定价模式是指企业在制定价格策略时所遵循的基本原则和思路,它反映了企业对于市场、竞争、消费者等方面的理解和认识。定价模式是企业长期经营策略的一部分,它体现了企业的战略定位和市场定位,是企业品牌形象和市场竞争力的重要组成部分。旅游企业采用的数字化定价模式可以归纳为以下几种:

(一)基于需求导向的定价法

需求导向定价法是指根据市场需求状况和消费者对产品的感觉差异来确定价格的定价方法。需求导向定价法分为理解价值定价法和需求差异定价法。需求差异定价法是需求导向定价法最常用的定价方法,下面重点来对此进行介绍。

①因地点而异:机场、火车的餐饮价格和酒吧、饭店的饮料与酒水价格很贵,不同位置旅馆的客房价格、同一演出或比赛的不同位置的票价差异很大。

②因时间而异:同一客房、同一旅游线路不同时间的价格差异很大。

③因产品而异:不同旅游线路、不同旅行社、不同服务水平的价格差异很大。

④因顾客而异:同一产品、不同旅游者的价格不同(学生票、团体票、散客票、老年票、本地票、会员价、老客户优惠价等)。

值得注意的是,需求差异定价法的条件是市场可以根据需求程度细分,且各细分市场相对独立、互不干扰。

酒店业使用需求导向的定价法较具代表性。需求导向定价法是以消费者需求为基本依据,确定或调整企业营销价格的定价方法。引起消费者需求变化的因素有很多,如需求价格弹性、消费者价格心理、收入水平等,这些因素在很大程度上影响消费者对价格的反应。由此可见,制定的价格合理与否,最终并不取决于生产者或经营者,而是取决于消费者。消费者愿意支付的价格高低取决于酒店产品满足消费者需求程度的高低,即酒店产品提供效用的大小。酒店产品的效用大小不仅取决于该酒店产品满足顾客某种欲望的客观物质属性,还取决于消费者的主观感受和评价。因此,需求导向定价在酒店中的运用可以将它称为需求效用定价,就是在酒店产品的供给成本相同或基本相同的情况下,利用酒店产品物质属性的差别和不同顾客对同一酒店产品的不同偏好及评价来进行差别定价。这种差别定价的目的是在顾客满意的基础上,使一定量的酒店产品销售总收入最大化。

　　数字化时代,旅游企业的经营管理者可以通过数字技术更深入地了解与把握游客需求。数字化时代的旅游产品定价首先需要进行对客群规模分析与市场细分,了解竞品,才能确定定价,只有这样,产品在推向市场后才能受到广泛的欢迎。在旅游行业中,一些平台已经开始采用基于游客需求的动态定价策略实现收益的优化。比如,在 OTA 旅游平台中,一些在线旅游平台会根据旅游季节、酒店类型、位置和其他因素来调整价格。此外,一些平台还会使用用户画像和数据分析技术,深度挖掘游客需求,开展特殊的促销活动,吸引更多的游客。知名的在线旅游代理平台 Expedia 根据旅游需求和竞争情况来制定酒店的定价策略。Expedia 会收集酒店价格、可用性、游客评价等信息,并根据这些信息来调整价格。例如,如果 Expedia 发现某个酒店的房间需求很高,但是供应量有限,他们可能会提高价格来满足市场需求。如果某个酒店的房间供应过剩,他们可能会降低价格以吸引更多的游客。此外,Expedia 还会根据游客的需求和偏好来推荐酒店。例如,如果游客更喜欢住在市中心的酒店,Expedia 在推荐时优先考虑市中心的酒店。Expedia 根据旅游需求和竞争情况来制定价格,以满足游客的需求并优化收益。

　　总之,根据游客需求进行产品定价需要深入地了解市场需求、竞争情况、产品特点和目标客户等因素,并灵活地调整价格以适应市场变化和满足游客需求。

专栏 5-2　旅游产品价格管理工具

　　旅游产品价格管理工具是旅游行业智能化管理的工具之一,主要针对旅游产品的收费管理,能够实现旅游产品、价格、折扣等信息的管理,并能较好地支持线上支付以及团队预订的操作。这些工具通常具有人性化的界面设计,简单易用,有多项功能,如管理员能够对价格和折扣进行设置、审核并将其推向系统,以及管理旅行社账户信息和财务记录等。客户可以随时查询和修改自己的订单,实时了解产品价格变化、优惠政策等信息。此外,这类工具还支持各类旅游线路的选择、交互式地图导航等功能,为客户提供全方面的旅游服务。旅游价格管理工具能够对旅游企业的商业模式、客户管理等方面进行全面优化,提高企业的管理水平和市场竞争力。使用该工具的企业能够更好地掌握市场行情、改善服务质量,并能够提升客户满意度和品牌形象。在选择具体的旅游价格管理工具时,可以根据实际需求和预算选择合适的工具。同时也可以根据使用过程中遇到的问题及时调整和优化。比如,市面上的几款酒店动态定价管理软件:①Pricing Manager 是一款专业的酒店定价管理软件,可以帮助酒店管理者根据市场需求、竞争情况等因素来制定和调整价格。该软件具有强大的数据分析功能,能够提供实时的数据监测报告,帮助酒店更好地了解市场需求和客户行为。②Revenue Management System 是另一款酒店动态定价软件,可以帮助酒店根据实时数据和预测模型来管理价格和库存。该软件能够预测未来的市场需求和竞争情况,从而为酒店提供最佳的定价策略。③Guest Nudge

能够帮助酒店根据客户的行为和反馈来调整价格和提供个性化服务。通过收集和分析客户的数据,Guest Nudge 能够提供定制化的服务和定价,以提高客户满意度和忠诚度。(资料来源:笔者整理)

(二)基于个性化的定价法

个性化定价是指针对同一件商品,为不同的消费者提供不同零售价的定价策略。个性化定价是基于个人特征和行为对最终消费者进行价格歧视的做法,对于每个消费者所收取的价格与其支付意愿有关,但不一定相等。与其他价格歧视类似,个性化定价一般具有促进竞争的效应,并可以提升消费者的福利。与传统的价格歧视相比,个性化定价对于竞争具有更加明显的促进作用,其可以优化静态效率和激励创新。然而,个性化定价在某些情况下也可能是有害的,可能会使消费者福利受到损害,并使其感到不公平。在某些受到严格监管的行业中,人们还担心个性化定价可能会诱发寻租行为。个性化定价对消费者所造成的损害可以通过多种途径加以解决,包括竞争法路径、消费者保护法路径、数据保护法路径以及反歧视法路径。因此,有效的执法活动可能需要竞争监管、消费者保护和数据保护等多个行政机关协调展开。

在数字化时代,个性化定价能给企业带来巨大利益,但也有可能会损害消费者的权益。虽然企业不应在同一时间对同一件产品针对不同用户进行差别定价,但是却能针对同一产品的不同买卖时间进行差别定价。

(三)基于版本的定价法

基于版本定价是一种由数据垄断者实施的价格歧视策略,其特点是营利性和交易效率较高。数据产品版本的划分依据可以是数据特征或用户需求,两者均能实现市场细分、增加利润。如广联达科技股份有限公司将其推行的软件划分为低价的学习版和高价的专业版,这便是对不同用户群体实施的价格歧视策略。此外,数据的低复制成本和买方异质性使捆绑定价应用普遍,如将不同数据质量的商品进行捆绑,以获取更高的利润。

(四)基于组合方式的定价法

组合定价法是指针对互补产品、关联产品在制定价格时为了迎合消费者的心理,价格有高有低,以取得整体经济效益最大的定价方法。一般而言,消费者对不经常购买的、价值比较高的产品价格比较敏感,而对经常购买的、价值比较低的产品价格反而没有那么敏感。企业往往利用消费者这种心理在定价时把消费者不经常购买的、价值又相对比较高的产品价格定低一点,而对经常购买、价值又比较小的产品价格定高一点。主要的组合定价的方式分为以下几种。①产品线定价:即通过产品差异带来价值感,如果旅游企业追求高品质和品牌美誉度的同时,也想维系较大的用户基数,在设计产品时可以采取组合型的思路,即提供一款基础产品,吸引广大客户,同时提供增值产品,为那些对价格不敏感、追求更好体验的客户提供更多元、更优质的服务。②备选品定价:把备选品也就是配件的价格定得高于成本,如有些旅游景区的门票价格比较便宜,但进入景区后的消费较高。③互补定价法:主要用于耗材相关用品。④副产品定价法:适用于有高价值副产品的商品,如旅游过程中的一些纪念品、工艺品等。⑤捆绑定价法:如现在许多酒店都推出了多日住宿套餐(可不连续居住),单次住宿的价格比较贵,但购买该套餐后,单次住宿价格就便宜了,本质上是利用价格锚点推出套餐。⑥分部定价法:如酒店和餐饮、床和床垫等,这些都是分开定价的。⑦单一定价法:组合定价法是对价值锚点等消费心理学,以及二段收费等商业逻辑的综合利用。这些定价方法虽然出自管理学,但它们在旅游业中有着广泛的应用,旅游企业在进行数字化定价时应学会使用这些方法,以更好地进行定价。

(五)基于场景的动态定价法

动态定价是指企业根据市场需求和自身供应能力,以不同的价格将同一产品适时地销售给不同的消费者或不同的细分市场,以实现收益最大化的策略。大多数航空公司都会使用收益管理系统做定价决策,系统模型建议使用不同的方法估计旅客的购买概率和需求分布,来确定最优的价格策略。那么如何有效地动态调整价格,从而最大限度地增加航班总收益?航空公司通过研究大量的定价策略,决定采取动态定价策略增加航班总收益,主要做法为:当决策时间点临近航班出发日时,舱位的最优价格会随之提高;在同一个决策时间点,各舱位等级价格会随座位余量的减少而增加,还可以依据不同决策时间点下每个时间段对应的舱位等级座位余量提高价格或降低价格,做出每个时间段内各舱位等级对应座位余量的最优价格决策。

(六)基于大数据的组合定价法

随着人们对大数据概念的深入理解,数据即服务被人们广泛接受。数据被视为一种宝贵的资源,经分析处理后被提供给具有不同数据需求的系统及用户,带来决策价值。[①]基于此,一些旅游企业开始转型,发展数据分析服务业务,数据市场逐渐发展起来。大数据作为一种为决策服务的手段正在改变传统营销学的组合定价策略的实施过程,让组合定价策略变得更加合理,让企业的收益更大化。

基于大数据的组合定价策略是指企业可以根据大数据分析的结果,实时调整产品组合和定价,更好地适应市场需求和竞争环境的变化。组合定价策略在旅游业中得到了广泛的应用,如许多酒店和周围的景区一起推出套餐组合,对于消费者而言可以花更低的价格享受到游玩与住宿的双重体验,对于酒店和景区而言,这种合作不仅可以共享两者的 IP,还可以一起让自己的经济效益最大化。除"酒店+景区"的这种模式之外,有些地

① WEISSTEIN F L, MONROE K B, KUKAR-KINNEY M. Effects of price framing on consumers' perceptions of online dynamic pricing practices[J]. Journal of the academy of marketing science,2013,41:501-514.

区的许多景区也联合起来进行组合定价。① 通常来说,一起进行组合定价的产品大多数情况下是互补产品,很少情况是同类产品。

(七)基于大数据的动态定价法

动态定价策略是指小企业根据市场供求变化趋势预测,按照产品的需求价格弹性制定价格,实行价格浮动,以此达到适应市场、扩大销售、增加利润的目的而采用的价格策略。基于大数据的动态定价策略结合了撇脂定价法和渗透定价法,使用大数据技术,摒弃传统的定价竞争,根据需求浮动定价,调整价格。浮动价格策略根据需求调整价格,动态定价策略结合了撇脂定价法和渗透定价法。

在大多数情况下,旅游企业先把价格定得很高,并获取了超额利润。随后,随着需求量减少,旅游企业再降低价格,继续刺激需求,改用渗透定价的趋势将会持续下去,直到公司停止生产此类产品,或者将价格固定在最低点。大数据的加入能对这一过程起到很好的监视作用,帮助旅游企业把握时机调整价格,以及帮助旅游企业确定调整价格。在旅游业中,相关企业根据不同时间段的需求情况,灵活调整产品价格。旅游旺季价格相对较高,在淡季或平日则适当降低价格以吸引更多的消费者。

总之,旅游行业的数字化定价策略主要基于大数据和人工智能技术,对旅游需求和行为进行分析,以制定更加精准的定价策略。旅游行业的数字化定价策略需要根据市场需求、竞争情况、消费者行为等因素制定,能够提高收益和客户满意度,同时旅游数字化定价能帮助旅游企业灵活地应对市场变化和竞争压力,保持竞争优势。

本章小结

在旅游营销理论中,价格策略直接影响旅游企业的销售收入、市场份额和盈利率,价格是旅游市场营销中的敏感因素,定价对旅游营销绩效产生重要影响,旅游数字化定价更为复杂。旅游业的数字化定价是指利用数字化技术和方法,根据市场需求和竞争情况,对旅游产品或服务进行定价的过程。数字化定价可以帮助企业更好地了解市场需求和竞争情况,提高定价的准确性和效率,同时可以为消费者提供更好的服务和体验。人工智能和机器学习技术的应用可以帮助企业更好地预测市场需求和竞争情况,从而制定更加精准的定价策略。这些技术可以通过分析历史数据和实时数据来预测未来的价格趋势和客户行为,从而为企业提供更有价值的决策支持。

本章重点分析了旅游数字化定价策略、数字化定价特点、定价模式和方法的相关内容。旅游行业数字化定价的发展是一个不断演进的过程,需要企业不断探索和创新。通

---

① KIM J, FRANKLIN D, PHILLIPS M, et al. Online travel agency price presentation: examining the influence of price dispersion on travelers' hotel preference[J]. Journal of travel research, 2020, 59(4):704-721.

过数据驱动的定价策略、动态定价、个性化定价、预售和折扣策略、跨渠道定价，以及人工智能和机器学习技术的应用等手段，企业可以更好地应对市场变化和竞争挑战，实现可持续发展。

即测即评

复习思考题

（1）如何理解旅游数字化价格策略的内涵？

（2）旅游数字化定价的特点是什么？

（3）旅游数字化定价的模式有哪些？并分别阐述。

参考文献

[1] 范周.中国文化产业和旅游业发展报告：2022年总结及2023年趋势[J].深圳大学学报（人文社会科学版），2023,40(2)：47-56.

[2] 邹光勇，刘明宇，何建民.从单边市场到双边市场：旅游定价文献综述[J].旅游学刊，2018,33(2)：77-88.

[3] 邹光勇，刘明宇，刘鹏，等.公共景区门票价格管理理论述评：基于国际比较视角[J].旅游学刊，2021,36(6)：60-73.

[4] 李妍峰，龚桂琳.基于游客年龄特征的旅游巴士定价研究[J].运筹与管理，2021,30(6)：159-165.

[5] 左冰.分配正义：旅游发展中的利益博弈与均衡[J].旅游学刊，2016,31(1)：12-21.

[6] 刘静艳，王雅君.景区门票分时定价策略研究[J].旅游学刊，2015,30(7)：72-79.

[7] 宋晓兵，何夏楠.人工智能定价对消费者价格公平感知的影响[J].管理科学，2020,33(5)：3-16.

[8] 邹光勇，刘明宇.在线旅游平台竞争与预订价格差异化研究[J].旅游科学，2023,37(1)：75-92.

[9] 黄锐，谢朝武，张凌云.旅游者门票感知价格及影响机制研究：基于中国5A景区网络点评大数据的模糊集定性比较分析[J].南开管理评论，2023,26(2)：210-219.

[10] 李玥.考虑价格泡沫的多特征农产品智能定价模型[J].湖北农业科学，2023,62(4)：175-179.

[11] WEISSTEIN F L, MONROE K B, KUKAR-KINNEY M. Effects of price framing on consumers' perceptions of online dynamic pricing practices[J]. Journal of the Academy of Marketing Science，2013, 41：501-514.

[12] KIM J, FRANKLIN D, PHILLIPS M, et al. Online travel agency price presentation：examining the influence of price dispersion on travelers' hotel preference[J]. Journal of Travel Research，2020，59(4)：704-721.

案例思考题

M 航空公司机票的数字化定价

M 航空公司数字化定价分析流程如下：①收集数据。M 航空公司收集大量的数据，包括过去的机票销售数据、价格、航班时间、季节性需求变化、竞争对手的机票价格等。②数据分析。M 航空公司使用数据分析工具，如机器学习和人工智能，对这些数据进行分析，这些工具可以帮助 M 航空公司预测未来的机票需求和价格，并确定最佳的定价策略。③动态定价。通过分析数据，可以实施动态定价策略，这意味着机票价格会根据需求、季节性变化、竞争对手的定价等因素进行调整。例如，如果 M 航空公司预测某个航班的座位需求较高，他们可能会提高价格以获得更高的利润。反之，如果需求较低，他们可能会降低价格以吸引更多的乘客。④实时调整。此外，M 航空公司还可以根据实时数据和情况调整机票价格。例如，如果某个航班突然出现大量空座位，航空公司可能会迅速降低价格以吸引更多的乘客。⑤个性化定价。除动态定价外，M 航空公司还可以根据每个乘客的购买历史、偏好和信用记录为他们提供个性化的机票价格。例如，对于经常飞行的乘客，航空公司可能会提供一些优惠和特权，如里程积分、优先候补等。⑥测试和调整。M 航空公司会定期测试新的定价策略，并根据反馈和结果进行调整，这有助于确保定价策略的有效性，并最大限度地提高利润。

总之，使用数字化方法进行航空机票定价可以帮助 M 航空公司更好地了解市场需求和趋势，预测未来的需求和价格，制定最佳的定价策略，并实时调整价格以产现利润最大化。

讨论题：

（1）M 航空公司使用了哪些数字化定价方式？

（2）数字化定价方法在哪些方面有助于航空公司的市场竞争？

（3）请你选择一个航空公司并收集其机票定价资料，分析其数字化定价方法。

第六章　旅游数字化渠道策略

[学习目标]

(1)了解旅游渠道的定义、分类及演变历程。

(2)掌握旅游数字化渠道的定义与特点。

(3)掌握在线旅游分销渠道的功能、运营模式和盈利模式。

(4)掌握在线旅游直销的分类、优化措施及直销支持。

(5)熟悉旅游线上与线下渠道冲突的表现及解决对策。

开篇案例

在线旅游模式之争:分销还是直销

徐盼,一位"80后"网络公司编辑,同时也是一位资深驴友,她对网购机票情有独钟。她经常在去哪儿网上比较机票价格后直接订票,享受实惠与便捷。在旅游淡季,她总能以三折或者四折的优惠价格订到心仪的机票。徐盼认为,网络直销方式可以让她直接与航空公司、酒店进行沟通,减少了不必要的中间环节,从而为她节省了不少旅行开支。

然而,在旅游行业内,直销与分销的模式之争正愈演愈烈。携程旅行网副总裁庄翔宇近期的一篇博文将机票"裸销"称为旅游业的祸害,引发了关于旅游营销模式的热烈讨论。庄翔宇在博文中指出,即使是欧美成熟的酒店集团,也依然依赖于分销商来销售过半的客房,因为分销商能提供的增值服务是酒店集团难以自行覆盖的。他批评某些航空公司推行的机票"裸销"策略不合时宜,认为这对行业造成了负面影响。

携程2023年第一季度的财报数据显示,机票预订业务收入同比大幅增长,这主要得益于机票预订量的增加和每张机票佣金收入的增长。这一成绩无疑为分销模式的有效性提供了有力支撑。

去哪儿网总经理范景恩则持有不同观点。他认为,产品销售不可能仅依靠一种模式,直销和分销应是相互补充的关系。他指出,有些企业如民航运输必须依赖分销,而直销只能起到辅助作用;对于酒店业来说,分销不应占据过大比例,否则酒店将丧失定价权。

据悉,航空公司直销的热度在过去一年中有所减退。与此同时,酒店业的直销战却如火如荼地进行着。许多酒店由于缺乏直销能力,使得渠道商得以深度参与酒店定价。携程作为在线旅游预订的巨头,向数千万会员提供全方位的旅行服务,并从酒店预订中收取可观的佣金。

苑景恩表示,当前的分销模式不仅提高了酒店成本,而且消费者也并未获得最低廉实惠的房价。他认为,携程等分销渠道的垄断地位不利于行业的健康发展,对酒店和客户都造成了一定的不利影响。去哪儿网则试图通过"去哪儿＋携程"的模式,既扮演媒体角色又进行分销,"既当裁判又当运动员"。苑景恩进一步指出,直销与分销之间的竞争将带来价格合理化,这对消费者来说无疑是一件好事。虽然分销模式仍然具有生命力,但是直销模式的势头正盛。他认为直销有可能成为一种趋势,并对分销平台构成冲击,预示着旅游业新格局的形成在所难免。(资料来源:根据《在线旅游模式之争:分销还是直销》改编)

第一节　旅游渠道概述

一、旅游渠道的定义与分类

(一)旅游渠道的定义

在旅游研究领域,学者关于旅游渠道的定义根据自己研究内容的不同而略有不同。比如,高峰(2010)指出,旅游营销渠道涉及信息流、资金流、商流、物流等多个方面,是旅游产品从旅游企业向旅游者转移过程的具体通道。刘燕(2011)给出的定义是:旅游分销主要包括旅游产品的生产商(旅行社等)、旅游产品的销售商(中间商或代理商),但是不包括旅游产品的供应商和辅助企业,这里的供应商和辅助企业是指酒店、餐厅、购物场所、旅游景区等在游览过程中必需的目的地和场所提供商。

事实上,旅游渠道是一种运营结构、系统,或者说是将各种各样的组织结合在一起的纽带,通过旅游渠道,旅游产品的生产商向购买者介绍、销售或者确认旅行安排,其首要功能是提供信息与促进交易。[①] 从广义上讲,旅游渠道为在旅游产品从供应商向最终消费者转移过程中,取得旅游产品使用权或帮助转移这种所有权的所有企业和个人,包括

---

① 张朝枝,游旺.互联网对旅游目的地分销渠道影响:黄山案例研究[J].旅游学刊,2012,27(3):52-59.

起点的供应商和终点的旅游消费者,以及帮助产品分销的各类中间商。比如,江西三清山旅游渠道是指连接以三清山风景区为主的景区供应商,以女神宾馆、日上山庄和天门山庄为主的酒店供应商,以及进入上饶市玉山县三清乡以三清山为主要目的地景区的旅游者等各个渠道成员所组成的促成旅游交易的分销路径系统。

(二)旅游渠道分类

旅游渠道可从三方面分类[①]:

①根据旅游产品在流转过程中是否涉及中间商环节,营销渠道可划分为直接营销渠道和间接营销渠道。

直接营销渠道是指旅游产品直接从旅游企业传递给旅游者,无需经过任何旅游中间商。这种渠道允许旅游企业直接将产品销售给旅游者,例如通过上门推销、邮购销售或设立直销门市部等方式。由于没有其他成分的介入,这种渠道结构简洁,没有层次之分,构成了一个单一的营销通道。

直接营销渠道的优势显而易见,它让旅游企业与旅游者直接交流,这不仅能及时、准确、全面地掌握旅游者的需求与建议,还能有效地推动旅游产品质量的提升。同时,由于没有中间环节的干扰,旅游产品能更迅速地进入消费市场,缩短了流通时间。此外,旅游企业还可以省去中间商的营销开支,从而实现低成本、高收益的目标。然而,这种方式也存在一定的不足。由于直接面对的旅游者群体复杂多样,旅游企业可能需要增设销售部门、增聘销售人员和添置更多的设施,这无疑增加了企业的管理难度。

间接营销渠道是指旅游产品从企业传递到旅游者的过程中,会通过多个中间商的营销渠道,这也是传统营销中的主要方式。其优势在于中间商的参与能有效地减少交易频次,并简化营销渠道。同时,这些专业化的中间商凭借丰富的营销知识与经验,能显著提升旅游企业的销售实力。此外,渠道链条的延长也扩大了旅游产品的市场覆盖范围。然而,这种方式也存在弊端。过多的旅游中间商参与会拖慢旅游产品的流通速度,延长上市时间。每增加一个中间环节,就意味着利润的一部分将被分割,这不仅会抬高产品的最终售价,还可能削弱产品的市场竞争优势。

②依据营销渠道所经历的环节数量,营销渠道可划分为短渠道和长渠道。

旅游营销渠道的长度是指从旅游产品由旅游企业推出到旅游者最终购买的过程中,所历经的环节数量。若产品在营销渠道中经历的中间环节越多,那么该渠道的长度就越长;中间环节越少,则渠道越短。

短渠道是指旅游产品从旅游企业直接转移到旅游者,或者仅通过一个中间商的营销渠道。这种渠道的优势在于信息传递迅速,销售反应及时,使得旅游企业能够对营销渠道实施更有力的控制。同时,它能加快旅游产品的流转速度,使其更快速地进入市场。

---

① 高峰. 旅游网络营销渠道策略分析[J]. 人民论坛,2010(14):148-149.

此外,由于减少了中间商的利润分成,可以保持相对较低的销售价格。然而,短渠道也存在不足,主要是旅游企业需要承担更多的销售任务,这可能不利于旅游产品在大范围内的大量销售,进而对其销量产生一定影响。

长渠道是指商品从旅游企业流转至旅游者的过程中,经历了两层以上中间商的营销渠道。例如从旅游企业到旅游代理商再到旅行社,最终到达旅游者。这种渠道的优势在于,它能够有效降低旅游企业的交易成本及其他营销支出,同时助力企业开拓更广阔的市场,进而提升销售量。然而,长渠道也存在其固有的不足,例如信息传递速度较慢、商品流通时间较长等,这增加了企业对营销渠道控制的难度。此外,由于多个中间环节都需要分享利润,因此可能会导致产品售价的提升。

③依据营销渠道的宽度,可以将其分为窄渠道和宽渠道。

旅游营销渠道的宽度实际上是指渠道中每一层级中间商的数量,这一数量的多少,主要取决于旅游企业期望其旅游产品在目标市场上的覆盖范围,即企业希望占据多大的市场份额。当提到增设销售网点时,实质上是在探讨如何拓宽营销渠道,以提高产品的市场渗透率。

窄渠道是指在旅游产品从旅游企业向旅游者转移的过程中,仅通过数量较少的同类型中间商,使得产品在市场上的销售覆盖面相对较窄的旅游营销渠道。这种渠道的优点在于,旅游企业能够更容易地对其进行控制,同时也有助于加强企业与中间商的联系。然而,其缺点在于市场营销的覆盖面有限,这可能会对商品的销售量产生不利影响。

宽渠道是指在旅游产品从旅游企业向旅游者转移的过程中,通过使用较多数量的同类型中间商,使得产品在市场上的销售覆盖面更广的旅游营销方式。这种渠道模式的优势在于,其为旅游者提供了购买便利,有助于提高产品的销售量,同时多个中间商之间的竞争也能促进销售效率的提升。然而,其劣势在于可能会对企业与中间商建立紧密关系造成一定的阻碍。

二、旅游渠道选择的影响因素

在实际的旅游市场营销活动中,影响企业选择营销渠道的因素很多,包括旅游产品特性、旅游市场构成、旅游企业自身状况等。[1][2]

①旅游产品特性如品质、种类、档次、等级及其所处的生命周期阶段,都会在很大程度上影响旅游产品营销渠道的选择。举例来说,如旅游景点、餐馆、商务性酒店和旅游汽车公司等,他们通常倾向于使用直接营销渠道。游船公司、机场旅馆、休闲度假饭店、包机公司和涉外旅行社等,则更倾向于选择间接营销渠道。对于那些档次高、价位昂贵、市场规模较小且客户群体特定的旅游产品,直接营销渠道往往是更好的选择。相反,那些

① 王维克. 旅游产品营销渠道策略探析[J]. 新疆教育学院学报,2003,19(4):135-137.
② 沈雪瑞,李天元,曲颖. 旅游市场营销[M]. 3版. 北京:中国人民大学出版社. 2022.

档次较低、价格亲民、市场规模大且面向大众的旅游产品,则更适合通过间接营销渠道进行销售。此外,旅游产品组合的广度和深度也是决定营销渠道选择的关键因素。对于那些产品组合相对单一的旅游企业,通过批发商进行间接销售可能是最佳选择,而对于产品组合丰富多样的企业,则可以考虑采用短渠道或直接营销渠道进行销售。

②从旅游市场构成来看,旅游消费者、旅游中间商以及同类产品竞争者的影响是营销渠道选择的主要考量因素。旅游消费者的数量、地理分布、购买力及购买频率,中间商的素质与营销能力,以及竞争对手的营销渠道策略等,都对营销渠道的选择起着至关重要的作用。例如,对于某项旅游产品来说,如果消费者分布广泛且市场需求量大,为了扩大营销覆盖面,采用长渠道、宽渠道或多渠道策略会更为合适。如果消费者数量众多且相对集中,为了减少销售环节和降低营销成本,短渠道、窄渠道或单渠道策略则更为理想。对于需要高度专业化促销的旅游产品来说,选择具有针对性和业务能力强的中间商至关重要;对于大众化的旅游产品来说,则应选择覆盖面广、网点众多的中间商。此外,企业还可以根据实际情况选择与竞争对手相同或相似的营销渠道以争夺市场份额,或者采用与竞争对手不同的营销渠道以实现市场差异化。

③从旅游企业自身状况来看,选择营销渠道时,应主要参考企业的发展战略和营销目标。同时,还需综合考虑企业的资金实力、营销能力、整体规模、产品组合、社会声誉,以及为中间商提供服务的能力等多个方面。若企业规模大、声誉良好、资金充足,并具备旅游市场营销所需的人员、设施、技术和经验,则在选择营销渠道时会更加灵活,能够更自由地挑选和利用各种有利的营销渠道。相反,如果企业在这些方面相对较弱,则可能只能选择间接营销渠道、长渠道或多渠道策略。此外,企业在市场营销活动中的管理能力也会对其营销渠道的选择产生影响。如果企业拥有强大的管理能力和现代化的管理水平,那么它就有可能自行组织营销渠道。否则,企业将需要依赖中间商开展营销活动。

在综合考虑上述诸多因素对营销渠道选择的影响后,企业在制定旅游产品营销渠道策略时,首要任务是明确营销渠道的目标,包括确定中间商的类型、数量及其所扮演的角色等。只有在这些目标清晰之后,企业才能做出一系列明智的决策。在旅游市场中,多数旅游企业会采用多种渠道策略并行或交替使用的方式。因为建立高效且覆盖面广的营销渠道网络,是企业在竞争激烈的旅游市场中稳固立足的重要保障。

三、旅游渠道的演变历程

(一)互联网普及应用前旅游渠道的发展概况

在 20 世纪 80 年代末 90 年代初,互联网的应用还远未广泛普及,旅游相关的信息大多聚焦于产品宣传,而关于大型交通工具的可达性、小型交通的便捷性,以及目的地各类旅游服务提供商的详尽信息则相对匮乏。这种信息的缺失导致旅游者在规划自己的旅行时常常因为信息不全面而难以做出决策,因此他们倾向于依赖旅行社来减少旅行的成本和复杂性。同时,目的地的酒店和景区供应商也难以直接接触到旅游者,他们主要依赖旅行社的销售网络来推广自己的服务。在这样的背景下,一个以传统旅行社为核心的旅游分销渠道逐渐成形,其中目的地的旅行社主要扮演地接社的角色,接收来自客源地组团社的旅游团队,并负责安排住宿、餐饮、游览等整个旅行行程。[①]

然而,自20世纪90年代中后期以来,随着旅行社之间的竞争日益加剧,恶性竞争和市场秩序混乱问题逐渐凸显。由于组团社一再压低产品价格,地接社不得不通过向供应商收取折扣来维持利润。供应商为了生存,也不得不压榨旅游者。这种恶性竞争导致整个旅游市场陷入混乱,旅游者无法从他们的主要信息来源——旅行社那里获得真实可靠的信息,最终成为这场混乱的受害者。与此同时,中国互联网开始兴起并逐渐普及。大约在1997年前后,各种旅游网站和旅游网络公司如雨后春笋般涌现,例如中国旅游资讯网、华夏旅游网和携程旅行网等。这些网站在一定程度上为旅游者提供了目的地信息。然而,由于网站信息的时效性、使用的便捷性、用户界面的友好性,以及互联网终端应用的普及程度等限制,互联网并未能形成一个有效的分销渠道,因此对传统旅行社分销渠道的冲击尚未显现。[②]

(二)互联网普及应用后旅游渠道的发展概况

进入21世纪后,随着互联网技术的不断进步,旅游网站开始细分为供应商网站和中介商网站。根据网站的性质,可以进一步将它们划分为信息媒介类网站和交易媒介类网站。信息媒介类网站主要提供旅游咨询服务,例如"新浪旅游频道",以及那些没有在线交易功能的景区、酒店和旅行社的网站。此外,它们还提供游记攻略、互动点评服务,如"到到网",或者具备旅游信息的垂直搜索功能,比如"去哪儿"和"酷讯"。交易媒介类网站则在信息媒介功能的基础上,加强了旅游交易功能,例如"携程""艺龙""同程网"等。这些网站已经形成了有效的分销渠道,使用该渠道的用户数量迅速增长,推动了在线旅游交易量的持续增加。

在此背景下,随着旅游信息传播方式和旅游交易模式的深刻变革,旅游渠道展现出多元化和网络化的发展新特点。[③]

①传统旅行社的网络化进程正迅速推进。随着互联网上旅游信息的广泛传播,旅游者和组团社获取信息的能力得到了显著提升。与此同时,传统旅行社也积极响应,纷纷建立自己的网站,主动向公众提供丰富的旅游信息。这些旅行社网站不仅提供了详尽的

---

① 张朝枝,游旺.互联网对旅游目的地分销渠道影响:黄山案例研究[J].旅游学刊,2012,27(3):52-59.

② 张朝枝,游旺.互联网对旅游目的地分销渠道影响:黄山案例研究[J].旅游学刊,2012,27(3):52-59.

③ 张朝枝,游旺.互联网对旅游目的地分销渠道影响:黄山案例研究[J].旅游学刊,2012,27(3):52-59.

信息介绍(包括旅游资源评价、实用的旅游指南、推荐的旅游路线和酒店信息等),还设置了沟通交流的平台,如论坛、留言板和即时通信工具,方便旅游者之间的交流与互动。更重要的是,这些网站还提供了在线预订功能,为旅游者提供了更加便捷的服务。

②在线预订与交易网站快速发展。新技术革命的影响和互联网的日渐普及,使旅游电子商务开始成为旅游业的新宠。越来越多的旅游企业在网上开展的综合、专业和独具特色的旅游服务活动逐渐成熟。以黄山为例,1999 年,黄山第一家完全定位于为游客提供类似于旅行社咨询、预订服务的旅游网站"黄山旅游信息网"建立,主要提供旅游咨询、酒店预订、会议服务以及车辆、线路安排等服务。2005 年,黄山旅游发展股份有限公司成立途马旅游电子商务网,成为黄山风景区的官方在线预订网站,网站提供黄山地区的景区门票、黄山山上酒店、黄山市的酒店和旅游线路产品等的在线预订服务。2007 年,黄山旅游信息网成立实体旅行社——黄山网络旅行社,对在线预订业务进行线下实体操作接待。

在这个阶段,旅游渠道结构表现为去中介化(Disintermediation)和再中介化(Reintermediation)两种趋势。去中介化是指互联网对中间商(尤指传统的中间商)分销功能的替代影响,再中介化是指中间商利用互联网所提供的便利优势,将自己原有的功能和机制重新组合,继续在旅游分销渠道中发挥独特优势。

互联网信息技术的推广应用使获取旅游者信息的成本降低,也使旅游供应商(如酒店、航空公司)的直销也成为可能,旅游渠道将出现去中介化现象,即西方旅行社体系中的旅游代理商和旅游批发商的作用被极大削减,同时因受到以网络为基础的新型旅游中介商的挤压,数量将会不断萎缩。

同时,互联网信息技术给旅游渠道带来再中介化的机会。一方面,传统旅行社或旅游代理商合理利用信息技术,降低成本,重组业务流程,发挥旅行社或旅游代理商的核心业务优势,选择细分市场,提供个性化服务产品,它们通过自身改革获取生存空间的同时,也改变了传统旅游中介的操作模式。比如,2010 年,中青旅推出专业度假网站——遨游网,旅游主业全面互联网化。另一方面,以网络为基础的新生在线旅游中介商(如去哪儿、酷讯),以多样化的商务模式和交易平台进一步丰富旅游中介的结构,进而使旅游分销渠道的结构变得更复杂。

因此,旅游渠道是否将发生去中介化与再中介化并没有定论,而国内的旅游渠道似乎也没有因互联网的影响而出现明显的去中介化现象。[1][2]　与此同时,各种以网络为基础的旅游直销模式和新生的在线旅游中介商的出现,使旅游目的地的分销渠道呈现多元化与网络化的发展趋势,旅游分销的路径及渠道成员之间的竞合关系变得更为复杂,并在

---

①　张朝枝,游旺.互联网对旅游目的地分销渠道影响:黄山案例研究[J].旅游学刊,2012,27(3):52-59.

②　张朝枝.互联网对旅游分销渠道的影响[J].旅游学刊,2012,27(8):3-4.

一定程度上影响旅游目的地的发展。

除旅游渠道的去中介化和再中介化问题,旅游渠道还面临线上与线下交融的问题。数字化信息和电子设备的渗透使消费者计划和预订的过程变长变复杂,尤其牵涉线上搜索与线下交易等步骤。人们在线上搜索旅游目的地、航线等相关信息,却习惯在线下进行支付。为了迎合数字化信息时代的消费者,尤其是偏好定制体验、数字便利及社交媒体讯息的 Y、Z 和 α 世代,各大销售渠道需要一个全面的平台来充分整合在线和离线服务。旅游企业也在积极简化自身网站和移动端的预订程序,在线上发布与产品相关的虚拟现实视图,优化搜索引擎提升预订转化率,从而提高直销比例。

四、旅游数字化渠道的内涵

(一)旅游数字化渠道的定义

基于之前所述,旅游数字化渠道是指以数字技术为手段,旅游产品和服务从供应商向旅游者转移过程中所有在线参与协助的组织或个人,包括起点的供应商和终点的旅游消费者和帮助旅游产品分销的各类在线中间商。

按照是否有第三方参与,旅游数字化渠道可以划分为在线直销渠道和在线分销渠道。在线直销渠道和传统的直接渠道一样,都是零级营销渠道,主要形式是旅游企业通过网站、手机客户端等自有渠道与消费者直接对接并达成销售。在线分销渠道要比传统分销渠道简单,只需要一个中间环节,即只存在一个电子中间商沟通买卖双方的信息,而不需要多个批发商和零售商,因而也就不存在多级营销渠道。这种中间商与传统的中间商不同,以携程、途牛、同程艺龙等为代表的在线旅游服务商,不直接参与交易,而是为买卖双方提供一个高效的信息沟通和交易的网上虚拟平台,利用电子中间商可以为旅游企业开拓产品市场,降低销售成本,扩大影响。

旅游数字化渠道具有如下功能:

①利用互联网向旅游者分类提供海量旅游信息。旅游者可以在网上查询自己感兴趣的旅游产品的信息,旅行社提供必要的组装指导服务,就可以形成因团而异、因人而异的旅游产品。

②为旅游者提供有特色、多角度、多种类、高质量的服务。比如,国内的携程网、途牛网、驴妈妈网等,国外的猫途鹰(TripAdvisor)、缤客网(Booking)、亿客行(Expedite)等,这些平台提供酒店和航班预订、短期出租、餐馆、旅游信息、旅游指南、旅游评论和旅游意见、互动旅游论坛等,它们被广大旅游者使用。

③充分利用先进的虚拟技术增强旅游者的体验感。比如,利用多媒体技术可在网上建立虚拟客房、虚拟导览。通过电脑虚拟现实技术,把酒店、景点的真实场景数字化,全方位展现在网络上。旅游者只需点击鼠标,便可以全方位地观看景区风光,就像到现场一样。

(二)旅游数字化渠道的特点[①]

①跨越性。无论是哪种形式的营销渠道,目的都是占有市场份额。信息技术的便捷打破了营销的时间和空间约束,可随时随地打破时间和空间限制进行信息交换,给旅游企业创造更大的营销空间,为旅游者提供全方位、全天候的营销服务。

②经济性。以网络作为渠道开展营销活动可以减少传统营销中的店面、场地和人员费用,直接或间接地向消费者销售产品,缩短了渠道长度,降低了旅游企业的交易费用和销售成本,提高了营销活动的效率。因此,从渠道成本角度来看,旅游数字化渠道具有经济性。然而,旅游数字化渠道的经济性还取决于数字化渠道的资金投入与流量支撑等因素。

③互动性。传统营销渠道都是单向的,营销者无法将消费者需求很好地整合到营销策略中,因此不能准确、及时地满足旅游需求。以互联网为渠道的数字化营销既是旅游企业发布信息的渠道,又是旅游企业与旅游者的沟通渠道。企业通过这个渠道可以了解更多的旅游者个性化需求信息,旅游者也可以获得帮助其进行旅游决策的大量信息。此外,双向沟通有利于旅游企业及时统计各类信息,基于大数据分析可以为旅游者提供个性化的旅游产品。

④便捷性。旅游者通过互联网获知旅游产品或服务的多重信息,打破了传统的现场购买模式。在这种情况下,旅游者无须出门就可以享受方便、快捷的网上交易,旅游企业利用该网络渠道快速地获知用户反馈,对改善自身营销模式具有重要意义。

第二节　在线旅游分销渠道策略

一、主要在线旅游分销渠道

(一)以携程、缤客网为代表的 OTA

在线旅游分销商,也称在线旅行社或者 OTA,是指以数字技术为手段,从事招揽、组织、接待旅游者等活动,通过网络为旅游者提供预订旅游产品或相关旅游服务的企业。在线旅游分销商的核心模式是提供旅游中介服务,为旅游者提供全方位和一站式的旅游分销或代理服务,具有传递旅游产品信息、升级传统旅行社的销售模式、提供互动式咨询服务等在线功能。国内外知名的在线旅游分销商主要有携程网、艺龙网、去哪儿网、猫途鹰、缤客网、亿客行等。

---

① 刘睿.电子网络环境下的营销渠道管理思路总结[J].经营管理者,2020(10):104-105.

在线旅游分销商具有明显的优势，包括价格透明度高、预订流程简单便捷、信息丰富全面以及较为优质的客户服务等。因此，在线旅游分销商在旅游销售渠道中的占比较高，成为旅游产品销售的主要中间渠道。然而，对于旅游企业而言，在线分销商却是一把"双刃剑"。一方面，这些渠道有很强的市场影响力和较大的用户量，可以帮助旅游企业极大地拓宽销售市场，不用花费高昂的成本设立区域销售办公室就可以达到面向全球市场销售产品的目的。另一方面，在线旅游运营具有独立性，随着分销渠道市场寡头垄断格局的形成，旅游企业的定价权受到威胁，如在线分销商通常要求酒店给予他们的散客销售价格不能高于酒店前台散客直销价格等，一定程度上制约了酒店发展自有会员体系。此外，在线分销渠道的佣金较高，旅游企业的议价能力较弱。

目前，我国的OTA分销渠道平台主要分为三大阵营：携程部、美团部、飞猪系。

携程部：指以携程为首的众多OTA平台，是携程、去哪儿、途牛的统称，持有国内大部分中高端酒店。毫无疑问，国内行业的领头羊在其平台上涉及了酒店、度假、票务、旅游等领域，一直有意打造旅游住宿一站式服务。携程的优势在于在一、二线商旅用户中占主导地位，业务规模大、品类覆盖全、对上游供应商的议价能力也更强，且通过一系列收购行为，逐步扩大海外业务市场的份额。相比美团，携程高端业务的客单价与盈利能力更强。但携程缺乏高频业务导流，在低线城市渗透与地推能力上与美团存在差距。

美团部：美团从外卖行业起步，也有电影、团购等业务。作为一个后起之秀的OTA平台，主要依靠自身平台强大的流量门户和多年的App移动终端忠实用户。美团的优势在于高频本地生活服务为酒旅业务导流；差异化竞争，占据低线城市市场；地推团队资源整合能力强大，快速占领商户资源。但其在中高端市场与携程有较大差距，且酒旅业务主要以酒店预订和景区门票销售为主，产品体系不如携程和飞猪丰富。

飞猪系：一个综合性的旅游在线交易服务平台，为用户提供机票、酒店、旅游线路等商品，也被称为"酒店旅游行业的淘宝"，一直遵循淘宝平台模式，让商家面对消费者。飞猪的优势在于背靠阿里生态，充分享受阿里的流量红利和技术支持，平台模式下商家直接运营店铺，跳过加价环节，信息更加透明。飞猪为商户提供底层生态支持，赋予商家将阿里平台上巨大流量转化为私域流量的可能，使商家掌握主动权，更有积极性。但平台模式下对产品的掌控力小，且商户将平台流量转为私域流量后会降低对平台的依赖度。

（二）全球分销系统

与OTA平行的一条分销渠道是全球分销系统（Global Distribution System，GDS）。GDS是应用于民用航空运输及整个旅游业的大型计算机信息服务系统。通过GDS，遍及全球的旅游销售机构可以及时从航空公司、旅馆、租车公司、旅游公司获取大量与旅游相关的信息，从而为旅游者提供快捷、便利、可靠的服务。国际GDS是在国际航空预订系统（Central Reservation System，CRS）的基础上发展起来的，其前身可以追溯到20世纪60年代国际大航空公司为自己建立的数据库。GDS不但将诸多大航空公司的数据库联结起来,销售多家航空公司的中性票,而且已经将业务从航空预订拓展到旅游预订。和单一的旅游预订系统相比,GDS优势非常明显:一是功能完善,所提供的产品囊括所有的旅游产品类型,游客还能通过GDS预订自己需求的特别服务产品;二是网络众多,涵盖全球,信息丰富,服务快捷。

从GDS的发展过程看,GDS是由于旅游业的迅猛发展而从航空公司订座系统中分流出来的面向旅行服务的系统。如今,GDS已经发展成服务整个旅游业的一个产业,除原有的航空运输业外,旅馆、租车、旅游公司、铁路公司等也纷纷加入GDS。经过技术与商务的不断发展,GDS已经能够为旅行者提供及时、准确、全面的信息服务,并且可以满足消费者旅行中包括交通、住宿、娱乐、支付及其他后续服务的全方位需求。因为源于航空预订,GDS系统仍然由西方主要的大航空公司控股,但系统本身却以企业化的形式进行市场运作,为获取利益而在不断拓展网络。GDS在激烈的竞争中逐渐形成Sabre、Galileo、Amadeus、Worldspan等巨头,我国国内最大的GDS为中国航信(Travelsky)。多年来,GDS凭借着巨额的研发资金和功能强大的核心系统功能保持持续性的高额利润和高市场占有率。

GDS的上游为旅游产品供应商,下游为OTA等旅游代理商。GDS的上游包括航空公司、酒店、租车公司等旅游产品供应商,下游为旅行社(线上/线下)、公司等客户。旅行社和公司可以通过GDS获得供应商提供的相关旅游产品的库存、价格、特征等实时信息。OTA主要从事to C业务,GDS主要从事to B的业务,服务于公司型客户,不直接服务于消费者。旅游产品供应商直销、与OTA直连等绕过GDS的新分销方式的出现对GDS构成了一定的威胁,促使GDS加大与互联网企业的合作力度,加快从"供应商—GDS—旅行社—消费者"向"供应商—GDS—Internet—消费者"的转变步伐。

二、在线旅游分销渠道的功能

(一)结构化处理信息,提高交易效率

在线旅游分销渠道不仅将旅游信息进行结构化处理,有助于买卖双方的搜索匹配,还将交易流程标准化,提高交易效率。[①] 特别是,OTA模式把遍布各地的酒店、航线、景区或目的地等旅游供应信息汇集到网络平台上,通过搜索比价等手段,大大节省旅行者在信息搜索方面的时间,提升旅游预订效率。

(二)消费者保障服务,诚信担保

在线旅游分销渠道能为消费者提供保障服务和诚信担保。旅游企业"小、散、弱、差",品牌知名度低,加之国内诚信体系的不健全,促使分销渠道承担了许多消费者保障

---

① 王乐鹏,李春丽,王颖.论在线分销渠道在旅游产业链中的作用、挑战及对策[J].科技广场,2015(5):227-231.

服务的工作,如阿里巴巴的诚信通、淘宝的担保支付服务等。同时,在线旅游分销渠道提供相关诚信担保能让消费者找到低价安全的产品。比如,针对国内机票代理市场混乱的状况,去哪儿网推出了担保通诚信服务,让消费者以最优惠的价格订购安全放心的机票。

三、在线旅游分销渠道的运营模式[①]

(一)自营模式

自营模式是指 OTA 采用产品自主研发、资源直采的经营模式,如携程自营、途牛海外直采。OTA 自营的直采模式能够有效掌控资源且服务相对可控,一般佣金变现率高,不必承担存货风险,但对规模化获客能力要求高。比如,携程 80％的酒店产品都采用直采模式,甚至部分二次代理也是基于直采模式的另一种形式。

(二)代理模式

OTA 代理供应商产品采用结算加价模式,服务由 OTA 完成,如同程、驴妈妈等。例如,在酒店在线预订业务方面,OTA 通过代理商渠道拿下酒店房源,主要由代理商负责酒店价量情况的管理。在这种模式下,OTA 资源掌控力弱、服务参与度低,一般佣金变现率低,不需承担存货风险,但对规模化获客能力要求不高。

(三)OEM 模式

OEM(Original Entrusted Manufacture)模式是指供应商贴牌代生产,即供应商按照 OTA 给出的标准提供旅游产品和服务。此模式不仅提高了资源端的运作效率,还充分考虑了 OTA 品牌之间的差异化需求,是互利的合作模式,如途牛的牛人专线产品系列。

(四)零售模式

OTA 为供应商提供流量入口,并收取租金、交易服务费。服务由供应商完成的模式,如阿里飞猪、马蜂窝。飞猪平台允许商家开设旗舰店,包括国内航空公司和境外航空公司,喜达屋、洲际、万豪、雅诗阁等国际酒店集团,提供门票的迪士尼、千古情等景区或演艺机构,提供度假线路的旅行社等。

(五)动态打包模式

动态打包模式主要针对超级自由行用户,类似自选套餐。随着自由行市场规模的不断扩大,用户的出行经验不断成熟,需要更多的自主选择来满足多样的需求。因此,OTA 平台会提供机票、酒店、签证、目的地玩乐、接送机等单项资源让用户自己组合,然后进行打包式售卖。提供该项业务的代表性 OTA 有携程和途牛。

(六)半自动打包模式

半自动打包模式类似于精选套餐,各大 OTA 平台利用自己的数据能力,将机票、酒

---

① 张睿.旅游电子商务:理论与实践[M].武汉:华中科技大学出版社,2022.

店住宿费打包、优惠卖给客户。伴随飞猪、马蜂窝零售平台的兴起,现在出现很多依靠平台开展业务的新型供应商,这些供应商积累了很多目的地资源,依靠 OTA 平台流量招徕客户,客户支付平台交易佣金,售前咨询和售后服务都由供应商完成。

四、在线旅游分销渠道的盈利模式

复杂的生态决定 OTA 收入来源呈多元化,主要收入来自广告收入、代理佣金、批发价差、服务费等。OTA 的主要盈利模式是"代理＋批发",代理以抽佣为主、批发以赚差价为主[①],其中广告模式以猫途鹰为代表,代理商模式以携程、缤客网为代表,批发商模式以亿客行为代表。

(一)广告模式

广告型 OTA 为供应商提供广告展示服务并收取广告费用。针对揽客需求大的商家,OTA 为他们提供营销平台。该模式通过内容、社交分享等聚集大量流量,成为在线旅游市场的信息分析和共享入口,进而形成聚集效应。广告展示、内容植入等方式宣传或推广旅游企业品牌或服务,因而以广告收入为盈利手段之一。广告业务的主要客户是航司、酒店、旅行社,广告业务一般在 OTA 中占比较小,但国内外也出现多家以广告收入为主的企业。广告模式主要包含流量模式与 UGC 模式。

①流量模式。流量模式不分用户群,依托庞大的点击率获得广告收入。OTA 提供旅游产品的相关信息,消费者利用日期、价格、地点等特定字段进行筛选,从而获取相应的产品,OTA 便通过 CPM 模式(Cost Per Mille,即按照展示付费)、CPC 模式(Cost Per Click,即按照消费者每一次的点击收费)或者 CPT 模式(Cost Per Transaction,即按照每一次成功交易收费)获取佣金或者广告费用。

②UGC 模式。UGC 模式利用用户论坛形式吸引相关企业投放广告获得利润,这部分盈利模式的关键是其间接的网络效应,通过为用户提供有价值的内容吸引用户持续进入,并借助平台流量吸引商家,如穷游、马蜂窝等就利用这种广告模式。

(二)代理模式

代理模式由旅游产品供应商收款,OTA 充当中介,为消费者和旅游产品供应商提供交易服务,并收取一定比例的佣金。代理模式的特点是单笔交易收入低、利润率高、无存货风险。

(三)批发模式

批发模式体现为 OTA 批发采购后加价销售,是传统代理模式的一种延伸形式,即 OTA 与住宿、交通供应商合作,以固定的配额和价格买断相关产品,在自己的平台上加

---

① 张睿.旅游电子商务:理论与实践[M].武汉:华中科技大学出版社,2022.

价后进行销售,这种方式由 OTA 收款,要求 OTA 具有较强的运营能力,是部分大型 OTA 企业的传统盈利模式。批发模式的特点是单笔收入高、重议价能力、资源掌握强、有存货风险。

(四)平台模式

平台模式类似于淘宝商城提供卖家和买家交易场所的模式,一端是商家入驻平台商城做生意(B 端),另一端是客户在线上商城购物(C 端),平台通过收取租金、交易服务费、大数据分析服务费等向 B 端获取收益,但向 C 端免费。在 OTA 盈利模式中,交易越活跃、点击量越高,平台收入就越多。

五、在线旅游分销渠道的优化措施

随着国内外在线旅游分销渠道格局的逐渐形成,旅游企业仍面临渠道议价能力弱、价格不一致、流量与转化率低等问题,这些问题均不利于旅游分销效率的提高。因此,旅游企业有必要采取措施优化其在线旅游分销渠道。

(一)构建多元化销售平台,平衡渠道议价能力

国内外在线分销渠道的垄断格局已经形成,互联网的"马太效应"会加剧这种集中化趋势,旅游企业在网络营销上与第三方渠道对抗的难度会继续加大。随着移动互联网趋势的加强,专注于细分领域的创新模式仍具备市场潜力,如从本地生活服务的角度为用户提供高端酒店在线预订服务的新美大,针对高端休闲用户提供精品度假酒店服务的璞提客和赞那度等。新兴渠道大多是针对某一细分领域,并不一定适合所有类型的旅游企业,旅游企业应该从自身市场定位和目标客源角度出发,充分了解客户的匹配度,尽可能多地选择分销渠道。

(二)坚持"价格一致性"原则,降低运营风险

目前,旅游企业的价格体系普遍较为脆弱,特别是价格体系复杂的高星级品牌酒店。OTA、包房商常常不完全遵照合同约定条款进行产品销售,擅自降价或者将原本应该进行打包销售或者线下销售的产品直接在线上渠道进行"裸卖",这种做法破坏了酒店精心建立的价格体系,并对酒店在线品牌价格的一致性造成难以修复的伤害。价格一致性包括两个核心要素:其一,OTA 的销售价格至少与官网公开可预订价格一致,不能出现官网直销价格比第三方渠道还低的价格倒挂情况;其二,不同第三方销售渠道的价格需要保持一致,部分旅游企业会在某些渠道的压力下提供特殊优惠政策,如独家价格优势或为通过特定渠道预订的客户提供额外福利。在互联网的透明环境下,这种做法实际上可能导致对某一渠道的过度依赖,从而增加旅游企业在未来运营管理中的风险。

(三)提升流量与转化率,获得更多的客源

旅游企业可通过流量提升与转化率提升的方法,从而从 OTA 获得更多客源和订单。[①]

其中,提升流量的方法包括:

①加入 OTA 的特定频道,如"优选酒店频道""特价团购频道""目的地攻略频道"等。这些特定的频道为各取所需的旅游者提供了快速检索的入口,而加入这些频道的酒店将获得更高的曝光率。

②在 OTA 的搜索结果页,排名靠前的酒店通常可以获得更高的曝光率。酒店可以通过付费排名的方式获得更多的流量。

提升转化率的方法包括:

①向 OTA 平台商提供丰富且高质量的图片及视频信息。旅游者在选择某一酒店时,通常会通过图片和视频了解酒店的真实情况。因此,酒店需要提供高质量的照片和视频,展示酒店的房间、设施、环境等。同时,旅游企业也可以考虑制作虚拟导览视频,让旅游者更好地了解其风格和特色。

②注意影响 OTA 网站上的曝光率和排名的因素。这些因素包括点评的数量、分数和优质点评率、佣金比率、拒单率(到店无房、到店无预订、确认后满房、确认后涨价等都是减分项)、库存情况(库存一致、少拒单、谨慎关房)、酒店信息内容的完整度(信息完整度 80% 以上、图片质量等)。

③合理运用 OTA 平台的推广工具。OTA 平台通常会提供多种推广工具,例如搜索排名、置顶推荐、广告投放等。旅游企业需要根据自身的需求和预算,合理运用这些推广工具。通过提高搜索排名、置顶推荐等方式,能够使旅游企业在 OTA 平台上更加突出,吸引更多的旅游者。

④积极回应旅游者评价。旅游者评价是旅游者选择某一旅游企业的重要依据之一。以酒店为例,酒店需要积极回应旅游者的评价,无论是好评还是差评。对于好评,酒店可以表示感谢,并邀请旅游者再次光顾;对于差评,酒店需要耐心倾听旅游者的意见,并提供解决方案。积极回应旅游者评价,展示酒店的专业态度和良好服务,能够提高酒店在 OTA 平台上的口碑和流量。

⑤设计吸引人的促销活动。促销活动是吸引旅游者光顾的重要方式之一。旅游企业可以通过 OTA 平台提供的促销功能,设计各种吸引人的活动,例如限时折扣、礼包赠送、特殊套餐等。这些优惠活动能够吸引更多旅游者点击旅游企业信息,提高旅游企业的流量。

---

①　汪京强,黄昕. 酒店数字化营销[M]. 武汉:华中科技大学出版社,2022.

第三节　在线旅游直销渠道策略

一、在线旅游直销的原理

在线旅游直接销售(简称"在线直销"),是指旅游企业利用官方网站、微信公众号、小程序和其他在线工具与数字用户建立直接沟通渠道,吸引新老旅游者直接进行产品预约或订购。这种直接销售模式常见于酒店业对公司协议客户市场的直接销售,或者旅行社通过门店直接收客。借助互联网和智能手机技术,传统的直接销售方式正在向数字化方面转型。在传统互联网时代,OTA 利用其技术优势和逐渐掌握的流量入口,成为旅游景区及酒店在营销方面的重要渠道。这些拥有终端产品的景区、酒店、邮轮由于缺乏流量,只能越来越依赖分销渠道。借助移动互联网和社交媒体,旅游企业与客户的连接变得更加容易,在线直销越来越受旅游企业重视。在线直销省去了中间佣金和成本,并且有助于更好地了解客户和提升客户的忠诚度。旅游者可以通过在线直销直接与旅游企业互动,获得更多的个性化服务甚至价格优势。目前,已形成了旅游企业官方网站或手机客户端直销、社交媒体直销、营销自动化等主要在线旅游直销渠道。[①]

二、官方网站或手机客户端直销

(一)官方网站或手机客户端的定义

旅游企业的常规在线直接营销模式是通过建立官方门户网站或开发手机客户端,并通过搜索引擎推广这些平台。[②]

官方网站作为旅游企业开展在线直销的基础工具,相当于互联网上的虚拟店铺。它的主要功能包括旅游信息展示与发布、产品和服务介绍、预订、会员服务和奖励计划等。早期的旅游网站都是在个人电脑的浏览器中访问的,智能手机的普及改变了消费者搜索信息的习惯,提升手机端的浏览体验变得越来越重要。手机网站是针对手机屏幕单独设计的,具有良好的访问体验。智能手机用户的首要需求是在移动网络中能够使用手机快速预订,因此手机网站需要易于使用,并突出其预订、订单查询、优惠活动和用户登录等功能。

智能手机客户端是指在智能手机上下载并安装以获得相关信息和服务的应用程序。

---

① 汪京强,黄昕.旅游及酒店业数字营销[M].北京:高等教育出版社,2023.

② 汪京强,黄昕.酒店数字化营销[M].武汉:华中科技大学出版社,2022.

根据操作系统的不同,客户端可以分为 iOS 端、安卓端和华为鸿蒙 Harmony OS 端。

(二)官方网站或手机客户端的分类

网站销售是一个系统的综合过程,需要网站本身的质量、受众定位、搜索引擎优化、关键词策略,以及相关网站间的互动等多方面因素的协同作用。对于不同类型的旅游企业,如旅游景区和酒店,官方网站的分类和功能各不相同。旅游景区通过自建、联盟等方式凭借强大的影响力建立网站平台;酒店网站依据内容可分为基本信息型、多媒体广告型、电子商务型等。虽然许多酒店建立了官网并独立开发 App 等,但考虑到酒店行业的直销主要依靠会员、中央预订系统、前台散客、协议客户等自有渠道,这里以旅游景区为例阐述官方网站分类。旅游景区的官方网站可由自建模式、联盟模式、区域联合模式、地方性旅游服务网站等构成。[①]

①自建模式。在这种模式下,景区依托自身丰富的旅游资源为旅游者提供相关的服务信息,一般包括景区介绍、在线地图、电子门票交易、虚拟旅游体验、旅游线路设计等内容。网站设计突出当地文化特色和景区特色,为旅游景区扩大客源、提高知名度、降低业务成本提供便捷有效的手段,如峨眉山旅游网和桂林龙脊梯田景区网就采用了这种模式。该模式较适合大型旅游景区,原因是网站本身的建设和维护成本较高,前期网站设计与策划、后期网站推广都需要较多的费用,对中小旅游景区来说成本较高,且众多小规模网站知名度也较低,难以获得效益。

②联盟模式。该模式指由多个旅游景区共同出资,筹建一个景区联盟平台。这一平台初期以相关旅游景区提供服务为主,逐步发展为提供旅游服务信息、社区旅游计划、增值服务等"一站式"服务平台。随着旅游景区联盟的发展与影响力的扩大,该平台不仅可以吸引更多的旅游者,还可以吸引众多旅游景区加入,如东北旅游景区联盟网站。该模式起点较高,特别是在初期阶段,筹建平台的旅游景区要有一定的知名度和经济实力。

③区域联合模式。该模式将某个区域内的旅游景区进行整合,并对在此基础上建立起来的电子商务平台进行统一的宣传和管理,面向旅游者全面开展旅游景区门票、餐饮、酒店、旅游线路等在线预订服务,如阿坝旅游网就属于这种模式。

④地方性旅游服务网站。该网站主要是指由旅游目的地政府主导创建的非营利性旅游电子商务平台。目前,大多省市都已建立该网站,将其作为旅游目的地的旅游网络宣传窗口,较适用于中小型旅游景区。旅游景区可以通过这种模式集约利用资源,降低运营成本,提高运营效率。例如,山东省文化和旅游厅建立"好客山东网"、天津市文化和旅游局建立"天津旅游资讯网"等。

旅游企业的应用程序主要分为预订类 App 和服务类 App。预订类 App 提供产品信息浏览、库存和价格查询;产品选择、预订、支付、取消;用户注册、登录、优惠券领取和用

---

① 张睿.旅游电子商务:理论与实践[M].武汉:华中科技大学出版社,2022.

户信息查询、修改等服务。服务类 App 提供信息浏览和旅游服务，以酒店行业为例，主要为住店客人提供礼宾、自助门锁、客房内设备控制、闹钟提醒、客房送餐、客房清洁、周边美食及旅游景点推荐等服务。

（三）官方网站或手机客户端的优化措施

精心设计、构建与优化旅游官方网站或手机客户端是一项综合工作，目前旅游企业的官方网站或手机客户端仍在旅游信息与旅游服务等方面存在问题。因此，这项工作需要从了解游客的旅游信息需求、提供高质量的旅游信息、提高旅游网站服务质量等方面着手。[①]

①了解游客的旅游信息需求。当游客面对特定的旅游情境时，若感觉内部相关信息不足，便会产生对某种信息的缺乏感，这就是旅游信息需求。在线旅游信息的需求则是在外部刺激和游客内部主观愿望的共同作用下形成的。为了准确把握游客的普遍信息需求，可以在网页上增设匿名调查问卷。同时，还可以运用多种算法，通过计算游客在特定信息上的停留时间，来洞察他们的信息需求偏好。基于这些数据，可以进一步完善和优化信息内容，以便更好地满足游客的信息需求。

②提供高质量的旅游信息。为了提供高质量的旅游信息，应该在管理实践中优先考虑提升旅游官方网站或手机客户端的信息质量，因为这是一种难度较低且成本较低的手段。因此，提升旅游官方网站或手机客户端的信息质量应成为重点。具体来说，可以通过多种方式来实现这一目标：首先，制作包含文字、图片、视频和音乐等形式的旅游信息，同时适当增加准确的数据支持，并定期更新这些信息以保持其时效性和准确性。其次，要避免为了追求娱乐性和吸引力而发布夸大其词或虚华不实的信息内容。最后，还可以结合受众的搜索习惯和人口统计学特征，为他们提供个性化的旅游信息推荐，从而更好地满足他们的需求。

③提高旅游网站服务质量。为了提升旅游网站的服务质量，需要采取一系列措施。首要任务是建立信息核查机制，通过设定明确的标准来持续监控发布的信息质量，确保信息的准确性和可靠性。同时，还必须严格保护游客的个人隐私，为他们提供安全的信息环境，从而赢得他们的信任和认可。此外，还需优化网站的导航和链接，使其更加简洁明了；提高网站的响应速度，确保用户流畅的体验；采用模块化的页面设计，分页面详细展示内容，便于用户查找所需信息。为了进一步增强用户的交互体验，可以引入 AR、VR 等先进技术，在旅游信息的呈现上加以应用，让用户能够更加直观地了解旅游目的地，从而提升他们对旅游官方网站或手机客户端的满意度。

（四）官方网站或手机客户端的直销支持

提升旅游企业官方网站或手机客户端的订单转化率，需要采取以下技术和人才策略

---

① 黄丽满.旅游网站服务质量对目的地形象建构影响机制：以长隆度假区官网为例[J].中国集体经济，2021(14)：130-131.

支持：

①引入专业的内容管理系统。确保服务器稳定和网站的加载速度，这对优化用户的访问体验至关重要。

②建立专业的预订系统和会员系统。预订系统应支持灵活的价格调整和优惠套餐设置；会员系统应实现会员奖励计划、电子优惠券、积分兑换等会员权益功能。预订系统和会员系统在产品、价格和服务方面与OTA平台及竞争对手保持竞争优势。

③有便利的在线支付系统。此系统对接主流的支付渠道并支持网站支付和移动端支付。

④有专业的数字营销人才。此类人才需掌握收益管理、产品与活动策划、内容营销、数据分析等方面的专业知识和技能。

⑤有短信、电子邮件营销系统。此系统能将最新的优惠活动信息及时发送给直销客户群体。

⑥有官方网站开展优惠促销活动、动态价格管理、会员服务的运营流程。

三、社交媒体直销

(一)社交媒体直销的内涵

微信、微博、抖音等社交媒体不仅改变了人们沟通交流的方式，还影响了企业的营销方式。

对用户来说，社交媒体从最初的聊天工具转变成为综合化信息平台，影响了用户的生活方式。首先，社交媒体改变了人际关系的建立方式。用户可以在社交媒体展示自己的生活，通过评论、私信、关注等方式结交新朋友；其次，社交媒体改变了用户获取信息的方式，用户不仅可以主动关注和获取所感兴趣的信息，还可以通过社交媒体的推荐功能被动接收相关信息；最后，社交媒体拓宽了传统的购物渠道，改变了用户的购买行为。用户可以在购买之前通过社交媒体收集信息帮助决策，购买后通过社交媒体完成晒单、评论和分享等。

对企业来说，社交媒体以极低的成本扩大了信息传播的范围和深度，因此越来越多的企业将社交媒体作为营销的主要工具之一。社交媒体影响了传统的电商模式。以微博为例，随着网红、明星等活跃用户的入驻，不断增加的用户群和广泛建立起来的社交关系使每一条微博都有可能成为流量入口，进而实现快速变现。

以航空行业为例，许多航空公司的微信公众号不仅定期向用户推送促销信息，还实现了机票预订，并提供更多和更细致的服务，包括查询航班动态、找寻遗失物品、订购飞机餐、订购行李托运票、查询登机口等，其功能几乎能与航空公司的App相差无几。

微信和酒店预订结合模式中的典范非布丁酒店莫属。布丁酒店是第一家采用微信在线订房的连锁酒店。布丁酒店的微信公共平台兼具直销渠道和CRM营销管理两大功能，通过线上引流和线下扫描二维码的方式，成功入住率得到了较大提升。

(二)社交媒体直销的优势

①获客成本相对较低。借助社交媒体和移动互联网,旅游企业通过社交媒体获得用户,用户规模大,活跃度高,使旅游企业获客效率更加高效且获客成本相对较低。

②流量和订单相对较多。社交媒体与生俱来具有"连接"属性,使用户能够通过关注企业的社交媒体账号(如微信公众号等)直接和企业互动,这就为企业开展在线直销活动获得了稳定而精准的流量。每个用户在其社交媒体账户背后都有朋友圈,优质的服务和高性价比的产品往往能让用户乐于在朋友圈中分享和推荐,从而为企业直销渠道带来更多的流量和订单。

(三)社交媒体直销的应用

社交媒体经历了高速发展和动态演变的过程,呈现出多种类型的内容和丰富的内容表现形式为主要特征的新格局。这里着重阐述微信公众平台、微博、抖音等旅游企业直销广泛应用的社交媒体。

1.微信公众平台

微信公众平台是 2012 年由腾讯开发出来的自媒体平台,主要是为了让更多的微信用户能够在此平台上交流。微信公众平台可实现消息群发、信息推送、互动交流、应用开发、素材管理、统计分析等功能,分为订阅号、服务号、企业号(企业微信)、小程序等类型账号。

①订阅号:为媒体和个人提供一种新的信息传播方式,主要功能是在微信上给用户传达资讯(功能类似报纸杂志,提供新闻信息或娱乐趣事),适用于个人、媒体、企业、政府或其他组织与用户进行有效的服务交互。

②服务号:为企业和组织提供更强大的业务服务与用户管理能力,并与用户进行有效的服务交互(功能类似 12315、114、银行、提供绑定信息、服务交互的),适用于媒体、企业、政府或其他组织。

③企业号:帮助实现业务及管理互联网化,可以高效地帮助政府、企业及组织构建自己独有的生态系统,随时随地连接员工、上下游合作伙伴及内部系统和应用,实现业务及管理互联网化。

④小程序:一种"无须下载、即开即用、用完即走"的移动端轻应用工具。这种应用开发模式简单而高效,得益于其丰富的 API 和数据接口,使得开发者能够在微信平台开发接近原生 App 体验的服务。小程序可以在微信中被用户便捷地获取,具有出色的使用体验。在旅游及酒店业中,小程序的服务场景很多,比如产品预订、服务预约、客户互动、景区讲解等方面。

以西溪湿地为例,关注西溪湿地官方微信平台后,可以发现该平台为企业号,且已完成企业账号认证。西溪湿地微信公众号设有三个一级菜单,分别为"基础信息""门票预约""智能客服"。"基础信息"下设三个子菜单,分别为"园区介绍""我在哪里""紧急求助";"智能客服"下设两个子菜单,分别为"金牌解说""智能客服"。点击西溪湿地微信公众号中的子菜单,便跳转至相应的具体页面。特别是"门票预约"下设菜单均能跳转至完善的购票页面,方便用户在线预订。

2.微博

微博是基于用户关系的社交媒体平台,用户可以通过 PC、手机等多种移动终端接入,以文字、图片、视频等多媒体形式,实现信息的即时分享、传播互动。各企业组织、政府机构纷纷入驻新浪微博平台,不仅将其作为与大众沟通的工具,还将其作为发布正式信息的重要渠道。比如,"西溪湿地""杭州西湖风景名胜区""开元森泊度假乐园""锦江之星连锁酒店""7 天酒店家族""文旅湖州""文旅山东""微游甘肃""乐游上海""四川文旅""悠游吉林"等都是旅游目的地、旅游企业以及政府旅游管理机构的官方微博账号名称。

微博以信息发布、互动交流为主要功能,具体如下:

①发布功能。用户可以像博客、聊天工具一样发布内容。

②转发功能。用户可以把自己喜欢的内容一键转发到自己的微博,转发时还可以加上自己的评论。

③关注功能。用户可以关注自己喜欢的用户,成为这个用户的关注者("粉丝")。

④评论功能。用户通常可以在微博下面进行评论。

⑤搜索功能。用户可以在两个"♯"之间,插入某一话题。例如,"♯某一话题×××♯",可以点击这个话题搜索微博上所有包含某一话题"×××"的相关微博。可以展开讨论,实现信息的聚合。

⑥私信功能。用户可以点击私信,给微博上开放了私信端口的用户发送私信,这条私信只能被对方看到,实现私密交流。

3.抖音

抖音作为重要旅游社交媒体之一,因其原创的内容生产模式、强大的智能推荐引擎及多元的变现手段,吸引了众多用户及商家入驻。2021 年,在抖音开通旅游企业号的账号已达 10.47 万个,同比增长达 121％。[①] 比如,"乌镇旅游景区""水韵江苏""好客山东"等均为旅游企业官方抖音号名称。这些官方账号充分利用抖音的丰富特效和可供选择的海量"神曲",科技元素、艺术元素与旅游场景相融合,令视频极具艺术感、创造性和现场感,使旅游景点更加吸睛。此外,旅游体验在抖音短视频上具备可视化的优势,能够给人以直观印象与感受。

抖音的主要功能如下:

①短视频拍摄。抖音最主要的功能就是短视频拍摄,用户可以通过简单的操作,录制创意视频,展示自己的才华和个性。拍摄时,还可以选择不同的滤镜和音乐,让视频更

---

①　肖通.以抖音为基点的旅游媒介融合策略研究[J].湖南广播电视大学学报,2023(2):77-84.

加生动有趣。

②直播功能。用户可以通过直播向粉丝展示自己的生活、才艺和知识,同时观众也可以在直播中与主播互动。

③短视频编辑。拍摄完成之后,抖音还提供了多种编辑功能,用户可以对视频进行剪辑、加入字幕、贴图等操作,让视频更加精彩。

④拍摄挑战。抖音还有许多有趣的挑战,用户可以参加各种挑战,展示自己的创意和才华,同时也可以和其他用户互动。

⑤短视频分享。完成视频编辑之后,用户可以将自己的作品分享在抖音上,让更多的用户浏览和互动。

⑥话题讨论。抖音还有许多热门话题,用户可以在话题下发布自己的视频,参与话题讨论,与更多的用户交流和互动。

⑦消息互动。抖音提供了消息互动功能,用户可以通过消息与其他用户互动,关注自己感兴趣的用户,或者与好友分享自己的作品。

⑧短视频搜索。用户如果想要搜索某个话题或者某个用户的视频,抖音也提供了搜索功能,让用户可以更加便捷地找到自己感兴趣的内容。

(四)社交媒体直销的支持

旅游企业基于社交媒体开展在线直销服务,需要采取以下技术和人才策略支持:

①开通社交媒体账号。开通微信公众平台、微博、抖音等社交媒体账号,包括小程序,并有专业的预订系统、会员系统、社会化分销系统、商城系统、在线支付功能支撑。

②要有稳定的服务器。需要较快的加载速度和较高的并发处理能力,特别是基于社交关系开展的秒杀和拼团活动会给网站带来较大的访问量压力。

③要有专业的社交媒体营销人才。这些人才需要掌握产品与活动策划、内容制作与分发、数据分析等方面的能力。

④要有社交媒体营销和运营方面的流程。

四、营销自动化

(一)营销自动化的内涵

Web3.0时代可以通过大数据技术、人工智能和深度学习对海量的用户数据进行采集、分析、清洗,并描画用户画像,然后结合营销自动化(Marketing Automation)技术开展营销自动化和精准主动营销活动,见图6-1。旅游企业可以通过搜索引擎或者社交媒介被那些有明确旅游需求并正在寻找目标的旅游者找到,让他们注意到相关旅游信息,把他们吸引到有营销自动化系统的网站。通过营销自动化工具监测他们在网站上的行为,比如点击、观看、下单等。营销自动化工具有自动评分系统,针对所有访客进行自动评分,对他们进行分类。可以用A类、B类、C类客户进行归类,通过对这些访客进行打分和归类,旅游企业可以完成对潜在旅游者的筛选工作,把潜在旅游者交给营销人员跟进。

这就改变了在线直销的模式,"千人千面"的营销时代来了。一方面,企业可通过营销自动化系统判断用户在哪个场景、哪个接触点、哪个步骤,正在做什么动作,然后根据用户画像及当前的场景、触点和动作进行自动化响应,给用户精准推荐其所需要的产品和服务;另一方面,可以开展精准主动营销活动,通过标签对用户分组,在合适的时间通过合适的工具向适合的用户推送相应的营销信息。因此,营销自动化是营销策略和技术的结合,在整个销售周期中,从潜在客户的获取、客户培育、转化、销售到客户维护和回访,均能实现自动化的流程指引和跟进。营销自动化可以使企业实现智能化、定制化的营销方式,以客户需求为出发点进行数据推送和信息传递,提升客户体验和满意度。当前,随着媒体流量成本的上升及运营存量用户的挑战日益凸显,营销自动化成了企业有效触达并管理存量用户的更佳选择。

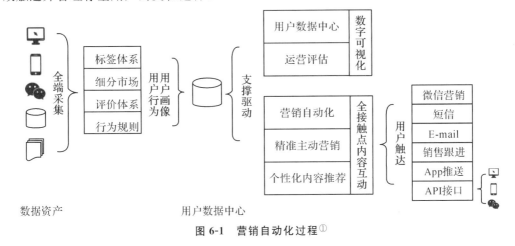

图 6-1　营销自动化过程①

(二)营销自动化的渠道内容

销售渠道的自动化主要包括销售渠道的构建、渠道的优化与拓展、渠道中的销售行为等内容。

①销售渠道的构建。通过建立网上客户关系管理系统,将客户资料自动输入电脑,将企业相关产品的销售情况、价格变化状况等输入系统,以便企业了解客户需求和市场动向。

②渠道的优化与拓展。对传统或新兴网站进行评估,选择合适的销售平台。对于网络经销商的管理,进行实时数据分析对其进行有效监管。在线上与客户建立长期合作关系时,进行在线服务和促销活动。

③渠道中的销售行为。对电子商务网站中的订单情况、付款情况、商品流转情况等信息进行管理。自动从数据库和互联网上下载有关商品信息,对销售过程中的重要环

---

① 汪京强,黄昕.旅游及酒店业数字营销[M].北京:高等教育出版社,2023.

节——客户服务进行实时监控。利用数据分析工具及相关管理系统自动处理订单、结算款、发票等信息。

（三）营销自动化对旅游业的影响

营销自动化在旅游业中具有重要的作用，可以提升客户体验、提高销售效率、降低营销成本、提高客户忠诚度等。

①提升客户体验。营销自动化可以通过对客户行为的追踪和分析，为客户提供个性化的、有针对性的服务。例如，当客户在网站上搜索某个旅游产品时，营销自动化系统可以根据客户的浏览记录和行为特征，向客户推荐类似的旅游产品，提高客户的满意度和购买意愿。

②提高销售效率。营销自动化可以对客户进行自动化的营销活动，如发送电子邮件、短信、微信等，从而提高销售效率。营销自动化还可以实现自动化的销售流程，如自动化的报价、订单处理、支付等，减少人工干预，提高销售效率。

③降低营销成本。营销自动化可以通过对客户行为的分析，精准地找到潜在客户，减少营销成本。同时，营销自动化通过自动化的营销流程，减少人工干预，降低营销成本。

④提高客户忠诚度。营销自动化不仅可以提升客户体验、满意度和忠诚度，还可以实现自动化的客户关怀，如生日祝福、节日问候等，增强客户与企业的情感联系，提高客户忠诚度。

（四）营销自动化的直销支持

旅游企业基于营销自动化技术开展在线直销服务，需要具备如下技术和人才策略支持：

①在技术方面，需要建立用户数据系统，例如建立营销自动化系统、精准营销系统和内容管理系统、营销数据分析系统。

②在流程方面，需要建立用户数据驱动的运营流程，包括数据采集、数据分析和数据利用的流程。

③在人才方面，需要掌握营销自动化、内容营销、用户获取和转化等方面的专业知识和技能。

④在数据方面，需要整合多触点的用户数据，打通不同系统间的用户数据。

第四节　旅游 O2O 渠道冲突

一、旅游 O2O 的内涵

旅游 O2O 是指旅游行业充分借助互联网络技术和数字交互式媒体将相关旅游资源进行在线整合,借以传播旅游景点景区的形象,推广旅游线路及产品,促使游客线上完成交易,线下体验旅游服务。这种模式是对旅游渠道数字化改造的表现,它以"线上＋线下＋融合"的方式对旅游行业的生态进行了重新塑造。第一个"O"充分发挥了互联网的优势,运用了网络站点、移动 App 等销售平台和以微信、微博等自媒体进行营销互动的工具,充分发挥了互联网在流量、用户获取、营销互动和在线支付方面的长处;第二个"O"则包括酒店、景区和餐饮等线下旅游资源提供方,发挥了其在产品供应和服务提供方面的独特优势。

二、旅游 O2O 渠道冲突的表现

2015 年 4 月 23 日,国内以国旅总社、中旅总社、众信旅游等为代表的十几家大型旅行社联合发布声明,宣布停止向途牛旅游网提供 2015 年 7 月 15 日及以后出发的旅游线路产品。途牛旅游网在短短的半小时内迅速作出回应,将矛头直指众信旅游,指责其不遵守契约,宣布即日将众信旅游的全部产品下线。旅游产品的线上和线下冲突也是旅游数字化渠道的主要冲突之一,主要表现在争夺顾客资源、利益冲突、目标差异等。[①]

(一)争夺顾客资源

通常情况下,线上与线下渠道在追求各自目标时,若都需要相同的资源支持,就难免会产生冲突。尤其是当所需资源高度相似或非常稀缺时,这种冲突会愈发激烈,这种冲突在顾客资源方面表现得尤为突出。顾客对于企业而言是无比珍贵的资产,是其经营活动的基石。线上渠道打破了时间和空间的束缚,使得线上与线下的顾客群体存在大量重叠。然而,一个地区的顾客资源毕竟是固定且有限的。随着越来越多的消费者被线上渠道的便捷性和实惠性所吸引,线下渠道的生存空间逐渐被压缩。以携程、途牛等线上旅行社为例,它们凭借网络流量的优势,迅速构建起了强大的销售渠道,并吸引了大量终端游客。相比之下,线下旅行社和批发商经过多年努力建立的渠道在线上旅行社的冲击下

---

① 赵政华,陈斌.旅游 O2O 模式中渠道冲突解决对策[J].中小企业管理与科技(中旬刊),2015(6),125-126.

显得脆弱不堪。这种局面让传统旅游业者感到了前所未有的压力和忧虑。

(二)利益冲突

为了争夺渠道和市场份额,线上旅行社采取了低价策略、加大直采力度、利用账期策略和开设线下体验店等手段进行竞争。然而,这些举措不可避免地触及了线下渠道商的利益,使得线下渠道商产生越来越强烈的危机感。已经掌握顾客资源的线上渠道商凭借技术和资本的双重优势,可以不顾成本、不惜代价,甚至是牺牲线下旅行社多年积累的辛勤成果。但这一切都是建立在线下渠道商对线上旅行社的依赖之上的。因此,从某种意义上讲,线上旅行社实际上是将线下的旅行社作为自身发展的跳板。当线上旅行社通过积累的客户资源、资金和技术优势获得了一定的品牌知名度和影响力后,便拥有了显著的竞争优势。当其开始将业务触角伸向线下旅游资源,直接绕过传统的线下渠道商采购旅游资源时,便可以轻易地将线下渠道供应商排挤出局。

(三)目标差异

线上支付与线下体验服务的结合,往往容易让消费者陷入"付款前备受尊崇,付款后无人问津"的窘境。部分线下旅行社停滞不前,缺乏创新,甚至偷工减料、欺骗消费者,对旅游产品的体验和服务质量漠不关心。线上旅行社则凭借低价策略和消费者追求性价比的心理迅速崛起,短期内看似成功,但长远来看,这种策略可能会损害线下服务提供商对线上旅行社的信任。众多企业尝试涉足旅游 O2O 模式,旨在把握电子商务的未来趋势,抢占先机,以免被市场淘汰。因此,线上渠道的首要目标是提升品牌知名度和培养游客的网购习惯,而销售量、利润率等其他目标则相对被忽视。然而,线下渠道商仍然以利润为核心,其主要关注点始终是销售和利润。当企业需要线下渠道在信息咨询、客户拓展、产品或服务交付等方面提供支持,并给予线上渠道优惠政策时,这必然要求线下渠道作出一定的让步和妥协,甚至可能牺牲其部分利润。

专栏 6-1　酒店与 OTA 冲突的主要影响因素

酒店与 OTA 之间的冲突,其主要影响因素涵盖了信息优势、双方之间的权力不对称性等方面。

1. 信息优势

首先,OTA 平台上丰富的产品信息、详尽的价格选项以及真实的用户点评,构成了消费者选择使用 OTA 平台进行预订的重要考量因素。同时,OTA 平台已经逐渐取代了酒店自有平台,成为消费者获取酒店信息的首选渠道,这一点也被酒店从业者广泛利用。尤为值得一提的是,酒店经常利用 OTA 平台上的用户点评信息来提升其获客能力。OTA 平台凭借其丰富的信息内容,成功吸引了更多的消费者和酒店加入,从而不断积累更多的信息,形成了一个良性的正循环。

其次,OTA对信息发布的掌控具有重要影响。基于效率和利益的考量,OTA会精心筛选并决定哪些信息可以展示、哪些信息应优先呈现,以及如何对信息进行合理分类。以某知名OTA为例,其规定同一客人对同一酒店的多次点评,在该平台的外部网站上仅展示其中一条点评,其余点评不会公开显示,且这些未展示的点评分数不会被计入酒店的总体评分中。值得注意的是,具体展示哪一条点评,完全取决于OTA内部的计算规则,客人和酒店方面均无法对此进行干预。此外,OTA还主导着包括酒店评级、商圈划分等在内的信息分类标准。尽管这些标准在制定时都力求达到客观和公平,但在全国各地市场差异巨大的情况下,执行这些统一标准仍然面临不小的挑战。如果OTA选择严格按照标准执行,可能会导致一些特殊情况无法得到妥善处理,从而引起客户的不满。然而,如果OTA赋予其业务经理更多的自主权以更好地适应地方特性,又可能会引发"过多可操作空间"的问题,进而招致酒店方面的不满。从目前的发展趋势来看,OTA总体上呈现收紧权力的趋势,即对信息发布的控制变得更为严格。

最后是关于实时信息监控。OTA凭借其互联网平台的独特优势,能够对酒店的价格信息、房态信息以及消费者数据进行实时且全面的监控。相较于传统渠道,OTA能更迅速、更精确地识别潜在问题并收集确凿证据。互联网技术的不断进步为这种监控提供了强大的支持,使以往难以被察觉的问题,如价格倒挂或房态信息不一致等,现在都能被OTA轻易地捕捉到。这种高效的监控机制在一定程度上对冲突的发生起到了影响和制约作用。

2. 不对称权力

OTA的市场集中度显著高于酒店。由于OTA市场呈现寡头垄断的特征,而酒店市场则更趋向于完全竞争,这导致了在双方的合作中,OTA相对于绝大多数酒店拥有更大的权力。这种权力的不对称性主要体现在以下三个方面:

一是酒店与OTA之间的合作存在明显的不平等性。拥有更大权力的OTA在很大程度上主导了与酒店的合作关系。在制定合作规则、分配利益等关键环节上,酒店往往缺乏有效的话语权。虽然双方都在寻求合作中的最大利益,但权力较小的酒店显然处于更为被动的地位。面对OTA的强势地位,酒店通常为了获得OTA庞大的流量支持而选择妥协。

二是OTA对于合作中的违约行为拥有更多样化的惩罚手段,包括扣分、要求赔付费用、摘牌、下架产品等,并且这些惩罚措施能够迅速给酒店带来实质性的损失。相比之下,酒店对于OTA的违约行为则往往缺乏有效的惩罚手段或惩罚力度较弱。

三是(准)一体化发展趋势明显。国内各大OTA正在突破传统的分销商角色,试图依托其平台流量和信息技术优势来撬动国内庞大的单体酒店市场。与此相比,酒店企业尤其是中小酒店企业,基本上没有能力进行一体化发展,在与OTA的竞合中手段相当有限。(资料来源:根据《酒店与在线旅行商的冲突是什么?——一个归纳式质性研究》改编)

三、旅游 O2O 渠道冲突的解决对策

（一）制定渠道战略规划、优化渠道设计

渠道优化目标是让旅游者尽可能以较低价格方便、快捷地完成预订，旅游企业应该围绕该目标制定渠道战略规划，并按照"扁平化、规模化、网络化、细分化"原则优化现有渠道。根据渠道价值链理论，旅游企业可从降低成本视角尽可能减少传统代理层次，形成扁平化代理渠道，这必然要求传统代理渠道网络化，并掌握线上预订与支付、线上票务组合等的流程。同时，可出台相关政策鼓励各种大中型代理商扩大规模，在区域或全国打造有影响力的连锁代理品牌，增强产品分销行业的集中度。尽量通过规划运营与传播手段把不同的细分客户吸引到不同的渠道，让传统渠道、在线旅游网站以及直销渠道都拥有自己基本稳定的客户群体，从而使渠道得到优化，以保持三条渠道和谐共生态势。

（二）树立"二元经营思维"的战略理念

旅游 O2O 模式的经营难度相当大，这就要求企业必须树立"二元经营思维"的战略理念。现在的商业竞争已经不再是本行业内产品、服务和品牌等方面的竞争，而是时代变革之争，处在互联数字时代的企业不得不面对"线上与线下"这两大战略层面的竞争。旅游 O2O 模式在以低价格吸引游客的同时，旅游企业应该看到线上价格和线下价格的差距，想方设法保证双方的利益，或者思考应该更重视哪一方的消费者，才能抓住最大的客流量。

（三）优化供应链

优化供应链是实现旅游 O2O 模式的根本路径。互联网信息技术的发展不仅改变了旅游行业传统的交易模式，还对旅游行业供应链上的企业合作方式和权力分布产生了重大的影响。其主要体现在两个方面：一是旅游行业供应链主体之间的分工协作；二是旅游行业供应链的重新构建。因此，旅游 O2O 模式的深层次发展需要在这两个方面有所突破。旅游产品的虚拟性将商品流和信息流紧密结合，因此旅游 O2O 模式从本质上来说就是"信息流＋服务流"。线上渠道对旅游产品的浏览、预订、支付和评价等行为加上线下渠道提供的实际旅游体验构成了旅游 O2O 模式的整个闭环，而形成这一闭环必然需要信息流的畅通以及服务流的细致体验。

（四）建立共同目标

无论是 OTA 还是线下传统旅行社，都应该重视产品质量和服务体验。由于线上线下渠道的目标不一致，旅游企业应确定更高一级的共同目标，使各渠道成员树立全员营销和顾客至上的意识，明确旅游 O2O 模式对旅游企业及各渠道发展的重要推动作用。不管哪个渠道，给顾客提供更加便捷优良的服务才是企业生存和发展的必由之路。

（五）建立旅游企业产权联盟

旅游O2O模式在实践过程中最大的难点是资源的协调、分配和利益分配。在融合方式上,建立产权联盟可以帮助解决此问题。线上旅游运营商与线下旅游资源提供方可以通过收购、控股、门票质押和加盟等形式达成合作,同旅游景点景区、酒店、旅行社和涉旅企业等建立产权联盟。

本章小结

旅游数字化渠道是指以数字技术为手段,旅游产品和服务在供应商向旅游者转移过程中所有在线参与协助的组织或个人,包括起点的供应商和终点的旅游消费者,以及帮助旅游产品分销的各类在线中间商。本章将旅游数字化渠道具化为在线旅游分销与在线旅游直销。首先,概述了旅游渠道的定义与分类,以及旅游营销渠道选择的影响因素,介绍了旅游渠道的演变历程,并重点阐述了旅游数字化渠道的定义与特点。其次,介绍了以OTA为代表的在线旅游分销渠道,并解析了在线旅游分销渠道的功能、运营模式、盈利模式及优化措施。再次,分别从官方网站或手机客户端、社交媒体和营销自动化三个渠道探讨了在线旅游直销的内涵及支持措施等。最后,将旅游线上与线下渠道结合起来阐述了渠道冲突的表现及解决对策。

即测即评

复习思考题

（1）结合具体的例子,谈谈你对旅游渠道的理解。

（2）简述旅游数字化渠道的定义与特点。

（3）旅游数字化渠道有哪些? 主要功能是什么?

（4）结合具体的例子,分析OTA的运营模式与盈利模式。

（5）结合具体的例子,谈谈你对在线旅游直销的理解。

参考文献

[1] 郭又荣.营销渠道权力结构对双渠道旅游供应链绩效的影响[J].商业经济研究,2020(8):101-104.

[2] 李翠军,熊莉.数字经济时代武汉"云旅游"与线下旅游的融合发展[J].决策与信息,2021(11):45-50.

[3] 李菁菁,杜春晶.旅游行业线上线下渠道融合策略探讨[J].旅游纵览(下半月),2019(6):39-40.

［4］秦宇,刘承伟,陈阳,等.酒店与在线旅行商的冲突是什么?:一个归纳式质性研究[J].旅游学刊,
　　2023,38(10):134-150.

［5］汪京强,黄昕.酒店数字化营销[M].武汉:华中科技大学出版社,2022.

［6］汪京强,黄昕.旅游及酒店业数字营销[M].北京:高等教育出版社,2023.

［7］王永贵,项典典.数字营销:新时代市场营销学[M].北京:高等教育出版社,2023.

［8］张海燕,孔青香.全渠道营销策略研究:以广州凯撒旅游为例[J].工业经济论坛,2017,4(3):58-71.

［9］张睿.旅游电子商务:理论与实践[M].武汉:华中科技大学出版社,2022.

案例思考题

酒店与 OTA 的博弈升级

随着酒店业与 OTA 之间的紧张关系不断升温,万豪、希尔顿等国际酒店巨头近日在美国和加拿大推出了新的取消预订政策。根据新政策,客人在入住前 48 小时内取消预订将被收取一晚的房费作为违约金。这一策略被视为酒店行业对 OTA 强势议价能力的回应,也是酒店集团开始收紧取消预订政策的一个明确信号。

在全球范围内,无论是知名的连锁酒店还是本土的酒店集团,都在努力减少对 OTA 的依赖,并加强自身的直销能力。这种趋势不仅限于房间销售,还扩展到了旅游生态圈内的其他产品和服务。

然而,消费者通过 OTA 预订酒店却遭遇无房的情况并不罕见。有业内人士揭露,这可能是 OTA 的一种销售策略。例如,在需求旺盛的时期,OTA 可能会超售酒店房间,只要有一定比例的客人取消预订,OTA 就能稳赚预订费用。如果取消率不足,OTA 甚至会采取措施诱导客人更换酒店,从而确保自己的利润。

为了提升直销渠道的吸引力,一些酒店集团开始承诺官网提供最低价格,并附加免费 Wi-Fi、早餐等增值服务。然而,实际操作中,官网价格并不一定能做到最低。此外,OTA 提供的返现优惠和积分兑换等策略也对消费者具有很大吸引力。

与此同时,OTA 的捆绑销售问题也备受诟病。消费者在预订过程中往往会发现,最终支付的价格比最初显示的要高出不少,原因是保险、接机等附加服务被悄然加入了总价。这一问题在机票和火车票预订中尤为突出。

面对这些问题,越来越多的消费者开始选择直接通过酒店官网进行预订。他们更看重住宿品质和服务,而不是单纯追求低价。

在努力提升直销能力的同时,酒店行业也在探索新的合作模式。例如,希尔顿酒店集团近日与阿里巴巴旗下的飞猪平台达成了直连合作。相比传统的 OTA 佣金模式,飞猪向酒店收取的软件服务费大幅降低。这一合作模式不仅降低了酒店的成本,还使得酒店能够更好地利用用户数据进行精准营销和运营。

此外,国内酒店集团也在直销方面进行了积极的尝试。华住集团即将推出的新版App将整合飞机、高铁、共享单车等出行服务,甚至还包括订餐功能。这种围绕酒店生态的布局旨在提高会员忠诚度,并进一步推动酒店业务的发展。(资料来源:根据《酒店预订甩掉OTA,想好了吗》改编)

问题:

(1)案例中的酒店与OTA的冲突体现了哪些旅游数字化渠道?

(2)这些冲突的具体表现如何?

(3)如何应对这些冲突呢?

第七章　旅游数字化促销策略

[学习目标]

(1)了解促销、旅游促销的内涵。

(2)掌握旅游数字化促销的逻辑模型、特征、模式。

(3)掌握旅游直播的内涵、特征、优势、功能。

(4)掌握旅游短视频的传播特征、优势、模式。

(5)熟悉数字广告的内涵、特征、模式、优化手段。

开篇案例

2023年9月全国省级文化和旅游新媒体传播力指数报告

2023年10月,由文旅产业指数实验室公布的2023年9月全国省级文化和旅游新媒体传播力指数报告揭示了各省在新媒体平台上的影响力。该实验室是一个集文化、旅游、传播等多领域于一体的创新研究平台,由中国旅游报社、中国社会科学院中国舆情调查实验室等权威机构联合创立,并与抖音、清博智能等新媒体与大数据联盟成员共同实施此项研究。

报告涵盖了综合传播力、微信、微博、抖音和头条号五个维度的传播力指数。

全国省级文化和旅游新媒体的综合传播力指数评价,涵盖了微信、微博、抖音及头条号四个关键传播渠道的影响力,它们所占的评估比重分别是40%、25%、20%和15%。在全面考量了全国各省级文化和旅游行政部门在这四个方面的综合表现后,9月份的综合传播力排名前十的省份依次为:山东省、湖北省、河北省、福建省、四川省、广西壮族自治区、新疆维吾尔自治区、吉林省、江苏省和北京市。详细排名情况见图7-1。

在微信传播力指数方面,"湖北文旅之声""好客山东之声""乐游上海"表现突出。其中,"湖北文旅之声"发布的文章受到广泛关注,总阅读量超过54万次。

在微博传播力指数方面,"文旅山东""福建省文化和旅游厅""重庆市文化旅游委"领先。"文旅山东"的微博内容转发数和评论数均达到较高水平,显示出强大的互动能力。

在抖音号传播力指数方面,"好客山东""乐游冀""悠游吉林"占据前三名。特别是

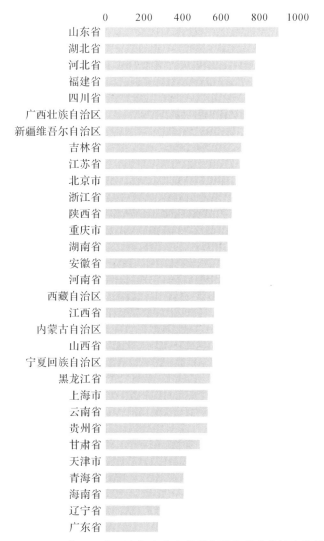

图 7-1　2023 年 9 月全国省级文化和旅游新媒体综合传播力指数

"乐游冀"的一条介绍河北的视频,获得了网友的热烈反响。

最后,在头条号传播力指数方面,"河北省文化和旅游厅""好客山东""河南省文化和旅游厅"位居前列。其中,"畅赏黑龙江"通过介绍当地美食,吸引了大量网友的关注和互动。

这份报告不仅展示了各省在文旅新媒体传播方面的实力,也为行业提供了宝贵的市场洞察和策略参考。(资料来源:根据《2023 年 9 月全国省级文化和旅游新媒体传播力指数报告》改编)

第一节　旅游数字化促销概述

一、旅游促销

(一)促销的内涵

促销是企业进行市场营销的重要策略之一,以传播宣传的形式向消费者传递信息,与消费者进行沟通。企业通过促销将自己的产品和服务传递给消费者,激起消费者的购买欲望,从而增加产品和服务的销售量。

促销实质上是一种沟通活动,即营销者(信息提供者或发送者)发出用于刺激消费的各种信息,并传递给一个或更多的目标对象(信息接收者,如听众、观众、读者、消费者或用户等),以影响其态度和行为。企业的市场营销是围绕消费需求展开的,一方面企业需要针对消费者的情况做出营销决策,另一方面消费者也只有在获取和了解企业产品或服务的相关信息后才能做出购买决策。这里所说的促销是指在买卖双方之间进行的信息沟通,特别是更加强调企业信息向消费者的传递,因此又可以称作营销沟通。

促销活动的实质就是信息的沟通和传播过程。营销传播是指传播者发出作为刺激物的信息并传递给目标对象,以影响其态度和行为。营销传播可分为人际传播和大众传播。人际传播是两个或多个人之间进行的直接的、面对面的信息交流。推销人员与消费者的直接交谈就是一种人际传播。大众传播是指职业化的传播机构向大众传播信息。大多数营销传播都是面向消费者整体的,且通常借助大众媒体传播信息。

(二)旅游促销的内涵

旅游营销者通过各种宣传、吸引和说服的方式,向旅游消费者传递有关旅游企业/旅游目的地及旅游产品的信息,从而影响旅游消费者的购买行为和消费方式,这样的活动即为旅游促销。因此,旅游促销活动实质上既是一种交流活动,又是一种传播行为,是发生旅游企业/旅游目的地与旅游消费者之间信息沟通的行为过程。

关于促销工作在旅游营销中的任务和作用,可简要地归纳为以下四点[①]:

①提供或传播旅游企业/旅游目的地的旅游产品的信息。

②刺激市场需求,鼓励目标消费者选购旅游企业/旅游目的地提供的旅游产品。

③宣传和塑造旅游企业/旅游目的地的旅游产品的形象。

④稳定或扩大旅游企业/旅游目的地旅游产品的销售量和市场份额。

---

① 沈雪瑞,李天元,曲颖.旅游市场营销[M].3版.北京:中国人民大学出版社,2022.

　　至于某一项促销活动的开展究竟出于哪一种目的,取决于旅游营销者根据具体情况作出的具体决策。就旅游业中最为普遍的情况而言,旅游企业/旅游目的地开展促销活动的目的主要是刺激和影响市场需求。从这个意义上说,促销是旅游营销者用来刺激和影响市场需求的一种途径。

　　传统旅游促销是相对于新媒体还未在旅游促销应用之前的时期开展的营销传播而言的,传播和营销媒介主要以电视、杂志、电台、户外广告等传统媒体为主,代表了旅游营销传播领域的一种长期存在的信息传播惯性和路径依赖,其基本形态包括广告、营销推广、公共关系和人员推销等。

　　广告主要是指旅游企业/旅游目的地以旅游形象大使、文字等形式,向目标市场传播有关旅游产品、服务、形象、品牌等有关信息,以扩大影响力和知名度,吸引旅游者前来消费的一种促销方式。广告的媒介种类繁多,包括报纸、杂志、广播、电视等传统媒体。

　　营销推广也叫销售促进,是刺激市场快速或激烈反应所采取的鼓励达成交易的促销措施,包括消费者推广和内部激励推广。消费者推广主要是通过降价、优惠等形式促成消费者的购买行为;内部激励推广主要是通过内部工作人员特别是营销人员,通过奖金、绩效等激励措施,激发企业本身的营销行为。

　　公关关系是指旅游企业/旅游目的地为了自身发展创造最佳的社会关系环境,在面临内部和外部关系时所采取的一系列人际传播、机构传播和大众传播的行为,主要包括宣传册、会展、网络公关、特色节庆、公益实践、宣传电影、电影赞助等形式。公关关系相对于广告是成本较高的一种促销手段,但比广告更利于树立形象、品牌和影响力,旨在培养潜在客源促进销售。

　　人员推销是最传统的促销方式,也是最常用、最直接的销售方式。人员推销是指旅游从业人员直接与潜在旅游者接触,通过面对面沟通来宣传景区,以达到促成销售的目的。它具有针对性强、互动效果好、营销灵活等优势。

　　传统旅游促销能够长期盛行的重要原因是,营销和传播的主导权主要控制在旅游产品制造商和渠道商(旅游景区经营企业和旅行社)手中,因此在营销传播过程中,信息垄断的市场控制力量分散为市场各个部分共有的权利,使传统营销传播面临前所未有的困境。[①] 其共性特征表现在三个方面:①直线沟通。信息传播的目标是影响受众的思想和行为,缺乏对环境以及反馈的重视。②行为至上。关注对象的行为反应,单纯以达到目的为前提,忽略了品牌与旅游者之间的情感关联。③信息单一。关注点在信息的有效性和使用成本上,只考虑自身利益,针对旅游者的都是诱惑消费的宣传。[②]

---

　　① 杨怡.基于整合营销传播(IMC)的旅游营销理论研究[J].漯河职业技术学院学报,2012,11(4):97-99.

　　② 周扬,高亚龙,黄学彬.基于整合营销传播的旅游营销策略研究:以三亚蜈支洲岛风景区为例[J].科教导刊,2018(33):33-35.

从传统旅游营销传播的困境中不难发现，传统的方式已不再适应现今旅游发展的需要。传统的营销传播的基本目的是销售，而现代旅游营销传播是以构建并维护稳定的游客关系作为企业或品牌长远发展为营销传播目的的。随着新兴信息技术的涌现及市场环境的深刻变革，传统营销传播理念遭遇了发展的瓶颈期。如今，营销传播的目标已远远超越单纯的销售促进，它致力于在品牌与旅游者之间构建起深厚的情感纽带，并在此过程中不断探索和采用能够持续促进双方沟通理解、达成共识的传播策略与手段。[①]

二、旅游数字化促销的内涵

旅游数字化促销区别于传统旅游促销，它是一种主要以新媒体终端作为传播和营销媒介的旅游促销。相对于传统媒体而言，新媒体是一种全新的媒体形态，具有数字化、互动化等特点。从技术上分析，新媒体以计算机技术和信息技术为基础；从功能上分析，新媒体实现了信息借助于各种网络终端进行传播、交换的目的。[②] 新媒体背景下消费者具有个性化、精准性、互动性、分享性、便捷性等行为特征，其消费行为模式也变得更为成熟。[③] 这些消费行为特征和模式体现了新媒体在旅游数字化促销中的必要性，这表明旅游数字化促销应是立足于旅游者需求之上的由外而内的双向即时的交流。没有建立在旅游者需求基础上的营销传播模式既不能与旅游者达成互动交流，也无法长期稳定与旅游者之间的关系。

(一)新媒体渠道应用

新媒体是一个相对于传统媒体而言的概念，是继报纸、杂志、广播、电视四大传统媒体之后出现的"第五媒体"，是利用数字技术、网络技术、移动技术，通过互联网、有线网络和无线通信网，借助电脑、手机、触摸屏等终端，向受众提供信息的传播形态和媒体形态。新媒体渠道随着新媒体的发展历程也在不断推陈出新，从以浏览信息为主的 Web1.0 时代到交互分享的 Web2.0 时代以及个性化聚合的 Web3.0 时代，新媒体渠道也在不断演变。[④] 借鉴《新媒体营销概论》(第 2 版)[⑤]中，基于新媒体发展脉络和形态演化的过程对新媒体渠道的分类，结合目前文化旅游产业营销中最常见的媒介类型，着重就新闻资讯平台、直播平台、视频平台、社交平台四大类进行分析。

1.新闻资讯平台

新闻资讯平台伴随互联网的高速发展而出现，它通过整合各方面新闻信息并分类分

① 杨怡.基于整合营销传播(IMC)的旅游营销理论研究[J].漯河职业技术学院学报,2012,11(4):97-99.

② 宋泉江.临沂旅游新媒体运行现状及对策[J].旅游纵览,2020(23):91-93.

③ 武文昭.旅游目的地新媒体整合营销传播研究[J].现代商业,2022(29):6-10.

④ 翁婷.渠道策略优化研究:以京杭大运河杭州景区为例[D].杭州:浙江工商大学,2021.

⑤ 勾俊伟,刘勇.新媒体营销概论[M].2版.北京:人民邮电出版社,2019.

发的方式,满足受众方便获取信息的需求,主要基于 Web1.0 时代门户网站的发展而来,如最开始的腾讯网、人民网、凤凰网等一批优质门户网站,内容形态以图文为主。随着互联网的发展,信息的多样化爆发式呈现,用户信息的获取越来越偏向于个性化,选择也更加多样化,新闻资讯平台通过兴趣个性化推荐算法的应用,累积客户数据,通过算法和大数据分析,出现了兴趣分化和个性化的推荐方式,如今日头条通过算法进行个性化推荐,吸引了一大批受众。新闻资讯平台除作为门户网站外,也开始基于兴趣阅读培养自己的内容创作者,通过产出该领域优质的内容信息,吸引受众关注,如专注于知识分享的知乎、专注于小说阅读的起点读书等平台。

新闻资讯平台营销在旅游营销中的应用,一方面与新闻资讯合作,利用新闻资讯平台的既有受众和强大覆盖率,在景区进行展示和传播;另一方面,旅游企业自建门户窗口作为官方网站,这是旅游企业最主要的营销应用。比如,景区官方网站就是景区的官方对外营销窗口,作为景区对外信息发布和景区信息导览的官方渠道。官方网站在景区营销中的作用十分丰富,一是可全面展示景区的信息,宣传景区品牌形象;二是搭建了景区与旅游者之间直接双向沟通的平台,并可及时获得旅游者体验反馈,帮助景区获得游客好感,建立景区与消费者之间的有效沟通平台。

2. 直播平台

直播平台因参与门槛低,呈现方式多样,在个性化、娱乐化、差异化的大趋势下,直播平台开始展现其独有优势。直播平台的发展,最早始于 2005 年左右,以线上聊天室为主要载体,如通过聊天室来聊天、才艺表演、唱歌等。随着互联网的发展,在 2014 年兴起了游戏直播的新模式。此后随着受众对于娱乐化的需求越来越多,直播也开始往各领域渗透,如音乐、美食、教育等各个领域。

直播平台在旅游营销中的应用非常广泛,活动直播、内容直播等都是景区常用的方式。相对于其他视频平台,直播营销因其时效性、互动性及展示真实性,更容易获得旅游者信任,相对于线下有限的承载量,线上直播可覆盖全国甚至全球观众,大大降低了营销的门槛及成本,是低成本营销的有效方式。

旅游直播平台营销主要包括两个方面:一是利用直播平台的新媒体作为景区对外营销传播的渠道之一,如景区举办的各类节庆活动、赛事、音乐节或者活动,通过直播平台进行传播;二是利用直播平台受众广泛、流量庞大的平台优势,进行直播类的营销方式,如 2020 年迅速崛起的直播带货、直播旅游等营销新模式。因直播的社交性、即时性和实时互动性等优势,近年直播平台营销发展势头强劲,直播营销的优势越来越大。

3. 视频平台

视频平台具有传统媒体电视的效果,又具有内容生产效率高、成本低、限制少、传播覆盖率高、使用方便等特点,随着互联网的发展而快速崛起。

视频平台在国外发展比较成熟,在国内随着互联网的发展而逐渐发展起来。最开始出现,是因为一批视频平台运营者,为了满足用户线上观影的需求,整合了国内外影视资源建立的专门网站,如最初兴起的土豆、优酷等网站,以此累积了一大批用户群体。随着视频网站用户的增多,也出现了一大批业余爱好者制作、剪辑或把大量的视频片段分享到视频网站。视频平台的用户群体越来越壮大,营销价值进一步凸显,更多的资本投入视频网站,并且花重金引进国外高清片源,逐渐出现了爱奇艺、腾讯视频、优酷视频这些聚集大部分用户流量的头部平台,它们已成为用户观看视频的首选平台。随着竞争的白热化,各平台为了赢得用户竞相推出原创剧、原创综艺等内容,花重金购买热门影视或综艺的独家播放权。

短视频因时间短、传播效率高、内容生动转化率高等特点越来越受到青睐,如微博、快手、抖音等短视频内容聚集平台,且因此而崛起了一批优秀短视频内容制作者。

视频平台几乎已经完全代替了传统电视平台,相对于其他平台,它具有创意空间大、展示形式多样、呈现效果感染力强等优势。视频相对于静态画面,生动、形象,且能传播更多信息。旅游视频营销的主要方式包括内容营销和广告营销。从内容营销方面来说,越来越多的景区通过微视频、原创短视频来进行品牌营销,如景区官方微电影、官方宣传短片等,并在爱奇艺、腾讯视频等主流网络视频平台进行传播;从广告营销方面来说,景区通过与自带流量的视频平台合作,在平台上进行服务和产品的宣传和曝光。近两年异军突起的短视频,如抖音、快手等平台,带火了一大批网红城市,通过抖音短视频爆红的网红旅游城市有重庆、成都等。

4.社交平台

社交平台最大的特点是用户可系统地在网络上将自己的社交网络公之于众。社交平台的用户在特定的网络系统中可选择性公开,社交平台因随时随地分享和交流的特点,也改变了受众的社交方式,又因为社交的特殊互动属性,用户对于社交平台的黏度和依赖度相对会更高。

QQ、微博、微信是目前国内最具流量和影响力的社交平台。微信是腾讯继 QQ 之后推出的社交软件,主要迎合了移动营销的新趋势。微信集社交、销售、新闻资讯、视频等众多功能于一体,易达到良好的营销效果,在此背景下衍生出口碑营销的概念。

社交平台因为其自带社群和用户黏性强的特点,成为景区与游客互动互联、聚拢人气的主要窗口。以浙江省为例,浙江省文化广电和旅游厅 2022 年列示的 19 个 AAAAA 级景区(如杭州西湖风景名胜区、杭州市千岛湖风景名胜区、天一阁·月湖景区、西塘古镇景区、南湖旅游区、缙云仙都景区等)都已开通了自己的官方微信号。有很多景区在官方微信号实现了旅游咨询、旅游产品预订、服务告知等复合功能,附加微信号服务功能,增加用户黏性及好感度。

（二）新媒体背景下消费行为特征

1. 个性化

传统旅游目的地的旅游路线、交通、食宿等需要通过中间商筛选，是一种提供旅游目的地的包价服务，旅游者接受中间商提供的制式化旅游产品。当旅游者产生不同的旅游需求时也只能有为数不多的选择。新媒体平台的应用给旅游者提供了个性化需求的释放空间，可以用新媒体平台获取目的地的信息，根据需要来定制旅游目的地的产品和服务，享受个性化的旅游体验。

2. 精准性

在传统的旅游消费大环境下，很难获取到更多的旅游目的地信息，但新媒体平台可以为旅游者提供海量的旅游信息，通过搜索引擎就可以查找到想要的信息。旅游搜索引擎可以快速、准确地查找旅游目的地的信息等资讯，操作起来也更为简单，可以更好地满足旅游者的需求。

3. 互动性

在传统的旅游模式下，由于旅游目的地信息具有不对称性，旅游者只能作为信息的被动接受者，信息只能通过供给者或中间商来提供。新媒体平台改变了信息单向传递的状况，通过新媒体平台就可以向旅游者提供大量的目的地信息，使目的地信息变得更为透明，为旅游者提供了自主选择的机会，也可以使旅游者与中间商进行互动，旅游者主体地位得以提升。旅游者也可以参与到旅游产品的设计和选择中，发挥旅游主体的优势与主动性，消费模式已经从目的地营销推动转变为旅游者推动。

4. 分享性

创建新媒体平台既可以为旅游者提供获取信息的有效渠道，又可以作为旅游者集聚的信息交流平台。旅游者可以将旅游经历与体验通过平台进行分享，也可以与其他旅游者进行交流，将更好的旅游体验感分享给潜在旅游者。

5. 便利性

在传统的旅游模式下，旅游者做出选择和决定去往旅游目的地需要耗费大量的时间和精力，而通过新媒体平台则可以更为快速、便捷地查询旅游目的地的产品信息，可以对多个目的地进行筛选和评价。这就使目的地的旅游价格变得更为透明，再通过多种促销形式，可以让旅游者享受更多的优惠。电子商务的普及与应用也使旅游产品的购买方式变得更为方便和安全，可以足不出户就预订旅游目的地。

（三）新媒体背景下消费行为模式

在新媒体的推动下，当前的消费行为模式已经日益成熟，这为旅游行为模式的创新提供了新的视角和思考路径。[①]

---

① 武文昭. 旅游目的地新媒体整合营销传播研究［J］. 现代商业，2022(29)：6-10.

1. AISAS 模式

新媒体以其强大的影响力正在影响新时代的人们。新媒体平台的广泛普及与应用改变了信息传播的传统模式,虽然为消费者提供了丰富的信息,但是同时也让消费者在信息的海洋中迷失,增加了他们获取有效信息的难度。在这个环境下,消费者越来越依赖百度、谷歌等搜索引擎来筛选和验证信息,它们已成为消费者查询和确认信息的主要途径。这种转变也促使消费者行为模式进化为具有鲜明新媒体特色的 AISAS 模式。

AISAS,即 Attention(注意)、Interest(兴趣)、Search(搜索)、Action(行动)和 Share(分享)五个英文单词的首字母缩写,它凸显了搜索与分享环节在新媒体时代消费者行为中的核心地位。这两个环节不仅反映了新媒体对消费行为的深刻影响,还揭示了消费者在新媒体环境下的角色转变。

传统的 AIDMA 模式中的营销者是信息传播的主导者,消费者只能被动接收信息,其影响力随着消费进程的推进而逐渐减弱,购买行为即意味着消费者与信息的交互终止。AISAS 模式则鼓励消费者积极参与到营销信息的传播中,成为信息的主动搜索者、分享者和传播者。在 AISAS 模式下,购买不再是消费行为的终点,而是信息分享的新起点。消费者的分享行为能够对其他消费者的购买决策产生实质影响,从而形成了一种新的营销传播动态。

新媒体时代的到来,意味着营销传播的主导权已不再仅仅掌握在企业手中。AISAS 模式深刻反映了消费者行为在新媒体影响下的变化趋势。随着搜索引擎技术的不断进步和完善,AISAS 模式将在未来的营销传播领域发挥更加广泛和深入的作用。

2. SIPS 模式

随着新媒体技术的持续进步和消费者需求的日益多样化,信息分享行为所产生的影响已经显著超越了单纯的搜索行为。即时通信类软件的应用规模和使用频次已经大幅超越传统搜索引擎,显示出社会性媒体在当下环境中的巨大影响力。在这种背景下,消费者行为模式已经发生了深刻变化,SIPS 模式提供了一个全新的视角来分析消费者的心理和行为。

SIPS,即 Sympathize(共鸣)、Identify(确认)、Participate(参与)和 Share(分享)四个英文单词的首字母缩写,它反映了新媒体时代消费者行为的核心特征。在 SIPS 模式下,每个人都可以成为信息传播的把关人,信息的传播力度主要取决于其能否引发个体的共鸣。那些能够触动受众、产生共鸣的信息,往往能够获得更广泛的传播。

相反,如果信息无法引发共鸣,那么它很可能会迅速被海量信息所淹没,从而退出传播进程。这意味着,只有那些经过消费者精心筛选和把关的营销信息,才有可能触动消费者的内心,进而在消费者群体中传播开来,构建起一个庞大的信息传播网络。因此,在新媒体时代,把握消费者的心理需求,制造能够引发共鸣的信息,是营销成功的关键。

3. SIVA 模式

消费者是拥有独特需求和自主意愿的独立个体,营销者不应再持有传统的主导观念,而是需要将更多的选择交给消费者自身。在这一新模式下,消费者将转变为需求信息的主动传播者,而非过去的被动接受者;相应地,营销组织的角色也将转变为信息的接收者和响应者。

SIVA,即 Solutions(解决方案)、Information(信息)、Value(价值)和 Access(途径)四个英文单词首字母的缩写。在 SIVA 模式下,消费者能够通过网络平台自由地调整他们的搜索方向和选择路径,直至找到他们所需的入口。

当消费者在网络空间中进行浏览和跳转时,这些行为实际上为营销者与消费者之间建立了沟通的桥梁。营销组织需要敏锐地捕捉这些对话机会,向消费者提供真正有价值的信息,从而帮助他们缩短决策过程,更快速地找到他们所需的入口。这一过程中,营销者的目标是促进消费者的决策效率,同时建立起与消费者的紧密联系。

(四)旅游数字化促销的逻辑模型

基于上述认识,本章对旅游促销的讨论重点在于强调其作为旅游企业和旅游目的地营销组织对外开展的营销传播活动。数字技术的更新推动了营销传播实践、传播内容和传播媒介形式上的创新。[①] 因此,旅游企业/旅游目的地数字营销促销分为传播形式、传播机制、传播渠道三部分,即借助官方网站、OTA 网站、直播平台、视频平台、社交平台、VR 和 AI 等智能媒介开展营销活动,主要通过文字、图片、音频和视频等传播形式,采用网络传播、自传播和智能传播等传播机制向旅游者宣传旅游企业/旅游目的地旅游吸引物,以传播旅游形象,激发旅游者的旅游意愿。旅游数字化促销的逻辑模型见图 7-2。

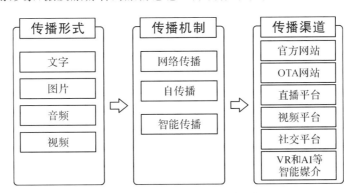

图 7-2　旅游数字化促销的逻辑模型

(资料来源:根据唐文萍等(2023)改编。)

旅游企业/旅游目的地数字化传播的发展过程主要分为网络传播阶段、自传播阶段和智能传播阶段。20 世纪 90 年代是网络传播阶段,信息传播媒介从传统的报刊、广播、电视过渡到互联网,传播方式以内容驱动为主,传播的信息由专业编辑生产;21 世纪的前

---

① 唐文萍,刘沛林,裴习君,等.文化遗产旅游地数字营销的理论逻辑与实践路径:基于具身传播视角[J].长沙大学学报,2023,37(2):74-80.

二十年是自传播阶段,兴起的社交媒体成了这个阶段主要的信息传播媒介,传播方式仍以内容驱动为主,传播的信息由用户生产;21 世纪 20 年代开始进入智能传播阶段,VR和 AI 等智能技术是这个阶段主要的传播媒介,传播方式以数据驱动为主,传播的信息由数据生产。

数字技术的进步驱动了传播具身性趋势的形成。数字营销阶段的发展伴随着数字传播媒介的变迁,旅游营销的具身性也在不断增强。这里的具身性主要包括感官具身、技术具身和空间具身。传统媒介下的大众传播是身体缺席的离身传播,其将身体视为传播的负担,认为传播是信息跨越空间的远距离扩散,信息传播方向是精神层面的信息单向传递。互联网的出现改变了信息传播的媒介,网络社区和电子商务平台的建立实现了用户的在线互动,互联网的实时交流使用户体验呈现出具身化趋势。

自传播是指用户通过抖音、微信和微博等社交媒体以文字、图片、音频和视频的方式向外发布自身事实和信息的传播方式。尤其是随着 4G 大规模商用,直播和短视频成为主导媒介,传播进入视频化时代。身体在技术的加持下具有了更强大的信息传播能力,其媒介属性进一步增强,也成为信息传播的重要途径和工具。自传播的内容题材和传播方式都呈现具身性特点。采用大数据技术对旅游者在自媒体平台发布的用户生成内容进行分析,能够实现对用户画像的精准描摹,进而为自媒体用户推送其感兴趣的内容,使用户获得具身化的内容体验,尤其旅游短视频的传播内容以身体符号的展示为主,在传播形式中更加凸显自传播的具身性。

智能传播是指借助大数据、自然语言处理和机器学习等相关技术对可穿戴设备采集的多模态数据进行处理和分析,进而采用虚拟现实和人工智能等数字技术,借助连接在身体不同部位的传感器和 VR 等终端设施,将身体变为传播体系的一个部分。通过人体镜像神经元系统的镜像机制把体验者与物质世界交互过程中获得的知觉经验模拟到虚拟空间,使旅游者能在虚拟空间中以"数字人"形式获得身体"在场"的知觉体验,这体现出智能传播的强具身性特点。智能传播技术的具身性优势使旅游者的感官体验由视觉和听觉的二维体验,拓展到视觉、听觉和触觉的三维体验,将感知环境由实境拓展到虚拟的情境,身体感知系统的参与也更趋于多元立体。因此,智能传播时代的旅游传播要将旅游者的身体重新"嵌入"旅游情境之中。

三、旅游数字化促销的特征

(一)传统媒体与新媒体在发布旅游信息时存在显著差异

1.发布主体差异

传统媒体的发布主体通常为媒介组织,如电台、报社、杂志社和电视台等,这些发布主体会谨慎选择信息进行单向传播,而普通大众则只能作为新闻的被动接受者,缺乏发布新闻信息的途径。因此,在推广旅游产品时,旅游机构往往需要依赖这些传统媒体来发布相关信息。①

随着新媒体的迅猛崛起，信息发布不再仅限于专业组织机构。如今，众多个人、团体和协会等都创建了自己的自媒体平台，从而成为信息发布的主体。社会大众不再仅仅是新闻的接收者，无论是领导还是普通网民，都拥有了自主发布信息和监督信息的权力。新媒体为旅游信息的发布带来了极大的便利，各大旅游机构纷纷开通官方微博、微信公众号等渠道，构建起专属的信息发布平台，以便随时随地向消费者传递最新的旅游资讯。

2.传播媒介差异

报纸、电视等媒体经过长期的发展，已经在人们心目中树立了权威可信的形象。因此，通过传统媒体发布旅游信息，更有利于塑造旅游品牌，进而提升旅游景点的品牌价值。此外，传统媒体的报道内容往往具有较深的深度和较强的专业性。然而，无论是广告还是咨询策划选题，传统媒体的制作周期通常较长，并且内容的保存和分享也相对困难。

新媒体的开放性与旅游的分享性相得益彰，其及时性、互动性等特点不仅为旅游信息提供了丰富的资源，还使得传播渠道更加多元化。例如，旅游机构可以通过微博制造热门话题、发布图片并与消费者实时互动；通过微信公众号推送精彩文章，分享旅游经验和广告投放；同时，利用 H5 等技术向消费者全方位展示旅游产品。然而，新媒体环境中也存在大量虚假信息，导致许多人对新媒体发布的旅游信息持怀疑态度。此外，新媒体言论的自由度较高，给相关机构的监督和管理带来了一定的挑战。

3.内容表现方法差异

传统媒体通过主流渠道发布视频、图片和文字等多样化的信息。以庐山电视台为例，他们曾为庐山这一旅游胜地精心制作了一部宣传片。这部宣传片以视频的形式，逐一展示了庐山的各个著名景点，使观众能够充分领略庐山的美景。许多人在观看这部宣传片后，都萌生了前往庐山旅游的想法。在视频的结尾部分，还贴心地附上了当地旅游部门和旅行住宿的相关信息，为观众提供了便捷的旅游指南。

新媒体发布旅游信息具有突破时间和空间限制的优势。人们可以通过新媒体，以视频、声音、文字、图片、二维码等多种形式，随时随地获取旅游信息，且这些信息易于保存和传播。例如，各大旅行社现在利用微博、微信等平台推广旅游产品时，仅需设计一张精美的海报，并将具体行程生成二维码。消费者若对此感兴趣，只需扫码即可查看详细信息，这种方式不仅便捷，还方便消费者保存和分享。

4.发布及时性差异

在发布及时性方面，新媒体展现出显著的优势。以 2015 年 11 月 22 日北京降雪为例，故宫官方微博迅速发布了故宫的雪景图片，并配以诗意的文字"片片互玲珑，飞扬玉漏终"，巧妙地将故宫的景致与雪景融为一体，引人入胜。微博的这种实时分享功能立刻

---

① 可佳.论传统媒体和新媒体在旅游信息发布上的差异[J].新闻研究导刊,2017,8(24):35-36.

激发了游客前往故宫欣赏雪景的欲望。这正是新媒体独有的魅力——及时性和迅速性。相比之下,传统媒体在信息发布前需要经过烦琐的准备、策划和剪辑过程,且受固定发布时间的约束,因此无法与新媒体在及时性方面相提并论。

5.信息反馈差异

传统媒体的传播方式主要是单向的,大众往往只能被动接受旅游信息,传播者与接收者之间的互动非常有限。尽管有些机构或媒体尝试通过填写反馈表格等方式与消费者建立沟通,但这种做法需要投入大量的时间和金钱,而且消费者的互动意愿通常不强烈。相比之下,新媒体的传播方式是双向的,信息的发布者不再局限于旅游信息的官方渠道,受众同样可以成为信息的发布者,这种传播方式更有利于旅游信息的推广。微博、微信等平台为消费者提供了分享旅游信息和旅游感受的空间。通过这些平台,旅游机构可以收集关于旅游产品的反馈,了解哪些产品存在问题,哪些产品受到消费者的欢迎,从而进行有针对性的市场调整,以获得更佳的市场效果。

6.发布范围与受众差异

传统媒体与新媒体在传播地域和广度上存在显著差异。传统媒体往往针对某个或多个特定地区及特定群体设立和运营。然而,新媒体则得益于网络的信息化和共享化特性,使其传播具有更广泛的社会性和全球性影响。

传统媒体的发展受限于特定的时间、空间和领域,其受众范围相对较小。以巴厘岛火山爆发为例,电视台等传统媒体所发布的通知仅能对正在收看新闻电视节目或广播节目的观众产生作用。然而,对于那些身处巴厘岛、无法接收到中国电视台信号的游客来说,这样的通知就显得无力。相比之下,新媒体发布的信息能够覆盖全球范围,并且旅游者可以实时接收到通知消息。即使不观看电视节目或身处国外,人们也能通过新媒体及时获取相关信息,从而有效地规避潜在的风险。

(二)旅游数字化传播新特征

1.主动获取信息

随着信息技术的持续进步和新型社交媒体的涌现,新媒体在旅游营销推广方面展现出更为巧妙的策略。相较于传统营销方式往往被动地等待受众接收信息,新媒体营销则采用更为委婉和信息化的手法来传递信息,以更符合大众接受习惯的方式将旅游产品信息推送给他们。通过企业网站、搜索引擎优化、精心撰写的旅游软文和旅游 App 的广泛应用,旅游目的地的全方位、多维度信息得以渗透。同时,这些信息之间的相互链接,能够吸引不同类型的旅游人群进行浏览,从而在不知不觉中高效地传播旅游信息[1]。

2.精准营销推送

传统媒体往往采用面向全体大众的硬性营销推广方式,难以根据细分客户进行精准

---

① 李阳."互联网+徐州旅游"新媒体营销策略研究[J].度假旅游,2018(8):132-134.

的内容推送。然而,新媒体具备社交属性,使得拥有共同兴趣的旅游者能够更便捷地相互发现,如马蜂窝、去哪儿、携程网、QQ、微信、微博等社交平台。在这些新媒体平台上,可以针对关注相同旅游主题的消费者进行精确的旅游信息推送。此外,借助社群中的旅行达人的影响力,还可以有效地引导社群的消费决策和行为。

3.传播范围广泛

相较于传统媒体营销,新媒体营销具有更广泛的地域覆盖能力。借助互联网的力量,旅游企业可以轻松地在全球范围内进行营销推广活动。此外,新媒体营销的传播速度也远超传统方式,往往能够实现信息的实时传递。通过一次成功的新媒体营销推广,旅游企业就能将信息迅速传播至全球各地。

4.信息双向传递

传统营销方式主要是信息的单向传递,且信息更新速度较慢。然而,在新媒体营销中,游客不仅作为信息的接收者,还成为信息的发送者,实现了旅游信息的双向甚至多向交流。这种有效的信息互动不仅提升了旅游信息传播的广度和深度,还为旅游企业提供了利用这些互动来提供精准个性化服务的机会。

四、旅游数字化促销的模式

旅游数字化营销的传播环境已发生了改变,促销模式的建立应该遵循传播规律,重新建立起满足营销传播环境的新型传播模式,基本要素包括旅游者导向、接触点整合、营销信息整合、传播效果评估等。以旅游者为导向制订旅游数字化促销计划,将新媒体作为平台工具和媒介,发挥传播聚合中心的作用,对营销传播过程进行评估,确保营销传销体系进行动态循环。此计划反映出新媒体在营销传播体系中的价值,为开展营销活动提供了参考。该计划分为营销战略制定、接触和评估反馈三个阶段。[①]

(一)要素

1.旅游者导向

传统营销多采用单一外向传播系统,但随着市场环境的改变,已经转变为双向传播系统。旅游者与营销信息传播者地位对等,营销人员需要深入了解旅游者需求,制定切合实际的营销传播策略。旅游者导向是与传统营销传播区别开来的,在新媒体大背景下,旅游者对旅游目的地信息的需求在广度和深度方面有较大差别,在旅游的不同阶段对信息需求和搜寻路径也有所不同,不同消费层次的旅游消费者信息需要区别对待。针对旅游者特征和信息的搜寻行为进行分析,是进行营销传播活动的基础,探索并建立旅游者行为模式,才可以在目的地营销传播时开展有针对性的活动。

---

① 武文昭. 旅游目的地新媒体整合营销传播研究[J]. 现代商业,2022(29):6-10.

2. 接触点整合

新媒体背景下的营销传播最合理的整合模式是将旅游者信息接触渠道都纳入营销计划，充分发挥不同渠道具备的优势。接触点整合应该考虑细分目标市场、媒介传播特性、到达率和接触率等方面，接触点给旅游者直接面对营销信息的机会，可划分为人为和自发两种类型，人为接触点需要通过设计形成的营销信息，采用数字广告等营销工具进行组合，自发接触点为受众在消费或体验时具备的信息接触机会。从旅游目的地营销传播角度来讲，接触点会遍布在不同阶段，在进行旅游活动以前是无法接触目的地旅游产品和服务的，只能通过营销信息具备的虚拟景象进行体会。在对旅游者接触点进行管理时，不同媒体需要发挥不同的作用，旅游者对品牌信息的每个可能接触点进行识别与确认，通过有效的信息沟通方可取得理想的营销传播效果。

营销传播工具类型比较多，多采用直播、短视频、数字广告等方式，在对营销传播工具进行组合时，应该结合每个营销传播工具的特点，针对营销传播目标采用多种传播工具组合方式，可以更好地影响受众的态度、行为，还应该结合营销预算、目的地的实际情况，在可接受的预算范围内采用合理的营销传播工具组合，不同工具间协同配合。旅游目的地营销传播媒介组合需要先对旅游目的地信息进行告知，让潜在旅游者深度了解，发挥营销网站传播聚合中心作用，再由搜索引擎将告知端向中心进行引导。在媒体平台整合方面，因为旅游目的地品牌形象的树立并非一次信息告知就可以完成，需要对不同跨媒体平台进行整合，短效传播速度快且时效强，但持久性不强；中效传播是针对特定人群采取的传播方式，影响也比较持久，但受众面有局限；长效传播有持久的影响力，需要通过长时间的精心打造，但缺乏时效性且传播速度慢。应该将旅游者需求作为根本，结合实际情况采取多种时效整合方式。

3. 营销信息整合

旅游企业/旅游目的地品牌信息设计应该将旅游者作为导向，新媒体大背景下存在诸多信息，受众会出现信息疲劳和抵触现象，很多人只关注自己关心的信息，这些信息是具有实际价值的。在营销传播时需要结合受众的信息需要，提供与旅游者需求产生共鸣的信息。在应对多样化的营销环境时，营销传播策略需灵活调整其内容以适应不同情境，同时，也需确保在较长的时间跨度内，营销信息的核心见解保持一致，旨在深化市场理解，避免长期努力因信息杂乱无章而白费，进而预防因信息不一致所导致的目标市场形象认知混乱。

4. 传播效果评估

①业绩评估。评估采用营销传播策略在某个特定时期内所取得的业绩成果，是一项需要持续进行且跨越较长时间段的综合评估过程。通过该时间段内旅游收入和游客人数等数据信息，对营销传播行为产生的影响进行考核。该评估方法为客观量化评估，但由于旅游目的地游客接待量、旅游收入等业绩会受到多种因素的影响，如汇率变化、突发事件、竞争行为等，单纯采用业绩评价法对营销效果进行评价会存在偏差。

②沟通评估。了解旅游者心理变化产生的影响，可对沟通效果进行评价，可以考核营销传播对市场态度的影响，沟通评估是一种短期评估，多采用问卷调查、等级测试等方法。该评估方法需要旅游者进行配合，通过回忆或主观判断填写问卷，通过量化评价得出结论，是一种定性评价方法。

（二）阶段

1. 战略制定阶段

营销组织对旅游者进行观察与分析，结合数据库内的信息制订传播方案，深入了解旅游者行为、需求和偏好，找到受众和旅游目的地间的契合点，结合受众心理来制定营销策略，为营销传播提供支持。

2. 接触阶段

旅游者与目的地进行接触后形成动态交互营销传播。在客源地进行营销传播时，需要采取切合实际的营销传播工具组合，进行营销信息告知，引起受众注意，提升对旅游目的地的认知度，让目的地旅游形象深入旅游者心中，有利于旅游目的地的长远发展。目的地营销传播是针对已经到访的旅游者进行的营销传播活动，目的是提升旅游者的满意度和旅游体验，随着对目的地更深入的了解，新决策也可能随之产生，可能对行程和内容进行调整，可以进一步对旅游者进行指引和介绍，并通过目的地新媒体等进行营销，可以获得很好的营销效果。旅游后的营销传播注重总结与评价，通过分享和了解可以提高旅游者对旅游目的地品牌的忠诚度，这样可以达到营销传播的终极目标。

3. 评估反馈阶段

为了保证可以实现营销传播的动态循环，需要对实际营销传播效果进行评估。将旅游者作为群体进行分析，可采用抽样调查和概率统计的方法，充分借助大数据技术，对新媒体平台的旅游者行为进行深度分析，可以使营销组织获取准确、详细的数据信息，为后续的营销活动提供数据支持。

第二节　旅游直播

一、旅游直播的内涵

随着 5G 技术的兴起，各个行业与互联网的整合已经迈入了一个崭新的阶段。旅游行业近年来兴起的"上网潮"，成了一种新颖的宣传手段。其中，旅游直播便是利用互联网直播技术，将旅游景点等旅游企业或旅游目的地的魅力在网络上实时展现的一种方式。旅游直播作为"直播＋"与旅游业结合的一种创新形态，为传统旅游业注入了全新的活力和展现形式。

相较于其他的"直播＋"形式,旅游直播在实现游客沉浸式体验方面面临挑战。这主要是因为传统旅游方式强调的真实景色现场感,在直播中难以完全呈现。然而,随着新型传感器和低时延互联网传播技术的涌现,沉浸式直播体验已获得了技术上的有力支撑。特别是在疫情期间,旅游直播的独特优势更加凸显。在线旅游创造的"遥远的在场"感在特殊时期成了人们的新选择,使游客能够在家中感受远方的风景。

在场这一概念,从技术传播的角度看,表现为一种效应;从受众的视角看,则是一种深切的感受。因此,可以从两个方面定义在场。一方面,它指的是传播技术所引发的,在交流过程中能让人意识到与他人共同存在的沉浸式效果。另一方面,在场也可以被理解为受众通过媒介技术对他者的感知。这里的"他者"包含两类:一是指其他的人,即感受到与他人在同一场域中共存;二是指情境,即便身处不同的物理空间,也能感受到身临其境的沉浸感。从在场的这一定义出发,不难理解为何在疫情期间,旅游直播能赢得观众的广泛支持。这在一定程度上正是在场效应在传播中发挥了其独特作用。当观众观看旅游直播时,全国的观众都共同存在于直播这一虚拟场域中。同时,得益于直播技术的成熟,观众在观看直播时都能获得强烈的沉浸感。从传播效果来看,这一变化带来了深远的影响。在微观层面,观众们对之前发展相对缓慢的旅游直播有了新的认识和接纳;在宏观层面,整个旅游行业也由此探索出了未来可能的新发展方向。

在疫情期间,得益于5G技术的支持,众多知名景点如武汉大学樱花节、河南红旗渠、四川红军飞夺泸定桥纪念馆、上海自然博物馆、海南省博物馆和故宫等,纷纷开展旅游直播活动。全国游客足不出户,通过手机就可以免费欣赏这些景点的美丽风光。在直播过程中,网友们不仅能实时观看景点,还能与景区的专家进行在线互动,极大地增强了在线旅游的沉浸感和参与感。这种体验正是在场效应的体现:全国人民共同在线观看、评论相关景点,感受到与他人在同一场域中共存;同时,通过低时延的5G网络传输的高清景区画面,以及直播中专家的详细讲解和与观众的实时互动,使得身处不同空间的受众也能获得身临其境的游览体验。

二、旅游直播的特征

研究显示,我国的网络直播最初形态可以追溯到2005年。2009—2013年,网络直播开始受到人们的关注。到了2014—2016年,网络直播迎来了爆发式的发展,各大主流视频网站都加速了在直播业务领域的布局。特别是2016年,被誉为中国网络直播元年。然而,直到2020年,才真正全面迈入了旅游直播的时代。经过这些年的迅猛发展,旅游直播已经展现出了三大显著特征。[①]

---

① 李慧霜. 基于旅游六要素的旅游直播吸引力研究[J]. 大众科技,2023,25(5):151-154.

(一)直播运行方式灵活多样

旅游直播的运营模式主要可以归纳为三种:"OTA＋直播""直播＋OTA""旅游供应商＋直播",每种模式都有其独特的特点和优势。"OTA＋直播"模式是在OTA平台上增加直播功能,利用旅游电商平台原有的用户流量基础,进而提高转化率。典型的例子如马蜂窝旅游直播和飞猪旅游直播等。"直播＋OTA"模式则是OTA在直播平台开设账号,与直播平台合作进行旅游直播。这种模式既利用了旅游电商平台的用户基础,又借助了直播平台的广泛影响力,从而吸引更多的观众并提高转化率。"同程＋快手"直播就是这一模式的代表。"旅游供应商＋直播"模式是酒店、景区等旅游供应商直接与直播平台进行合作。这种模式为那些流量较少或新兴的旅游供应商提供了一个有效的吸引流量的平台,且操作简便,因此非常受旅游者欢迎。"黄山景区＋抖音直播"就是这种模式的典型代表。

(二)直播主体多元化

直播主体根据其特点,大致可划分为意见领袖直播、政府直播、商家直播和个人直播。意见领袖直播主要由旅游达人等专业人士进行,他们充当旅游导购并提供专业的直播解说。这些达人的成长路径通常是从介绍和探索旅游景点开始,凭借个人特色吸引粉丝,随后在旅游探索中开启直播,以实现持续发展。政府直播则是政府工作人员利用其独特身份形成的市场影响力来推广旅游景点,如各地文旅局长的直播。由于直播主体的特殊身份,这类直播更容易赢得观众的喜爱和信任。商家直播特指旅游供应商为其店铺旅游产品进行的直播,例如故宫博物院的直播。个人直播则是由旅游地的普通民众基于对当地文化的深入了解而开展的,这类直播的最大特色就是展示当地的文化,这也是其最吸引旅游者之处。

(三)直播范围的跨地域性

旅游直播打破了旅游资源的固定性,将远方的美景直接呈现在旅游者眼前,使得"钱财"和"时间"不再成为旅游的障碍。随着互联网通信技术的迅猛发展和直播主体的日益多样化,旅游者仅通过一部手机就能轻松探寻到心仪的旅游景点,无论是国内的名胜古迹还是国外的异域风情。旅游直播消除了旅游者难以逾越的地域界限,将直播内容拓展至从高空飞行的飞机到深海遨游的鱼群,从浅尝辄止的观光游到深入体验的文化游,极大地拓宽了旅游者的选择范围。

三、旅游直播的优势

(一)突破时空局限

在做出真正的旅游决策之前,旅游消费者往往需要查阅大量资料,并经过较长时间的思考和规划,根据自身的时间安排和兴趣来制定旅游攻略。这个过程中,旅游消费者需要投入大量的时间和精力来搜集和整理信息。然而,旅游直播的出现改变了这一状况。现在,旅游消费者可以直接通过观看旅游直播来了解旅游目的地的真实情况,摆脱时间和空间的限制,与直播人员进行实时交流,从而更全面、更真实地了解景点信息。同时,通过旅游直播带来的沉浸式体验,旅游消费者能够丰富自己的认知,确保旅游决策的科学性。对于旅游供应商来说,旅游直播也成了一种有效的营销工具。利用直播打破时空的限制,他们可以直接向旅游消费者展示优质的旅游产品,从而在有效降低营销成本的同时,提高产品的曝光度和吸引力。

(二)营造沉浸式体验

传统旅游产业通常依赖文字和图文攻略来进行市场推广,然而在新时代背景下,这种方式已无法满足新一代旅游消费者的多元化需求。当前,旅游营销中存在严重的同质化问题,诸如拼凑旅游产品、价格战等现象屡见不鲜,这极大地削弱了旅游营销的效果。为了改变这一现状,旅游直播作为一种新兴的市场推广方式应运而生。它通过真实化、沉浸式的呈现方式,将旅游产品生动地展示给旅游消费者,从而缩小了旅游攻略与真实体验之间的差距。利用仿真虚拟互动、多感官刺激等创新手段,旅游直播构建了一个沉浸式的旅游体验场景,营造出一种身临其境的氛围。这使得旅游消费者能够通过动态的直播内容,直观且深入地感受旅游景点的独特魅力,进而有效地激发他们的旅游意愿。通过这种方式,旅游直播为旅游产业带来了理想的营销效果。

(三)快速锁定目标旅游消费者

旅游直播的推行能够快速锁定旅游消费者。由于直播用户社群具有开放性和高度的互动性,这部分用户的旅游需求也相对旺盛。因此,在这样的背景下进行旅游直播,不仅有助于发掘潜在的旅游消费者,还能迅速锁定目标旅游消费者。①

四、旅游直播的功能

(一)旅游直播的总体功能

1.塑造旅游目的地形象

在出游之前,游客可以利用互联网资源获取详尽的旅游信息,从而制订出合理的旅游计划。直播这种方式不仅增强了观众对旅游目的地的归属感,还提升了旅游景区的声誉。通过直播镜头,游客能够实时欣赏各种引人入胜的风景,并深切感受当地居民的淳朴与善良,这些都成了旅游目的地的独特名片。以"奇妙的冰雪之冠"直播为例,观众可以在直播中目睹银装素裹的白雪世界,欣赏蘑菇状的雪堆和整齐划一、宁静和谐的田园景致。直播展示的雪乡几乎难觅现代交通工具的踪影,取而代之的是传统的马拉车套和

---

① 缪海霞. 基于沉浸式体验的"旅游＋直播"新型营销模式探究[J]. 旅游纵览,2023(6):166-168.

雪橇;这里没有高楼大厦,只有质朴的木制平房,为观众营造了一种自然氛围。这样的乡村风光,无疑深深吸引了观看直播的观众。[①]

2.升级旅游产业服务

旅游直播作为一种宣传推广手段,其核心目的在于吸引观众产生旅游消费。为了确保观众在观看直播后所获得的体验与实地游览时的感受相吻合,景区工作人员必须努力提升自身的服务技能,并进一步加强景区基础设施建设,从而消除直播展示与实际体验之间可能存在的差距。此外,旅游直播还能有效优化旅游咨询服务,为游客提供更加详尽的景点介绍,包括酒店住宿、交通出行以及景点游览路线等实用信息。同时,通过直播普及旅游地的人文地理知识,不仅能丰富游客的旅行体验,还能有力推动当地旅游业的持续健康发展。

3.加快旅游服务人才培养

随着旅游直播的不断发展,旅游行业对专业人才的需求也日益增长,这不仅要求管理人员和导游具备高水平的知识储备和专业技能,还间接推动了旅游服务队伍的进一步完善和优化。通过提升整个旅游产业的服务质量,旅游直播在促进旅游业发展的同时,也为游客提供了更加优质和专业的服务体验。

4.促进网络直播的多样化、良性化发展

作为网络直播的一个重要细分领域,旅游直播不仅能够吸引更广泛的受众群体,还能实现线上线下的有机结合。在打造专业化旅游品牌的过程中,它深入挖掘受众的消费潜力,为网络直播的健康发展注入新的活力。同时,旅游直播作为网络直播家族的一员,能有效制止网络直播领域的不良竞争现象,通过传播富有趣味且文化底蕴深厚的内容,推动整个网络直播行业朝着更加良性的方向发展。

(二)旅游直播在食、住、行、游、购、娱方面的具体功能

1.饮食

旅游直播打破了传统单一、片面和静态的饮食信息传递方式,采用多元、全面、动态的新模式,更有效地向旅游者传递各类饮食信息。这种方式巧妙地避免了信息传递的及时性问题,减少了信息传递者的主观性与旅游者客观需求之间可能存在的偏差,同时也消除了获取的信息与实际情况之间的差异,从而显著缩短了信息差距,极大地提升了旅游者的体验感。此外,旅游直播还将饮食的选择范围进行了大幅拓展,为旅游者提供了更多的选择权,使他们能够根据自己的喜好和需求,自由选择心仪的美食。[②]

(1)获取较全面的饮食信息

旅游直播已经彻底改变了人们获取旅游信息的方式。通过直播镜头,饮食信息以动态、直观且全面的方式展现在旅游者面前,这种方式带来的视觉冲击力极强,让人仿佛身

---

①　吴春雷.旅游直播定位推广策略探讨[J].旅游纵览,2022(10):194-196.

②　李慧霜.基于旅游六要素的旅游直播吸引力研究[J].大众科技,2023,25(5):151-154.

临其境。在旅游直播中,传递的饮食信息不仅包括显性的美食展示,还涵盖了隐性的饮食文化和环境氛围。

当主播介绍当地美食时,他们并不仅仅展示食物的最终成品,而是将旅游者直接带入到美食的原生环境中。这样一来,旅游者所能接触的信息范围就扩展到了整个环境文化之中,使得他们对当地的饮食有更深入的了解。同时,主播还会详细地介绍当地的饮食文化和习俗,甚至直接将美食的制作过程实时呈现给旅游者,并用生动的语言描述食物的味道。这种沉浸式的体验方式,仿佛穿越时空,将旅游者带入了真实的场景中,营造出一种面对面交流的感觉,从而大大提高了信息获取的及时性、真实性和准确性。

此外,旅游者还能通过直播获取关于当地饮食的隐形信息,比如饮食环境、饮食习惯等。这些信息对于旅游者后续实地旅游活动的规划和开展具有极大的帮助,使他们的旅行体验更加丰富。

(2)扩大饮食的选择范围

旅游直播实质上是旅游营销渠道的一种革新,它巧妙地利用成熟的电商平台,将商家、旅游者与平台三者紧密相连,使得旅游供应商与旅游者之间的联系和互动变得更为简单直接。这一创新模式不仅让旅游者在观看直播时能欣赏世界各地的美景,还能轻松购买各地的特色商品,从而极大地增加了旅游者的购物选择。在直播过程中,为了提高销售效果,主播会向旅游者推介当地的独特美食,并在直播页面上直接提供购买链接,方便旅游者一键下单。这种购物方式意味着,旅游者不仅可以购买旅游目的地的特色食品,还能轻松选购国内外各地的风味美食。例如,当旅游者通过直播线上游览阳朔遇龙河景区时,他们不仅可以购买当地的特色美食啤酒鱼,还有机会选购桂林米粉、柳州螺蛳粉、南宁老友粉等各种地方特产。

2.住宿

住宿作为旅游者在一天游玩结束后的最终体验环节,其舒适性和安全性对于整个旅游行程来说至关重要。旅游直播通过实时的直播镜头,为旅游者提供现场看房的机会,能够动态且多角度地展示房间的空间感,从而为旅游者带来更加真实、生动的体验感。这种直播方式不仅提升了旅游者的参与感和满意度,还为他们在选择住宿时提供了更加直观、可靠的参考。

(1)直播看房,提升画面感

旅游直播颠覆了以往仅通过图片和文字介绍房间的方式,利用直播镜头为旅游者提供了现场看房的新体验。为了强化旅游者的视觉感受,主播在介绍房间时并非直接切入室内,而是先从住宿房间的外围环境讲起,详尽介绍住宿地的地理位置、交通便利性、与周边景区的距离以及外部环境等,旨在为旅游者构建一个完整且真实的住宿场景。在此过程中,旅游者与主播可以实时互动,提出自己的疑问并得到主播的即时解答。例如,旅游者若对寝具的舒适度感兴趣,可以请主播亲身体验并分享感受。这种信息交互方式在传统旅游介绍中是难以实现的。通过直播的生动展示,旅游者仿佛进行了一次房间的实地考察,从而对房间有了更为全面和深入的了解。

（2）动态展示,发挥空间临场感

临场感,指的是人们沉浸在由某种媒介所营造的环境中时产生的一种逼真的感受。在旅游直播的语境下,这种临场感具体表现为旅游者在观看直播时所能体验的真实感和仿佛亲临现场的感受。旅游直播采用动态、直观且多角度的呈现方式,通过直播镜头从酒店外部逐渐深入房间内部,将酒店的实际情况展现给旅游者。这种方式相较于传统的静态展示,具有更强的实时性和动态性,显著降低了信息的滞后性。无论旅游者想要了解哪种房型,或者对房间的哪个方面感兴趣,都可以直接与主播交流,主播会相应地安排展示。这种动态的展示方式打破了时间和空间的限制,通过直播间向广大旅游者推介住宿产品,不仅能够影响消费者的感知价值,还能提升消费者的忠诚度和参与意愿。

3.交通

交通的便捷性对旅游者的行程规划有着直接影响,进而也关乎旅游目的地的整体发展。长时间的旅途、道路拥堵或景区难以抵达等问题,都可能打乱旅游者的出行计划。旅游直播的兴起,使得旅游者从实地游览者转变为线上体验者,这一转变不仅节省了旅游者在交通方面的时间和精力投入,还为他们带来了一种省心、经济的家庭旅游新方式。同时,这在无形中提升了景区的可访问性,让更多人能够轻松"游览"各地风景名胜。

（1）省心、省钱居家游

旅游直播完美地契合了那些不愿在旅行中疲于奔波的旅游者的需求。只需坐在家中,通过电脑和网络,旅游者就能尽情领略世界各地的迷人风景。在当今社会,人们面临着巨大的工作压力和生活压力,休闲时间显得尤为宝贵。节假日出行不是在排队等候就是堵在路上,这不仅会打乱行程计划,还会严重影响心情。因此,闲暇时在家中通过网络平台观看旅游直播,尽情欣赏全球美景,无疑成了一种轻松愉悦、放松身心的绝佳方式。旅游直播为旅游者提供了一个极佳的观赏平台,使他们能够在这个平台上尽情领略世界各地的壮丽景色,舒展身心,确实是一个不可多得的好选择。

（2）破除限制性因素

旅游者能够探访某一旅游景点,主要取决于两个前提条件:一是旅游者自身不受特定因素限制,二是旅游景点的交通具备可达性。从旅游者角度来看,旅游直播为那些因时间、资金、身体状况或其他各种原因无法亲自到访某些旅游景点的人们提供了可能,尤其是那些遥远且难以企及的国外旅游地。对于一些旅游者来说,这些地方可能一生都无法亲临。例如,高海拔的旅游景点对身体条件有严格要求,或者有的旅游者因身体原因无法登山观赏日出等。旅游直播打破了这些限制,使得更多旅游者有机会欣赏到这些美景。此外,旅游直播还能将一些风景如画但位置偏僻、交通不便的旅游景点呈现在旅游者面前,这些地方往往不在旅游者的常规选择范围内。

4.游览

旅游者在旅游地所能停留的时间和能够游览的景点在时空上均有所限制,因此一次旅行往往难以遍览旅游地的所有景点。基于此,多数旅游者会对景点进行筛选,有选择地参观游览。旅游直播的多元化主体和跨地域直播范围,为旅游者打破了时间和空间的束缚,引领他们进行沉浸式的游览体验,仿佛置身于各个景点之中。

(1)缩小游览时空限制

旅游直播极大地弱化了游览的时空限制。从旅游者的角度来看,他们不仅可以随时随地"进入"心仪的目的地进行游览,还能在同一时段内领略多个旅游景点,从而显著提高游览的效率。从旅游资源的角度来看,某些景观如日出、云海等高度依赖气候条件,并非每日都可观赏,而通过旅游直播,旅游者可以在每天的特定时段进入直播间,轻松欣赏这些景观,既方便又高效。此外,旅游直播还在全球范围内扩展了旅游者的游览空间,例如通过全球高清实况摄像网站,人们可以实时观看自己感兴趣的目的地。对于那些难以进入的旅游地,如军事景点、高校景区或海底世界,旅游直播同样提供了一个极佳的观赏途径。这种游览空间范围的扩大,为旅游者带来了更多的目的地选择,进一步激发了他们的旅游兴趣。

(2)解析文化价值,切合深度游需求

在大众旅游的新时代,旅游者的需求已经超越了浅尝辄止的观光层次,而是深化为对旅游地和景点的深入了解。过去,这种了解的需求主要依赖旅游团导游的解说,但受限于游览行程的紧凑和旅游团队的人数,导游往往只能选择重点介绍某些景观,导致旅游者获得的知识既零碎又片面,远远不能满足他们对深度游的追求。旅游直播则通过邀请相关领域的专业人士,巧妙地将专业的深度阐释与引人入胜的叙述方式相融合,让古老的文化底蕴与现代人的理解方式完美结合。这种直播形式能够生动地向旅游者展现当地的文化传承、民风民俗的历史渊源,以及风景背后的历史故事,从而帮助旅游者更深刻地理解和体验旅游地,进而形成更为强烈的文化认同感,提升文化自信。

5.购物

对旅游者而言,旅游商品不仅是他们旅行经历的实体化体现,还是他们未来回忆和重温这段旅程的象征与媒介。旅游直播有效地将各类旅游商品集中展示给更多的旅游者,这一举措不仅提升了旅游者的购买意愿,还极大地提升了旅游商品的销售业绩。

(1)商品推广,助力产品销售

旅游直播巧妙地将目的地旅游商品的销售融入整个直播流程中,这不仅改变了以往对传统营销渠道的过度依赖,还是对营销方式的一次全面升级。通过这种方式,旅游商品的潜在客户群体从仅限于到访目的地的旅游者,扩展到了进入直播间的观众。在这样的模式下,旅游商品在单次直播中的曝光率可能高达线下的数倍。以 2022 年 1 月 26 日携程的"'赏新年味,过划算年'新春嗨玩节的 BOSS 直播"特别专场为例,得益于明星助阵和超过 200 款旅游精品的推出,该直播引发了超过 1 200 万人次观看的热度,收获超过

70万人次的点赞,当天微博相关话题的阅读量更是突破了6 000万次,从而极大地推动了旅游商品的销售。

(2)商品集中,提高购买率

旅游直播通过直接在直播界面放置旅游商品的链接,为旅游者提供了一个便捷的购买渠道。旅游者在观看直播时,可以与主播实时互动,直接在直播间购买心仪的产品,并通过物流轻松收货,完成整个交易过程。直播间的商品琳琅满目,既包括食品、首饰等实物商品,也涵盖旅游线路、酒店住宿券、景区门票以及餐饮套餐券等非实物产品,旅游者可根据自身需求自由选择。在直播过程中,旅游者还能就商品的价格、特色和质保等细节进行详细咨询,这有助于他们做出更明智的消费决策,并进一步激发购买欲望。同时,直播间内观众的互动行为,如点赞、评论和分享,也会对其他潜在旅游者产生积极影响,鼓励他们积极参与购买,从而有效提高旅游者的购买率。

6.娱乐

娱乐项目具有极强的体验性,然而由于各类娱乐项目的难易程度差异显著,旅游者在做出合适选择时往往会感到困惑。旅游直播通过引领旅游者以第一视角深入体验各种娱乐项目,为他们带来了身临其境的感受。这种沉浸式的体验方式,不仅帮助旅游者从多维度获取项目的详细信息,还有效地减少了因信息不足或误解而导致的体验偏差,使旅游者能够做出更为明智和满意的选择。

(1)第一视角体验,获取沉浸感

旅游直播在展示娱乐项目时,特别选择具有强烈代入感和沉浸感的第一视角呈现。这种视角让旅游者仿佛以实际体验者的身份观看整个游玩流程,就像站在真实体验者的身后一样,旅游者所看到的就是实际体验者所看到的。这种独特的呈现方式为旅游者带来了"共时性"的直观感受,使他们能够深入其中,仿佛置身于各种娱乐项目之中,从而获得沉浸感。

(2)多维信息获取,减少体验偏差

当旅游娱乐项目的挑战性过强或过弱时,都会对旅游者的身心状态产生一定影响,这本质上是由于旅游者对娱乐项目缺乏足够了解造成的。旅游直播则有效地在旅游者和娱乐项目之间架起了沟通的桥梁,它不仅传递了娱乐项目的真实体验与感受,还会向旅游者详细介绍娱乐项目的注意事项、正确玩法等重要信息。这些信息的提供能够帮助旅游者做出更为合理的判断,减少因不了解而产生的体验偏差,从而有效提升他们的体验满意度。

五、旅游直播的策略

(一)旅游直播的原则

1.直播与短视频相结合,形成相互促进、共同发展的原则

短视频以其时间短、流量消耗低且能输出高质量内容的特性,与实时直播的高要求形成优势互补。在互联网时代背景下,直播和短视频成了满足旅游者信息需求的重要工具。将直播与短视频相结合的营销方式,正逐渐成为旅游目的地营销的新趋势和优选策略。[①]

2.传统营销与直播营销相互补充、相辅相成的原则

传统的旅游目的地营销与直播营销并非孤立存在,而是相互促进,共同为旅游目的地的宣传推广发挥作用。为了提高营销效率,应该明确目标,深入分析各个细分市场群体的特点,并据此选择多种媒介的组合,这是旅游目的地直播营销中需要遵循的重要操作原则。

3.个性化原则

在采用"直播＋旅游"的营销方式时,旅游目的地应精心策划,通过适当方式让主播以其个人风格展现旅游目的地的独特魅力。这就需要从旅游目的地的品牌形象、文化内涵和历史底蕴等角度出发,寻找与这些特质相契合的主播来进行直播。

(二)旅游直播的模式

现有的主流平台网站因其在目标用户和核心能力等方面各具优势,根据其自身特点,旅游直播已经形成了以下几种不同的营销模式。[②]

1.与第三方直播平台开展合作

直播平台拥有专业的直播团队,在技术上具备显著优势,同时其用户特征鲜明,拥有庞大的流量基础。因此,众多旅游企业和在线旅游服务商纷纷选择与第三方直播平台合作,以便为特定用户提供可视化的服务体验。例如,长隆集团就曾在父亲节期间,与花椒、腾讯、美拍等知名直播平台联手,以"我爸爸,很会玩"为主题,展开了一场别开生面的整合直播活动。同样,去哪儿网在疯玩节期间也邀请了主播在长隆、九寨沟等热门景区进行直播,这种旅游促销方式使得促销活动更加灵活和富有特色。途牛则与花椒平台达成了长期深入的战略合作,共同成立了旅游频道,通过结合旅游主题、"明星/网红＋直播"的形式,打造了一种全新的情景化旅游模式,将旅游目的地以更立体、更直观的方式展现给用户,有效地激发了用户的旅游意愿,为旅游业的发展注入了新的活力。与第三方直播平台合作具有诸多优势,直播平台可以通过商家投放广告、线下活动门票销售等多种方式获得收益。尽管旅游企业和在线旅游服务商与第三方平台的合作还面临着一

① 尹峻."互联网＋"背景下旅游目的地的旅游直播营销研究[J].经贸实践,2017(17):129.
② 蒙涓.浸入式体验下的"旅游＋直播"新场景营销模式分析[J].市场论坛,2017(10):49-52.

些挑战,例如如何将平台的人数优势转化为商业价值、如何增加用户的黏性等,但通过在直播平台冠名、采用浸入式体验的促销方式进行营销等策略,这种商业模式仍然吸引着越来越多的旅游企业去尝试和探索,见图 7-3。

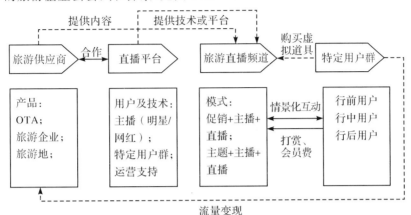

图 7-3　旅游供应商与第三方直播平台开展旅游直播合作方式

2.互联网在线平台自营

阿里旅行、携程等互联网巨头,本身已经积累了大量的用户。因此,它们在直播方面选择利用自身的平台进行自营直播。这些直播的入口被巧妙地内嵌到手机淘宝和阿里旅行客户端中,从而实现了直播与购物的完美融合,极大地加速了用户从决策到购买的转化进程,成功地完成了流量和内容的有效变现。携程是最早尝试通过直播综艺自制旅行品牌的先驱。在 2016 年“五一”小长假前夕,携程攻略 App 推出了最新版本,使用户能够随时随地将自己的旅游体验分享到社交网络,为用户带来了全新的旅游直播体验。这些旅游互联网的领军企业大多采用打造特色 IP、吸引商户参与以及开展旅游直播的方式,有效地将旅游商品与直播相结合,从而更好地推动品牌推广,并显著提升销量,见图 7-4。

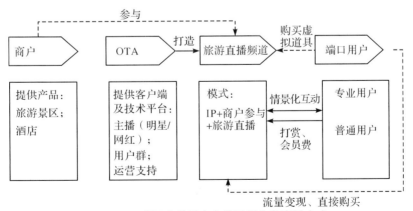

图 7-4　互联网在线平台自营开展旅游直播方式

3.专业的旅行直播平台

当前,旅游直播备受追捧,然而仅仅依赖视频记录和网红主播或明星的打赏模式,不仅可能导致内容质量降低,还难以确保把直播观众有效转化为实际消费者。因此,旅游直播需要注入更具吸引力和深度的内容,并探索合理的盈利模式。目前,市场上专业的旅行直播平台并不多见,且多数仍处于探索阶段。例如,坐享其成平台将用户细分为两类:一类是有旅行需求的用户端,另一类是提供各类旅游产品的供应商端,如旅游景区的小商户、导游和当地人等(见图7-5)。商户可以在该平台上注册并销售商品,而对于有旅游需求的用户,平台则提供全球语音翻译、导航功能,以及境外即时点对点直播信息,同时涵盖当地文化交流和个性化深度游服务。平台 Mr. Hug 作为一个基于共享经济的旅行社交平台,以"旅行视频直播"和"全球旅行活动"为核心,通过提供非标准化的个性化产品和服务,并融入直播社交元素,从而增加了受众体验当地人伴游的可能性。这样的专业旅行直播平台已经从传统 OTA 对旅游产品的关注,转向了对个人及其体验性的重视,进而获得了更为深入的沉浸式用户体验,满足了个性化深度游的需求。

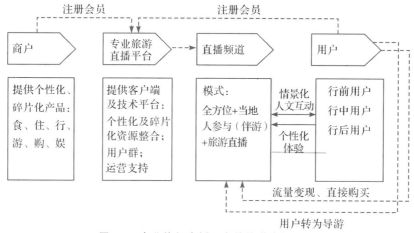

图 7-5 专业旅行直播平台的旅游直播方式

(三)基于 AISAS 模型的旅游直播策略

AISAS 模型,由日本电通集团提出,是一个基于网络购买消费者行为的新模型。它详细划分为五个阶段:引起关注、产生兴趣、主动搜索、采取行动和进行分享(见图7-6)。这个模型可以被视为传统 AIDMA 营销法则在"互联网+"时代的进阶版,它特别突出了在网络时代下消费者主动搜索和信息分享的重要性,对于网络直播的传播设计具有深远的指导意义。在旅游直播的策略制定中,可以依据这五个环节精心设计,通过提高每个环节的质量,进而优化整体的旅游直播效果。[①]

---

① 叶超.基于 AISAS 模型的旅游景区网络直播策略研究[J].现代商业,2020(23):47-48.

图 7-6　旅游直播 AISAS 模型[①]

1.引起游客关注策略

吸引游客的注意力是网络直播的首要任务,也是整个直播策划的出发点。对于旅游企业或旅游目的地来说,他们需要在三个方面做出明智的选择。首先是目标游客的筛选。不同的旅游企业或旅游目的地有着各自独特的目标受众,网络直播主要是为了吸引那些热爱观看直播和旅游的人群。只有精准定位目标游客群体,才能取得最好的效果。其次是直播平台的选择。应该优先选择那些受目标游客喜爱的平台进行直播,无论是与在线官方网站、第三方直播平台合作,还是利用专业的旅行直播平台,都是可考虑的选项。最后是直播主题的设定。一个吸引人的直播主题是引起游客关注的关键。直播主题应该紧密结合旅游企业或旅游目的地的特色,并触及游客的兴趣点,以产生强烈的吸引力。例如,2019 年 2 月,故宫博物院成功举办了"紫禁城上元之夜"文化活动,通过展示故宫的夜景和融入元宵节赏灯的传统习俗,赢得了广泛的关注和赞誉。旅游企业或旅游目的地应积极利用微信公众号进行内容推送,特别是通过目标游客经常接触的媒体渠道进行推广,如抖音、今日头条,或专业的旅游平台如携程、马蜂窝等。通过这种方式,可以有效地从线上吸引游客的注意力。

2.激发游客兴趣策略

在直播策划中,主播的选拔显得尤为重要。主播不仅是直播活动的核心,更是吸引观众参与、推动直播进程的关键角色,他们的表现直接影响直播的整体效果。一个出色的主播,需要对旅游企业或旅游目的地有深入的了解,对旅游行业有广泛的认知。同时,他们还应具备一定的亲和力、才艺展示能力,以及出色的语言表达和鼓舞人心的能力。

在信息推送方面,为避免引起游客的反感和抵触情绪,采用软广告的方式进行推送会更为恰当。展示美食、美景、美图和美文等方式有助于游客更自然地接受这些信息。同时,推送的时间应保持相对稳定,推送的频率要适中,避免过度打扰游客,更要注重提升推送内容的质量。

关于人气的聚集,如果旅游企业或旅游目的地的知名度不足以吸引大量游客,那么借助直播平台和主播的现有粉丝基础就显得尤为重要。努力争取直播平台和主播的主动推广,将极大地提升直播的曝光度和参与度。

3.吸引游客搜索策略

当游客对旅游目的地或旅游企业产生兴趣后,他们往往会主动搜索更多的相关信息。在搜索过程中,游客会关注诸如景区门票价格、游玩路线规划以及消费预算等详细情况,以便通过这些信息来消除心中的疑虑。在这一阶段,确保信息渠道的畅通和信息的及时更新至关重要。同时,应配备专门的客服人员,以便及时回应游客的咨询,通过有效的信息交流来激发游客参与直播的欲望,并帮助他们形成初步的消费意向。在技术上,可以通过关注微信公众号或直接在官方网站上提供链接的方式,使游客仅需简单点击即可轻松参与直播,从而极大地便利了游客的搜索和参与过程。

4.促进游客行动策略

当游客选择参与直播时,直播的成功已经初现端倪。在这一阶段,核心目标是保证游客全程参与,并激励他们采取进一步的行动。为此,旅游企业或旅游目的地可以采取两种主要策略。一是强化互动性。网络直播的独特魅力在于其高度的互动性,这不仅为游客提供了更深的参与感,还增强了他们的直播体验。直播团队应迅速回应游客的需求,可以通过设计互动游戏、有奖问答等环节来提升大家的积极性。此外,邀请游客所熟知的名人作为直播嘉宾也是一个有效的策略,他们可以通过与游客的互动来引导话题,进一步提升直播的吸引力。二是实施促销优惠。将观众的关注转化为实际的参与,再将参与转化为购买行动,这是直播营销的关键。为此,推出具有吸引力的优惠活动至关重要。提供限时折扣、特别赠品等方式可以激励游客在直播过程中做出购买决策。在整个直播过程中,既要有效地宣传旅游企业或旅游目的地,又要与观众保持积极的互动。这要求主播不仅要有出色的个人能力,还需要团队和后台的紧密配合,共同营造一个愉快、吸引人的直播氛围,从而确保游客持续参与。

5.鼓励游客分享策略

旅游企业或旅游目的地应当构建一个适宜的平台,并提供相应的优惠政策,以激励游客积极分享相关信息。在每场直播圆满落幕后,可以对直播中的精彩片段进行精心剪辑,将这些片段以短小精悍的视频形式推送给游客。同时,结合一定力度的优惠措施,鼓励游客将这些精彩瞬间分享至朋友圈。这样的做法不仅能够增加与游客的互动和黏性,进一步巩固直播的成效,更能借助游客分享,将旅游目的地或旅游企业更广泛地传播出去,吸引更多潜在游客的关注。

直播活动结束后,旅游企业或旅游目的地应进行深入的数据分析工作。这包括对游客关于旅游企业或旅游目的地的反馈进行梳理,以了解他们的真实感受和期望;评估平台信息传递的有效性,以确保信息准确传达;收集游客对主播的评价,从而了解主播在直播中的表现。通过这些数据分析,可以洞察直播活动的优点与不足,进而为旅游企业或旅游目的地的持续发展提供有力支持,并为下一次直播活动的优化和改进奠定坚实基础。

第三节　旅游短视频

一、抖音旅游短视频概述

2016年上线的抖音App正悄然地改变着人们,它覆盖着包罗万象的短视频资源。同时,抖音能够使人们自主地上传与共享视频内容,抖音短视频的内容多是用户自行生产的原创内容,在一定范围内得到宣传推广后,吸引了特定的群体。

一些很少出现在游客视野中的自然人文风光因为偶然的原因被人们所关注,于是通过一些摄影工具对景观进行拍摄,再加上滤镜、剪辑和后期的制作处理,让人看了就心生向往,接着在网络上迅速传播,大批游客蜂拥而至,这种现象在节假日尤为突出,网红景点已成为游客争相打卡的目标。抖音的兴起,捧红了一批网红景点和城市,比较知名的就有重庆洪崖洞、稻城亚丁、西安永兴坊美食街、青海茶卡盐湖等,以西安、贵阳、重庆为首的网红旅游城市也迅速崛起。

抖音以20—39岁的年轻用户为主,用户对视频制作、剪辑的热情和创造力极高。抖音专注于目标用户进行传播,成为富有活力的年轻人的聚集地,在垂直领域吸引着广大用户。因此,越来越多的网红旅游地迅速出现,抖音对此起着重要作用。旅游营销的平台、渠道等也需要引入互联网,其中短视频就是一种高效的传播媒介。相比于长篇幅的文字、无声的图片和无"视"的语音,短小浓缩、图文生动的短视频成为大众青睐的对象。

毋庸置疑,短视频营销已成为新的旅游营销风口,各大旅游企业及旅游目的地接连布局短视频营销战线,抖音平台已成为宣传旅游文化的重要渠道。旅游短视频营销的基础是内容创作,运用抖音平台的传播机制,以内容引领创新,以用户互动作为树立品牌调性的基本出发点,通过短视频平台将文旅的魅力展现给更多的人,让更多的旅游景点走进公众视野。

二、旅游短视频的传播特征

(一)传播路径与机制

1.社交属性与用户参与

随着UGC短视频的广泛流行,其互动功能日益丰富,包括发布、观看、评论、点赞、收藏及分享等。在这些互动方式中,评论和点赞尤其受到用户的青睐,成为他们参与短视频活动的首选方式。尤其是评论区,它已成为用户获取信息的重要场所。因此,"先看评论,再看视频"已经成为许多用户浏览短视频的固定习惯。

旅游短视频通过创造高质量且引人入胜的内容，成功引发了新的营销热点，并激发了全民的热烈讨论和参与。诸如重庆的洪崖洞、西安的摔碗酒等旅游地标，都因这些短视频而迅速走红，成为公众热议的焦点。

2.算法逻辑与分发机制

抖音的算法逻辑是其内容分发的基石。这一逻辑基于对用户偏好、行为习惯及兴趣的细致分析，为用户精准推送可能感兴趣的内容，实现个性化的内容推荐和精准投放。这一过程被称为算法逻辑中的精准度量特征，确保短视频的站内分发既高效又贴合用户需求。

与此同时，抖音还通过站外分发行为不断挖掘潜在用户，扩大其影响力。用户在这一过程中扮演了重要角色，成了连接抖音与更多潜在观众的"摆渡人"。他们可以将喜爱的短视频直接分享到微信、QQ等社交平台，甚至可以保存至本地进行再创作后分享。此外，还支持复制链接后粘贴分享或生成二维码图片分享，为用户提供了多样化的分享方式。

3.范本效应与轮回播放

抖音平台的算法机制倾向于优先推荐那些受到更多人关注的视频，这些视频会逐渐形成一股"热门浪潮"，进而吸引更多的用户前来"借势引流"。在这种机制下，一些用户会采用相同的音乐、背景等元素，模仿拍摄短视频，形成了短视频传播的"模板效应"。通过这种模仿和再创作，短视频的展现量呈现螺旋式上升的趋势，使用户在"重温经典"的同时也能"发现新知"，极大地丰富了用户的体验。

（二）传播内容特征

1."文化＋趣味＋体验"

此类短视频中，以"摔碗酒"这一特色民俗为代表，它原本是西安地区接待尊贵客人的一种独特文化形式。在这一传统仪式中，饮酒者将盛满米酒的碗高举过头顶，许下心愿，随后将瓷碗摔碎，祈求自己和家人岁岁平安。如今，通过短视频应用的广泛传播，这一民俗吸引了无数游客前来打卡体验，使西安这座文化古城迅速转变为备受瞩目的"网红城市"。

"喝酒＋摔碗"这一组合不仅是行为艺术的基本元素，还是西安深厚文化底蕴的生动体现。无论是从流量获取的角度还是产品塑造的角度，都离不开西安丰富历史文化的支撑。可以说，"摔碗酒"是结合传统文化开发的现代旅游产品，其旅游营销涵盖了地点、产品和价格三大核心要素。

游客们可多次购买摔碗酒，这不仅为他们提供了充足的表演空间，还鼓励了那些平时内敛的人在此刻释放自我，从而促进了消费。更重要的是，"摔碗酒"改变了传统的旅游模式，使游客不再只是走马观花地观光，而是能够深度参与、亲身体验并享受旅游的乐趣。

2."内容营销＋全民拍客＋立体曝光"

"网红城市"重庆成为此类短视频的典范。在社交媒体营销的大背景下,创造吸引用户的内容是内容营销的关键。重庆旅游内容营销的核心在于其山水交融的城市景观和璀璨的巴渝文化。通过抖音等新媒体平台的助力,一系列"网红景点"如洪崖洞、长江索道、鹅岭二厂等纷纷涌现。重庆本身就充满特色,在新媒体的推动下,这种特色得到了进一步的放大。

重庆独特的地理环境赋予其建筑鲜明的层次感,为社交媒体平台提供了丰富的素材。以洪崖洞为例,抖音上首个以洪崖洞建筑群为背景,搭配原创音乐的短视频迅速走红。这首原创音乐深受网友喜爱,短短一个多月内,超过 16 000 人使用这首配乐对洪崖洞进行了再创作和传播,随后更有无数用户进行拍摄和创作。此外,重庆作为众多影视作品的取景地,也为这座城市增添了更多的曝光和魅力。

3."网红代言＋精准营销"

旅游代言人在国家或城市旅游开发、脱贫攻坚和乡村振兴等方面发挥着积极的推动作用。抖音平台也积极响应,通过引流助力脱贫攻坚、乡村振兴等事业,进一步提升地区旅游产品的吸引力,助力国内旅游市场的复苏与繁荣。

三、旅游短视频的优势

(一)加强旅游营销信息的即时传播效率

随着新媒体的蓬勃发展,短视频逐渐崭露头角,并改变了信息传播的传统模式,为公众提供了更为丰富的信息获取渠道。旅游营销领域敏锐地捕捉到了短视频高速传播的特性,通过精准定位和内容优化,极大地提升了旅游营销信息的传播时效性。

与传统的信息化营销相比,短视频营销不仅简化了营销流程,还极大地拓宽了以网络为载体的营销覆盖面,使旅游营销能够更直接、更有效地触达潜在旅游消费群体,提供更为精准和个性化的信息服务。

短视频营销的低成本投入和高效资源转化能力,使其具有更强的社会属性、社交属性和经济属性。这不仅有助于旅游营销行业更高效地开展市场推广活动,还有助于挖掘潜在客户,为信息化营销发展指明新方向。

因此,短视频营销成了解决传统网络营销有效性不足问题的有效途径,有助于旅游营销行业更主动地规划营销活动,推动旅游市场的持续健康发展。

(二)创新并充实旅游营销宣传的多元内容

传统网络营销媒体的传播方式相对单一,主要依赖图片、文字以及长视频等形式呈现信息。然而,图片和文字在表达旅游宣传的沉浸感方面存在局限,难以给消费者带来深刻的体验。虽然长视频作为营销策略能够丰富旅游营销内容,但在快节奏的现代生活中,长视频往往不够便捷。

短视频营销则巧妙地解决了这些问题,它使旅游潜在消费者能够迅速浏览相关信息,通过高度浓缩的视频内容,更好地满足潜在消费群体对信息获取的需求。短视频营销不仅丰富了宣传内容,还打破了长视频枯燥的营销模式,增强了游客的沉浸感和主体感受,从而提升了游客的旅游消费意识。

在互联网时代,短视频营销还充分利用了网络用户的从众心理。在良好的氛围影响下,潜在消费群体更容易被吸引,增加对旅游经济的投入,增加对旅游特色项目和内容的关注度。因此,短视频营销不仅丰富了旅游承载的文化内容,还使旅游特色项目和特色内容得到了广泛传播,从而有效提升了旅游营销的整体水平。

(三)提升旅游营销在网络平台上的受关注程度

在构建旅游短视频营销体系的过程中,致力于让旅游消费者依据个人的兴趣爱好和旅游需求,通过短视频内容精准筛选旅游信息,从而显著提升旅游营销在网络上的关注度。这一体系有助于乡村旅游与助农扶贫营销相结合,进一步激发社会大众对乡村旅游的关注和兴趣。[①]

尽管传统的乡村旅游营销模式在乡村振兴战略的推动下得到了支持,但其内容主要聚焦于乡村旅游资源的开发和乡村旅游服务体系的完善。然而,随着短视频的兴起,乡村旅游营销迎来了新的发展机遇。通过短视频这一媒介,乡村旅游能够基于乡村振兴战略,更有效地开拓市场资源,创新旅游营销模式,提升营销能力,并在网络环境下获得更广泛的关注和认可。

四、旅游短视频的营销模式

(一)"明星/网红效应"模式

在当前的互联网社交时代,新生代网红不断涌现,网红市场已然成为炙手可热的营销高地。这一市场不仅吸引了广泛的关注,还因其独特的商业模式而具备了巨大的商业价值。明星或网红背后庞大的粉丝群体及其高度的用户黏性为企业和品牌带来了商业机遇。

对于旅游企业或旅游目的地而言,与明星、网红建立合作关系,寻找与自身品牌价值相契合的"明星伙伴",已成为一种高效的营销手段。通过定制化的短视频制作,企业能够迅速集中并扩大其粉丝基础,实现品牌的快速传播和影响力的显著提升。

(二)"UGC+DIY抖音爆款"模式

在抖音平台上,餐饮类品牌尤为擅长运用短视频营销手段。创意独特的吃法结合抖音平台真实、有冲击力的内容风格和高度互动性,能够迅速吸引大量流量。对于普通消

---

① 吴启祥.短视频对乡村旅游营销传播的影响[J].山东农业工程学院学报,2023,40(2):68-72.

费者而言,参与这种个性化视频内容的制作变得轻而易举。这些创意吃法的共同特点在于,用户通过 DIY 各种别出心裁的吃法,上传自己的创作内容,进而引发广泛传播,有时还能促使品牌根据市场反馈对产品进行改进。这种传播方式不仅为品牌带来了高频次的曝光机会,还有效地促进了线下消费转化,为品牌带来了可观的商业价值。

(三)"地方政府＋抖音平台＋旅游企业"共生模式

地方政府积极介入,与抖音平台及旅游企业携手构建紧密的合作关系,共同推动旅游营销。在这一过程中,政府发挥主导作用,推荐本地优质的旅游资源,旅游企业负责对这些资源进行专业整合与包装,随后通过抖音平台发布。此举不仅有效地提升了旅游资源的公信力,还显著提升了城市形象,促进了地方文化的广泛传播。

统计数据显示,截至 2024 年 5 月,各级政府已在抖音平台上开通政务抖音号超过1.7 万个。通过与抖音短视频平台签订战略协议,政府充分利用平台的广泛影响力和高效传播能力,拍摄并发布旅游短视频,进一步推动了文旅融合传播,吸引了大量用户的关注,共同助力城市的繁荣发展。

(四)"内容＋创意＋互动"模式

旅游短视频营销的成功往往遵循一种固定的模式。在这一模式中,"高品质的视频内容、精准的目标定位以及积极引导用户互动"是打造爆款视频的关键要素。旅游企业及旅游目的地需要深入洞察目标受众的喜好和需求,量身定制创意短视频,确保内容既符合受众审美,又能满足他们的实际需求,从而有效吸引并留住观众。

(五)"DOU＋"营销模式

"DOU＋"的独特之处在于其强大的互动性和多触点交互设计,能够显著地吸引并聚集粉丝。更重要的是,"DOU＋"提供的流量质量高,它依赖于抖音平台先进的算法,为用户推荐最优质的流量,从而极大地提升内容的热度和关注度。然而,"DOU＋"的核心仍然是优质的短视频内容,没有好的内容作为支撑,"DOU＋"也无法发挥其引流和转化的作用。

五、旅游短视频的可持续策略

(一)强化营销品质,精心打造独具匠心的优质营销内容

随着我国经济社会的蓬勃发展,旅游行业已迈入追求品质的新阶段。在这一背景下,视频和评论等营销材料都需彰显高品质的价值观念。旅游营销的成功不再仅仅依赖数量的堆砌,而是更多地聚焦于内容的质量与吸引力,即通过精心打造的优质内容点燃潜在游客的旅游热情。

此外,旅游营销必须高度重视旅游策划的作用。充分的策划工作是营销成功的基石,它要求深入洞察市场,准确把握游客需求,从而创作出既广泛吸引受众又具备高品质

的营销内容。通过这样的策划,能更有效地与潜在游客建立情感连接,推动旅游业的繁荣发展。

(二)借助多元化的营销渠道,精心培育并维系一群忠实的粉丝群体

鉴于抖音等社交媒体平台虽能迅速捧红景区景点,但也可能因热度退却而令"网红"景区景点快速淡出公众视野,营销人员需采取多元化的营销策略。可以将微博、微信与抖音相结合,进行跨平台联合营销,充分发挥三者的独特优势。通过抖音上精心制作的优质视频内容,结合微博的广泛传播和微信的深度互动,共同推广旅游目的地的景观与文化。这样的联合推广不仅能增强与用户的互动,还能通过互动提升用户的参与度,从而与顾客建立深厚的情感联系,培养出一批高忠诚度的粉丝群体。

(三)强调自媒体传播主体的核心地位,充分发挥并利用群众的传播力量

当前,旅游自媒体在人们的日常生活中占据了举足轻重的地位。相较于传统媒体,自媒体最显著的特点是每个人都有发言的机会,每个人都能成为信息传播的主体。在这样的背景下,旅游营销必须紧跟时代潮流,积极吸纳普通大众加入专业的旅游营销团队。这样的转变不仅能发挥大众的智慧和力量,还能为旅游营销注入更多元化的形式,实现多角度、全方位的旅游营销推广。①

第四节　旅游数字广告

一、数字广告的起源与发展

1994 年,美国 AT&T 公司在《连线》杂志的网页上揭开了广告史的新篇章,发布了首个 Banner 广告,这一里程碑事件标志着数字广告的诞生。然而,在那个时代,数字广告的概念尚未形成,这些广告通常被称为互联网广告。其运作原理是企业通过网络平台发布产品信息,旨在吸引消费者对品牌和产品产生兴趣,并最终实现销售。

作为数字广告的早期形式,互联网广告相较于传统广告,在传播速度和范围上均有显著优势。这一优势推动了 Web1.0 时代互联网广告产业的蓬勃发展,催生了以 Yahoo 为代表的门户网站广告模式以及 Google AdWords 为代表的搜索广告模式。

随着 2004 年 Facebook 的成立,社交媒体主导的 Web2.0 时代应运而生。智能手机的普及使得人们能够随时随地接入互联网,但手机屏幕的限制使得网页浏览和信息搜索变得不那么便利。因此,社交媒体软件凭借其移动性和便捷性,成了用户获取信息的首

---

① 王祎,吴雨晴. 抖音时代下旅游营销的"新玩法"[J]. 旅游纵览(下半月),2018(12):17-18.

选渠道。在这样的背景下,社交媒体广告应运而生,并逐步取代互联网广告,成为数字广告的主流形式。

社交媒体广告以其多样化的形式吸引了广泛关注,其中信息流广告尤为引人注目。信息流广告巧妙地融入社交媒体的海量信息流中,悄无声息地出现在用户浏览朋友圈、微博或短视频的过程中。用户往往难以察觉其广告本质,而是将其视为一条普通的信息,从而在不知不觉中受到广告的影响,实现了更为自然和有效的广告传播。

在数字时代的浪潮下,线上广告实现了从传统的互联网广告到现代社交媒体广告的演进。与此同时,线下广告领域也迎来了户外广告的数字化革命。早期,这一变革主要体现在 LED 或 LCD 电子显示屏的广泛应用,它们逐渐取代了海报等传统户外广告形式。然而,随着技术的不断进步,如今的户外数字广告不仅形式更加丰富多彩,还融入了网络互联和用户互动等创新功能,为用户带来了全新的体验。

经过二十多年的快速发展,数字广告已跃升为广告产业的核心力量,涵盖了互联网广告、社交媒体广告和户外数字广告等多个领域。展望未来,数字广告将继续推陈出新,不断衍生更多新颖的广告形态,为广告行业注入源源不断的活力。[①]

二、数字广告的内涵

由于数字广告行业的飞速发展及其技术层面的复杂性,为其划定明确的界限变得颇具挑战性。尽管学界、业界以及政界在"数字广告是通过数字媒介发布和传播的广告"这一基础定义上达成了共识,但在具体解读和应用这一概念时,各方仍然存在分歧。

学界在数字广告概念研究方面表现得尤为活跃,尤其在国际范围内。其中,一些标志性的研究包括:2007 年,天普大学、得克萨斯州大学奥斯汀分校等高校的学者 M. Fan、S. Kumar 和 A. Whinston 等提出了他们的观点,认为数字广告是以数字形式存在并通过互联网进行传播的付费促销信息。而到了 2019 年,韩国延世大学的学者 Lee Heejun、Cho Chang-Hoan 等则进一步指出,数字广告是广告主通过数字媒体向消费者传递的具有说服力的信息。学者 Kerr 则从数字媒体环境的角度出发,他认为数字广告是通过付费媒介、自有媒介和赢得媒介进行的中介传播,这种传播由明确的广告主发起,旨在影响消费者,使其产生认知、情感或行为的改变。相比之下,国内学者在数字广告的研究上更多地倾向于新媒体技术的视角,他们关注新媒体的形态、效果以及商业模式。综合来看,学界对于数字广告的概念研究大多基于传播学的理论框架,其中广告主是传播者,数字媒介是传播渠道,说服性的信息是传播内容,消费者是传播对象,而传播效果则体现在消费者认知、情感或行为的改变上。

与学界对数字广告定义的热情和积极辨析不同,业界的代表们在深耕数字广告产业

---

① 王静,邢饶佳,张猛. 数字广告:概念、特征与未来[J]. 中国广告,2022(10):68-73.

时,对如何精确界定数字广告的概念并没有表现出同样的热情。例如,LYFE Marketing 在其官方博客中,将数字广告简单地描述为通过在线平台(如社交媒体、搜索引擎、网站等任何可通过数字方式访问的程序)发布宣传信息的行为,这实际上是对数字广告的一种较为狭隘的线上解读。多数企业并没有对数字广告进行专门的解读或深入讨论,甚至很少在公开场合提及这一术语。这种态度背后有多重原因:一方面,随着用户对广告回避行为的日益加剧,广告公司倾向于避免过于直接地讨论数字广告,以免引发用户的反感;另一方面,在全链路营销的新趋势下,数字广告不再是一个孤立的元素,而是作为数字营销整体战略中的一个重要组成部分。例如,阿里妈妈负责人家洛就提出了"链路数字化"的概念,强调在数字时代,广告的核心在于打造从广告投放到产品交易再到运营管理的完整营销链路。这种观念反映了业界对数字广告在数字营销中地位和作用的深刻理解和认识。

在 2021—2022 年这段时间内,随着我国数字经济地位的日益凸显,各级主管部门纷纷着手规划广告业数字化发展的新蓝图。以上海市广告协会为例,其发布的《数字广告标准》明确定义了数字广告:它建立在计算机技术和网络技术之上,通过计算机二进制编码存储和展现广告信息,利用数字信号进行传输,从而实现精准推送、实时交互通信与反馈。相较于单纯定义数字广告,主管部门更倾向于深入研究数字广告产业的具体形态,因为这样的做法有助于为广告行业提供更加精准和有效的支持与监管。此外,数字广告产业所承载的经济属性也引起了政府主管部门的高度重视,被视为推动数字经济发展的关键力量和数字经济不可或缺的重要组成部分。

在深入探讨数字广告的本质与特点时,本书参考了王静等(2022)的权威定义,将数字广告描述为在数字技术的时代背景下,依托 5G、大数据、人工智能、云计算等前沿技术,将程序化购买作为交易模式,跨越线上、线下多类型的数字媒介,以多样化的数字内容形式为媒介,旨在实现全链路营销的广告模式。该模式不仅能够进行智能化的投放,还能实时监测广告效果。[①] 虽然数字广告与传统广告在形态上差异显著,但二者在核心目标上并无根本区别,即都是通过传播品牌与商品的信息,吸引消费者的注意力,进而提升品牌知名度和商品销量。然而,主要区别在于传统广告更多侧重于内容的吸引力,而数字广告则能够贯通从广告展示到实际销售的整个链路,实现真正意义上的全链路营销。

从广告渠道上看,数字媒介在数字广告传播中扮演了核心角色。它囊括了基于传统互联网技术的网络媒体,基于移动通信技术的社交媒体和电商平台,以及基于线下数字技术的户外数字媒体。

从内容载体上看,数字广告的形式日趋多元化。它不仅包括图文、视频、直播等内容,还包括 HTML5、裸眼 3D、数字户外屏和线下交互装置等创新形式。特别是 NFT 等新型内容载体的融入,使得数字广告的形态越发丰富多彩(见表 7-1)。

---

① 王静,邢饶佳,张猛. 数字广告:概念、特征与未来[J]. 中国广告,2022(10):68-73.

表 7-1 数字广告代表性形态[①]

形态类别	形态类别细分	内容
互联网广告	门户网站广告	横幅(Banner)广告、文字链接广告、网页弹窗广告、电子邮件广告等
	搜索引擎广告	关键词广告、竞价排名广告、地址栏搜索广告、网站登录广告等
社交媒体广告	信息流广告	推文广告、短视频广告、小程序广告、HTML5广告等
	非信息流广告	直播带货、开屏广告、插屏广告、激励视频广告等
户外数字广告	传统内容形式	数字户外屏广告、数字楼宇广告、车载数字广告等
	新型内容形式	互动装置广告、AR/VR广告、裸眼3D广告等
其他数字广告	—	数字可穿戴设备广告、二维码广告、电商平台广告、数字藏品、品牌虚拟人、互联网植入式广告等

从广告效果上看,数字广告显著区别于传统广告。传统广告的效果往往难以预测和监测,数字广告则能实现精准投放,并通过流量监控实时呈现广告效果,从而显著提升广告效果。

从交易模式上看,数字广告摒弃了广告主委托广告公司采购媒介资源的传统方式,转而采用程序化购买。具体来说,就是通过ADX(程序化流量交易平台)以RTB的实时竞价模式购买用户流量。

从技术基础上看,数字广告诞生于互联网技术的大潮中,并随着5G、大数据与人工智能等前沿技术的不断发展而逐步演进。

从产业属性上看,数字广告产业集技术、数据、创意、媒介等多元业态于一体,成为数字经济不可或缺的一部分,同时也是推动数字经济发展的重要力量。

三、数字广告的特征

(一)交互性

交互性是数字广告最显著的特征。"交互"常常与更有效的广告紧密相连,相比于信息单向传播的传统广告,融入了交互属性、实现信息互动传播的数字广告也更容易获得成功。考虑到数字广告具备吸引更多消费者的能力,如果广告主希望通过数字广告获得最大化的传播效果,就必须以具有交互性的方式与消费者或受众进行交流。

(二)精准性

这一特征相对属于"效果"的范畴,强调传播效果的精准化、精准度等,即广告主或媒

---

① 王静,邢饶佳,张猛.数字广告:概念、特征与未来[J].中国广告,2022(10):68-73.

体主通过相关手段或方式,在特定条件下实现广告的精准化,包括精准生产内容、精准投放广告、精准识别用户、精准监测与反馈数据、精准判断风险等。而这一特征的实现离不开大数据、人工智能等数字技术、数字手段的支持,它们共同驱动数字广告在整个传播链路中不断提升的精准化水平。

(三)实时性

传统广告活动具有周期和跨度较长的特点,特别是广告效果的反馈通常存在显著的时滞性。在各类数字技术支持下的数字广告则显著提升了创意制作、内容分发、效果反馈等全流程、全环节的效率,形成了及时反馈、实时优化、动态调整等优势。[①]

四、数字广告的模式

(一)实时竞价广告

实时竞价广告中的"实时"主要体现在两方面:一是广告呈现的即时性,一旦广告制作完成并通过购买,它将在最短的时间内展现在观众眼前;二是广告竞拍流程的实时性,这意味着不同的广告位是根据实时需求生成的,用户可以通过手机、电脑等设备随时查看。

相较之下,传统的网络广告则与广告内容紧密相关,其投放的可能性主要由投放网站和广告信息内容决定。例如,汽车相关广告往往会被放置在相关汽车频道的广告位上,其投放策略与某些电视频道和广播中的广告策略相似,都经过不断的尝试筛选目标受众。

随着广告审核标准的日益严格,质量低劣的广告往往在第一轮筛选中就被淘汰。竞价广告则基于广告品质进行评分,确保只有最优质的广告得以投放。在这一过程中,实施竞价广告主要依赖于第三方营销平台,该平台的一大优势是能够汇集流量,允许用户基于网络对广告进行评价,从而帮助平台对用户进行精准分类和定向,进而提升广告投放的转化率。

(二)锁定精准营销

精准营销的核心目标是确保客户不断回头购买。现实中,很多初次访问网站的客户并不会立刻下单,这通常源于对网站的不熟悉或和对品牌的陌生。为此,精准营销的关键在于精准锁定这些目标客户,深入发掘潜在的消费者,并通过深入了解他们的具体需求,制定个性化的营销策略,以激发其购买欲望。以酒店预订为例,当客户首次接触一家酒店,他们可能不会立即预订。然而,如果在浏览过程中,他们看到了关于酒店房间的特定促销广告,这些广告内容若恰好符合他们的需求或兴趣点,便能有效推动他们下单。

---

① 高腾飞,曲韵.数字广告的核心内涵、研究进展及分析框架:基于 Web of Science 数据库的分析[J].新闻与传播评论,2023,76(2):82-95.

在数字化广告营销中,持续为客户构建精细的画像至关重要,这包括分析客户的兴趣爱好、年龄、地区等多元信息。只有充分理解客户,才能设计出真正符合他们需求的广告和产品。锁定营销则进一步结合了客户的个性化需求和喜好,通过不断的数据分析来优化营销策略,从而实现产品购买率的持续提升。

在精准用户转化的过程中,首要任务是全方位收集并分析客户信息,不断完善这些数据的维度,并结合用户画像来增加用户与企业之间的黏性。这样的做法才能确保后续的市场营销活动更具针对性和实效性。接下来,对于首次访问网站的客户,需要进行系统的分析,以深入了解他们的需求和偏好。随着营销模式的不断创新与发展,核心目标是将点击率转化为购买率。为了实现这一目标,广告主借助再锁定营销策略,持续与目标客户群体互动,并基于各种因素对他们进行深入分析,旨在提升潜在客户的转化效率。同时,对用户进行跟踪,确保广告的投放更加精准有效。对于当前尚未表现出转化意愿的用户,也不应忽视,要根据适当的时间点,与他们建立联系,帮助他们逐渐熟悉品牌,建立信任感,从而在未来提高转化率。

值得一提的是,锁定营销策略相较于传统广告传播方式,具有更快的传播速度、更佳的视觉效果,并且能够及时提供数据分析,为广告模式的优化提供有力支持,进而实现转化率的持续提升。

(三)搜索引擎营销

搜索引擎营销是一种策略,它利用搜索引擎的强大功能,精准筛选和匹配消费者需求与产品信息。搜索引擎会根据用户的喜好和行为,将最符合他们需求的产品进行精准推荐,并通过创新的广告形式,将产品的创意和价值主动传递给消费者。由于这种模式的普及,许多人已经习惯到几乎感觉不到它的存在。

当前,广告平台正不断推陈出新,如品牌关键词等新型广告营销形式,使产品推广更为直接有效。这些广告形式不仅促进了用户对产品的了解,还在搜索过程中不断传递产品的创意和理念。随着用户搜索次数的增加,他们也会更加频繁地接触到产品信息,进而筛选出真正所需的产品。

在如今互联网高速发展的时代,移动端用户成了一个不可忽视的重要群体。搜索引擎已成为用户获取信息的主要途径,因此更应该重视并充分利用这一趋势。鉴于网络已深入人们生活的方方面面,企业需要高度重视,积极整合广告资源,以平衡广告与用户之间的关系。

面对信息爆炸的时代,搜索引擎平台应利用大数据分析用户喜好,迅速锁定目标用户群体,以实现精准营销。这不仅能提高广告的转化率,还能为用户提供更为个性化和精准的信息服务。①

---

① 冯恩. 企业数字广告营销策略的优化手段研究[J]. 商展经济,2023(9):43-45.

五、数字广告的优化手段

在互联网和数字化技术不断发展的背景下,企业数字广告营销策略仍面临着营销效果评估维度单一、广告内容缺乏个性化等问题,不断寻找优化数字广告营销的手段,合理分析目标人群,精准分析每个环节存在的问题,选择正确的广告定位,合理评估营销流程,制定科学的广告实施计划,做到精细化、个性化的数字广告营销,不断增强企业的市场竞争力。

(一)营销效果多维度评价

1.构建全面且高效的营销效果评估流程

首先,需要明确广告投放渠道的核心目标。对于竞争激烈的景区而言,提升用户转化率相较于单纯扩大品牌推广力显得更为关键,但后者同样不容忽视,因为品牌影响力的扩大能够提升用户活跃度。要实现转化率的提升,关键在于吸引更多精准客户。只有确保拥有足够大的活跃用户基数,才能期望精准转化的客户数量随之增加。因此,企业需要持续监测和分析转化率数据,并根据这些数据不断更新和优化广告创意。同时,为了确保广告效果的最大化,还应积极进行广告创意测试。例如,可以在多个不同平台上同时投放广告,并仔细观察每个平台的转化率表现。根据测试结果,合理分配和调整投放预算,以考察流量的性质和质量。在投放过程中,数据收集和分析是至关重要的。需要密切关注转化成本等关键投入指标,并通过反复的数据对比来识别最具投放价值的平台。这一选择过程需要综合考虑成本、流量和转化率等多个因素。此外,还应持续优化广告创意,以确保在投放过程中实现最佳效果。

2.构建一套科学且实用的营销效果评价模型

广告营销投放的效果受投放预算的影响,其成效的衡量需从多维度进行评估,并基于这些评估结果来构建评价模型。评价模型包括以下内容。

①流量:作为直接反映渠道获客能力的关键指标,流量是衡量大小渠道效果的重要参数。

②稳定性:渠道的稳定状态不仅决定了企业是否选择在该平台长期投放广告,还直接关系到人员预算的消耗和广告投放的进度。

③成本:成本是影响企业投资回报率的关键因素。在用户群体稳定的前提下,成本控制直接决定了企业的投资回报率。

④品牌曝光度:品牌曝光度能够间接体现投放效果,它代表了企业品牌被展示给潜在消费者的可见人数。

⑤发展潜力:发展潜力代表品牌未来的成长空间,是评估投放效果时不可忽视的因素。

⑥多次触达:通过多次触达策略,企业能够增加与老客户的黏性,进而提升下单率。

结合数据分析,能够更全面地评估数字化广告营销的效果,并据此改善和优化企业的经营模式。

3.优化营销效果评价体系的建议

在评估广告营销投放时,需要全面考量成本、流量和稳定性等多个因素。首先,需要综合考量成本和稳定性,通过对营销渠道的综合数据分析,来评估其是否值得继续投放。如果投放成本在可接受的范围内,且流量表现稳定,那么可以选择继续在该渠道进行投放。其次,要重视多次触达策略。在不同渠道投放广告后,需要进行多次数据分析,以增加触达客户的次数,从而提高广告的转化效果。最后,需要注意不同渠道投放效果的差异,并根据投放时间的不同进行有针对性的评估和改进。这样的综合评估和策略调整能够更准确地把握广告营销投放的效果,优化资源配置,提升企业的市场竞争力。

(二)个性化内容营销改进策略

1.精准划分目标受众群体

当前,数字广告投放平台大致可划分为几类:社交媒体平台(如微信、微博)、短视频平台(如快手、抖音),以及搜索引擎平台(如百度信息流)。为了更有效地触达目标受众,需要根据不同平台的特点深入挖掘并细分客户群体。这包括根据客户的年龄、人生阶段、所在区域、个人特征以及潜在价值等要素,描绘出各群体的精准画像。

基于潜在目标人群的特征,需要科学地将这些群体逐步扩大,确保智能扩增的流量与初始流量在质量上保持高度一致。这一阶段的策略主要依赖于初始流量数据的建模和借鉴。

在流量可控的前提下,要不断探索这些受众群体的边界,通过优化策略增加平台和企业的收益。在第二阶段,需要精确计算流量转化的成本,并持续扩大流量规模。智能扩增是必然趋势,而且在这一过程中还要深入挖掘投放平台的潜力,不断将目标人群进行更为精准的分类和定位。

2.精选与精准定位广告内容

在广告内容的选择和定位过程中,首要考量的是确保所有内容均能满足目标人群的需求。文化和内容的呈现应迅速吸引客户的注意,设计素材需简洁直观,并着重凸显宣传的核心要点。作为广告方,致力于通过广告准确地向客户传达信息,策划时始终立足于客户的关注点,通过持续触动核心要点来提升广告的点击率。

素材的制作应追求简洁明了,确保客户能迅速理解广告目的,并在第一时间被吸引。企业应在持续满足客户需求的基础上,不断对广告内容和定位进行创新。广告定位可根据不同需求进行分类,如工具型、大事件型等,以确保通过有针对性的广告内容对客户进行精准投放。

3.精准传递个性化的价值理念与主张

在广告投放的过程中,始终致力于传递独特且富有价值的主张,以此打破同质化的竞争局面,确保每一则广告都紧密贴合客户的需求,力求触动不同客户群体的内心。为此,应持续收集并分析客户数据,利用用户画像技术为每位用户打上精准标签,进而针对不同类型的客户群体,量身定制差异化的广告策略。

基于客户需求,将客户细分为组合型、浮动型、稳健型及特定需求型等类别,并为每一类客户推荐最匹配的产品。在地域选择上,利用投放平台的数据分析功能,迅速识别某一产品点击率最高的地区,并优化广告投放。在投放时间的选择上,分析客户点击率的高峰时段,实现精准投放。此外,还要根据客户的特性构建种子用户群体,并持续挖掘潜在客源。

依据上述客户分类,精心设计广告内容和投放策略。在文案撰写方面,着重从客户的痛点出发,确保推广标题在第一时间吸引客户的注意力,并清晰传达产品能为客户带来的价值。创意的核心在于其独特性和吸引力,因此在广告创意中,不断寻求能够激发客户兴趣、触及客户痛点的元素,以提升产品的销售业绩。

针对不同的客户群体,采用不同的展示方式。对于稳健型客户,侧重于展示产品的稳定性和可靠性,通过历史销量和组合优势,逐步建立消费者的信任。对于浮动型客户,则注重产品的独特性和市场竞争力展示,通过介绍产品背景、管理团队等优势,吸引他们的关注,并通过多样化的价值主张,帮助他们明确自身需求与产品优势,最终实现销售增长。

4.关于数字广告内容的优化建议

在塑造广告内容的价值主张时,致力于让用户清晰辨识自身与竞争对手之间的独特差异。通过精心打造的个性化、独一无二的价值主张,鼓励客户主动与同类产品进行对比,从而凸显自身产品的优势。这种策略不仅有助于客户快速找到最适合自己的产品,还是实现市场竞争差异化的关键所在,能够迅速抢占市场份额。

在广告内容的创意方面,采取精准投放的策略,不一次性将所有产品推荐给所有客户。相反,根据不同客户群体的需求和兴趣,量身定制独特的创意广告,确保每一条广告都能精准触达目标客户的内心。这种个性化的广告传递方式,不仅能够提高广告的转化率,还能提升客户对品牌的认知和忠诚度。

此外,在广告内容的策划上,深入洞察不同年龄段客户的需求和兴趣点。通过运用他们感兴趣的内容和话题,吸引客户的关注,并促使他们产生购买意愿。这种以客户需求为导向的广告内容策划,不仅可以提升广告的效果,还可以赢得更多客户的青睐。

六、数字广告的发展趋势

随着信息技术的飞速发展,数字化、网络化趋势势不可挡。在这一背景下,数字广告传播的应用前景日益广阔,其发展趋势也展现出多样化和复杂化的鲜明特点。[①] 从简单的图文展示到富有创意的多媒体互动,从定向推送到智能推荐,数字广告传播的形态和方式正不断革新,为品牌传播和市场推广提供了更为广阔的空间和可能性。

(一)多媒体形式的应用

多媒体形式已成为数字广告传播领域中的重要组成部分。数字广告的传播将越发倾向于多媒体形式的应用,充分利用视频、音频、图片等媒介手段,以实现广告内容的广泛传播和精彩展示。随着移动设备和网络宽带的普及,多媒体广告形式已成为数字广告传播领域的潮流,为用户带来更加生动、直观的广告体验。

(二)移动化的应用

随着移动设备的日益普及,未来的数字广告传播将更侧重于移动化策略,利用移动应用程序和移动网站等平台,精准有效地进行广告的传播和展示。此外,数字广告传播将更加注重提升用户体验,并不断优化数据分析,以确保广告内容能精准满足用户的需求和期望,为他们提供更为优质和个性化的服务。

(三)数据驱动的应用

随着大数据技术的持续革新,数据驱动的数字广告传播正逐渐成为未来的核心发展方向。通过深度采集和精准分析用户数据、行为数据等多维度信息,能够精准描绘用户画像,进而提升广告传播的针对性和效果,使得广告投放更加高效且有效。

(四)与新技术的结合

数字广告传播将与新技术如人工智能、虚拟现实、增强现实等实现深度融合。借助这些尖端技术,数字广告传播将能更加灵活地打造个性化、互动化的广告内容,从而极大地提升用户的参与感和体验感,让广告不再是简单的信息传达,而是成为一次充满趣味与互动的全新体验。

(五)地域化和本土化的应用

为了提升品牌的认知度和影响力,并推动旅游品牌重构的成功实施,需要针对不同地区、不同文化背景和不同消费习惯的受众,精心设计具有鲜明本土特色的广告内容。这样的策略能够确保广告信息与文化背景和消费习惯相契合,从而更有效地吸引目标受众的注意,促进品牌形象的树立和传播。

(六)网络安全和隐私保护

随着网络疆域的日益扩张和数字广告传播的广泛流行,网络安全和隐私保护问题逐渐浮出水面,成为亟待解决的重要议题。因此,未来的数字广告传播务必更加重视网络

---

① 周羽林郎.信息学视域下数字广告传播赋能乡村品牌重构探究[J].新闻研究导刊,2023,14(7):248-250.

安全和隐私保护,通过强化数据安全保障、完善用户隐私保护措施,提升用户对数字广告传播的信赖度和接纳度,从而确保广告传播的可持续发展。

(七)效果评估和优化

在未来,数字广告传播的效果评估与优化将占据核心地位。将通过深入分析广告投放效果、细致收集受众反馈、精准计算投资回报等多维度数据,实现广告投放的精细化调控与效果评估的优化。这一举措旨在进一步提升广告投放的效能与效率,确保广告活动能够更为精准地触达目标受众,实现更高的市场回报。

(八)知识产权保护

在数字广告传播领域,知识产权问题不容忽视,其涵盖了版权、商标、专利等多个方面。展望未来,数字广告传播行业需更加重视知识产权的保护,强化对其的管理与维护。应坚决打击侵权和盗用行为,确保广告内容的原创性和合法性,为数字广告传播的可持续发展奠定坚实基础。

本章小结

促销是旅游企业进行数字化营销的重要策略之一,通过旅游直播、旅游短视频、旅游数字广告等方式,实现旅游企业/旅游目的地与旅游消费者之间的有效沟通。为此,本章从旅游数字化促销概述出发,阐述促销、旅游促销、旅游数字化促销的内涵和旅游数字化促销的逻辑模型、特征和模式,解析旅游直播的内涵、特征、优势、功能和模式,探讨旅游短视频的传播特征、优势、模式与可持续策略,揭示数字广告的内涵、特征、模式与优化手段,为旅游企业开展数字化促销奠定理论基础。

即测即评

复习思考题

(1)分析如何构建旅游数字化促销的模式。

(2)以某一旅游企业为例,分析其旅游直播的模式及具体策略。

(3)以抖音 App 为例,分析旅游短视频的传播机制与内容特征。

(4)简述数字广告的特征与模式。

参考文献

[1] 韩剑磊,明庆忠.抖音短视频对旅游行为意向的影响[J].社会科学家,2021(10):52-56.

[2] 黎开莉.旅游新媒体营销策略研究[J].商业经济,2021(3):108-109.

[3] 李泳祺,朱强.个性化广告:互联网时代高效传播秘籍[J].新闻传播,2022(9):61-63.

[4] 刘根固,朱庆伟,陈新雨."直播+"背景下旅游地形象塑造与传播研究:以开封市为例[J].旅游纵览,2023(1):177-179.

[5] 刘蓝钦.微信公众平台营销特点及策略探究[J].中国管理信息化,2022,25(20):89-91.

[6] 刘曦.国际旅游营销的社交媒体传播效果指标体系研究[J].浙江理工大学学报,2018,40(2):163-169.

[7] 刘学玲,曹超轶.红人经济模式下旅游直播与短视频融合发展路径研究:基于5T模式理论分析[J].大理大学学报,2021,6(11):36-41.

[8] 孟令光,程文倩.IP跨界营销视域下H5数字广告的实践路径与传播价值[J].中国广告,2022(4):63-67.

[9] 宋征.新媒体时代乡村旅游信息传播途径研究[J].西部旅游,2022(15):70-72.

[10] 唐文萍,刘沛林,裴习君,等.文化遗产旅游地数字营销的理论逻辑与实践路径:基于具身传播视角[J].长沙大学学报,2023,37(2):74-80.

[11] 王伯启.旅游短视频传播及营销模式分析:以抖音App为例[J].江苏商论,2023(5):70-73.

[12] 王静,邢饶佳,张猛.数字广告:概念、特征与未来[J].中国广告,2022(10):68-73.

[13] 王雨晨,焦育琛.旅游直播营销情境下潜在游客购买意愿影响路径研究:基于模糊集定性比较分析[J].旅游研究,2022,14(6):67-80.

[14] 吴春雷.旅游直播定位推广策略探讨[J].旅游纵览,2022(19):194-196.

[15] 吴丹宁,吴复爱.电商直播在乡村旅游中的运用:以安吉县为例[J].旅游纵览,2021(12):137-139.

[16] 叶成志,李璐龙.旅游直播互动性对消费者参与意愿的影响:一个有调节的中介模型[J].中国旅游评论,2021(2):131-143.

[17] 张晴柔.社交网络中个性化广告:特点、感知价值及存在问题分析[J].中国市场,2017(11):215-217.

[18] 张燕,解媛媛,赵贤.旅游直播对消费者旅游意愿影响因素研究[J].新媒体研究,2023,9(1):57-61.

案例思考题

"奇妙的冰雪之冠"冬季直播旅游营销①

一、项目背景

2016年冬季,黑龙江省旅游发展委员会依托本省丰富的冰雪资源,策划了"奇妙的冰雪之冠"直播营销项目。该项目旨在通过创新营销手段,强化"冰雪之冠·畅爽龙江"的

---

① 资料来源:根据《奇妙的冰雪之冠冬季直播旅游营销案例》改编。

品牌影响力,推动黑龙江冬季旅游产业的繁荣发展。

二、项目目标

该项目大力展示黑龙江冬季冰雪旅游的独特魅力,结合当地旅游线路,精选特色旅游资源,如黑河、伊春等地,通过直播形式向全球观众展示黑龙江冬季冰雪旅游的多样玩法和丰富体验。

三、项目策略

品牌活化:以"奇妙"为主题,为"冰雪之冠"品牌注入新活力,结合多样化的冰雪体验,构建独特的品牌形象。

资源整合:选取重点旅游资源,通过"旅游＋直播"的模式,打造国内首档"冰雪旅游直播＋短视频＋网络综艺"节目。

技术创新:采用 4K 高清直播技术,在极寒条件下进行直播,展现黑龙江冰雪旅游的非凡魅力。

合作联动:与花椒直播、北京时间等热门平台合作,通过"兵分四路"(直播推广、短视频传播、媒体合作、达人造势)的策略,实现多渠道、全方位的宣传推广。

四、项目执行

预热阶段:通过系列海报和直播 H5 进行预热,吸引公众关注。

爆发阶段:在多个直播平台进行直播,同时发布短视频,与北京时间等平台深度合作推广。

延续阶段:将直播内容整理成冰雪旅游栏目,在主流视频平台持续发布,延续品牌影响力。

五、项目评估

"奇妙的冰雪之冠"项目取得了显著成效,累计曝光量超 30 亿次,观看量高达 1.42 亿次。该项目不仅受到业内和大众的广泛关注,还实现了四个国内首创:一是首创"冰雪旅游直播＋短视频＋网络综艺"节目模式;二是首创极寒条件下的冰雪旅游直播;三是黑龙江省旅游委首次主导的制播一体的 4K 高清直播;四是国内省级旅游委首次尝试多平台同步直播和多平台视频扩散。

"奇妙的冰雪之冠"项目不仅提升了黑龙江冰雪旅游的品牌影响力,还为冰雪旅游产业的创新发展提供了有益的探索和借鉴。

讨论问题:

(1)案例中的项目体现了哪些具体的旅游数字化促销策略?

(2)这些旅游数字化促销策略有哪些特征与优势?

(3)就该案例而言,如何构建旅游数字化促销模式?

第八章 旅游数字化营销的数据平台

［学习目标］

（1）掌握旅游大数据的来源与构成。

（2）掌握旅游数字化营销数据平台的结构，理解各个组件的职能和相互关系，包括数据采集、过滤、分析、应用等链式功能。

（3）理解如何运用数据触达策略，将正确的信息传递给目标群体，提高营销效果和用户满意度。

开篇案例

"一键游广西"平台

"一键游广西"平台以文旅大数据资源中心为基础，通过数字化技术，正在引领全区文旅产业的创新与发展。该平台的出现，整合了文化旅游线上线下资源，基本实现广西各文旅资源全覆盖，打通了全区、市、县的文旅资源数据壁垒，形成了全区文旅"一张网"的格局。平台重点建设旅游投诉管理、旅游产业运行监测和旅游产品溯源三大系统，实现广西旅游系统业务数据融合共享，通过强大的数据处理和分析能力，能够将海量的用户数据进行整合和利用，从而为相关政务部门提供宏观和实时的监测数据，这些数据为决策提供了科学依据，使决策更具前瞻性和有效性。截至 2023 年，平台用户数突破 1 200 万人，入驻景区景点、酒店民宿、旅行社、餐饮企业、特产文创等文旅企业 2 万多家，加油站、充电站、停车场、城市和乡村服务中心等公共服务网点 1 577 个，慢直播覆盖全区 256 个 AAAA 及以上景区，监控客流机已覆盖 145 家景区。

"一键游广西"平台基于物联网、5G、云计算、人工智能、大数据、新文创技术，打造数字化营销体系和数字化运营体系，对于推动广西文旅产业的发展起到了至关重要的作用，平台的成功实践也为其他地区旅游数字化营销数据平台的构建提供了有益的参考和借鉴。（资料来源：根据《广旅集团升级打造"一键游广西"平台助推智慧旅游深化发展》改编）

第一节 旅游数字化营销的数据来源

随着云时代的到来,数据成为继土地、劳动力和资本之后新的生产要素,数据不再只是决策的辅助性信息,而是上升为一种战略性生产要素,全过程参与旅游营销活动。大数据具有大量、高速、多样、低价值密度、真实性等特点。旅游业是一个宽口径综合性产业,涉及交通、餐饮、酒店、景区等多个领域,旅游从业人员与游客处于一个高度密集生产数据的状态,在旅游活动过程中产生了大量的数据,所生成的数据主要分为三类:UGC数据、设备数据、交易数据[①],呈现出结构化、半结构化、非结构化三种形式[②],且95%的大数据表现为非结构化,通过数据清洗和过滤,具有较大的营销潜力。

一、UGC数据

UGC即用户生成内容,又被称作用户生成媒体(User Generated Media,UGM)或用户创作内容(User Created Content,UCC)。数据通常有三个特点:一是依托的载体是互联网,且传播渠道为互联网中各种类型的网站或者平台;二是数据大多是由相对业余且不具有权威性的网络群体或个体生成的;三是数据必须对部分或者所有用户可见。通过对数据进行清理、去噪和归一化等数字化手段处理,可得到较为有效的营销信息。

旅游UGC数据类型主要包括旅游文本数据、旅游照片数据和旅游视频数据。

①旅游文本数据主要以文本形式呈现旅游评价性数据和描述性数据。评价性数据通常表达旅游者对旅游产品的态度,数据来源包括针对旅游产品发布评论的平台,如TripAdvisor、Yelp、携程、去哪儿,各种景区、航空公司、旅行社、酒店等网站,游客通过网站发表对某一产品或服务的满意度评价。描述性数据通过描写旅游过程中的见闻,记录了旅游者在旅行过程中的故事和感受,数据来源包括穷游网、马蜂窝等UGC模式的旅游网站,游客通过分享旅行故事和旅游体验,描述自身的经历和感悟。

②旅游照片数据是指用户分享在图片网站上的旅游图片。照片数据在元数据方面传递丰富且有用的信息,包括时间信息(如拍摄日期、上传日期)、地理信息(如纬度、经

---

① LI J J, XU L Z, TANG L, et al. Big data in tourism research: a literature review[J]. Tourism management, 2018, 68: 301-323.

② 陆保一, 韦俊峰, 明庆忠, 等. 基于知识图谱的中国旅游大数据应用研究进展[J]. 经济地理, 2022, 42(1): 230-240.

度)、文本信息(如标题、描述、标签等)、用户相关信息(如照片 ID、用户 ID)[①],数据来源包括 Flickr、Instagram、Pinterest、Yelp 等平台。

③旅游视频数据作为一种动态视觉材料,按照内容层次可以划分为序列、场景、镜头和帧,丰富度高于文本和图片数据,可以更好地洞察镜头背后的旅游者旅游行为[②],数据来源包括 YouTube、抖音、快手等平台。然而,由于受相关技术手段的限制,目前旅游领域对视频素材的研究还较为初级,有待借助其他学科先进的研究方法和技术手段进一步发展。

此外,在旅游 UGC 数据来源上,除上述提及的部分旅游网站,社交媒体也是产生旅游 UGC 数据的重要来源。社交媒体基于众多平台用户,拥有着大量的旅游文本数据、旅游照片数据和旅游视频数据,国外平台主要以 Facebook 和 Twitter 为主,国内平台主要包括微信、微博、抖音、小红书等。

二、设备数据

设备数据是指基于设备产生的数据,应用于旅游研究中的常见设备数据主要包括 GPS 数据、移动漫游数据、蓝牙数据、Wi-Fi 数据。[③]

(一)GPS 数据

GPS 是利用定位卫星,在全球范围内实时进行定位、导航的全球定位系统,其定位的基本原理是根据高速运动的卫星瞬间位置作为已知的起算数据,采用空间距离后方交会的方法,确定待测点的位置。[④] GPS 数据是海量数据,呈点集状态,其追踪数据格式为一系列的具有经纬度坐标、定位时间、瞬时速度和瞬时方向的点,首要特征就是客观准确、测量精度高,在有 GPS 接收器的情况下,数据连续、完整,并且在时间(秒)和空间(米)上具有高分辨率,可通过轨迹记录仪、移动应用程序等方式获取 GPS 信息,实现对旅游者整个旅行过程中的连续追踪,为旅游者时空行为研究做出了巨大贡献。

(二)移动漫游数据

移动漫游数据通过无线电波收集,无线电波由电信基站发送和接收,并自动存储在移动网络运营商的存储器或日志文件中。移动漫游数据记录移动网络中移动电话的活跃使用位置、呼出和呼入、发送和接收消息、使用互联网和数据服务。一些有价值的旅游信息,如原籍国,都包含在移动漫游数据中。此外,移动漫游数据覆盖范围较为广泛,地下室

① 陈雪,张宏磊,徐一帆,等.旅游研究中的图像研究进展与展望[J].旅游学刊,2021,36(3):127-140.

② 邓宁,蓬浪浪.基于视频机器分析的目的地形象差异对比:以北京 YouTube 视频为例[J].旅游学刊,2022,37(8):70-85.

③ 邓宁,牛宇.旅游大数据:理论与应用[M].北京:旅游教育出版社,2019.

④ 黄潇婷.基于 GPS 与日志调查的旅游者时空行为数据质量对比[J].旅游学刊,2014,29(3):100-106.

等 GPS 信号达不到的地方,移动漫游数据都可以到达。但是,移动漫游数据的精度与 GPS 相比略为粗糙,且相关研究表明,移动漫游数据通常定位不连续,数据较为稀疏不规则。在数据获取上,由于隐私和监控问题,获取移动漫游数据极其困难,受到一定的限制。

(三)蓝牙数据

蓝牙数据是追踪游客时空行为的有价值信息,包括检测的时间戳和信号强度(Received Signal Strength Indicator,RSSI),以及被检测设备的媒体访问控制(Media Access Control,MAC)地址和设备类别(Class of Device,COD)代码。蓝牙跟踪具有高性价比和方便性,既不需要参与者携带记录者,也不需要事先注册,可用于捕捉旅游者的时空运动和旅游景点,在旅行路线推荐方面发挥着营销价值。同时,蓝牙可用于拥挤的室内场景或无法保证 GPS 连接的高层结构附近,可以实现室内场景的精准营销。但是,蓝牙接近传感器只让我们知道时间戳节点之间的单个转换序列,而不是 GPS 提供的设备的所有移动,且蓝牙的监测范围有限,仅限于计划中的旅游活动(如节日活动和交易会)或室内场所。

(四)Wi-Fi 数据

Wi-Fi 数据类似于蓝牙数据,被视为追踪游客活动的有力替代品。与使用蓝牙作为老一代智能手机的通用应用程序不同,现代智能手机默认启用 Wi-Fi。Wi-Fi 不依赖于智能手机的可发现模式,也不要求智能手机连接无线网络,收集过程更方便,成本更低,可用于追踪小型旅游活动中(如音乐会、博物馆参观等)的游客行为。Wi-Fi 数据覆盖范围小,也同样面临着隐私问题。

三、交易数据

交易数据是指用户与设备在交互过程中产生的数据,此类数据记录旅游者在旅游市场中的活动、事件和交易。其中,旅游数字化营销应用的交易数据以网络搜索数据、网页访问行为数据、订单数据为主。①

(一)网络搜索数据

网络搜索数据是旅游大数据的重要组成部分,记录旅游者的网络搜索行为。旅游者通过搜索引擎搜索旅游信息,其搜索痕迹被遗留在网站上,这些痕迹被记录和处理,形成有价值的搜索数据,可以被用来预测酒店入住率、景点流量、目的地游客人数等,实现对旅游多源大数据实查代替抽样,确保旅游需求预测的精准性、实时性。目前,国内外旅游研究中最常用的搜索数据来源是谷歌趋势和百度指数。谷歌趋势(Google Trends)是谷歌公司的公共网络设施,它基于谷歌搜索显示世界各地区的一个特定搜索项搜索量。其提供的信息优势是高容量、高频率和对用户行为变化的即时敏感度,使"即时播报"成为

---

① 江帆,林珊珊,应天煜,等.中国旅游大数据研究:二十年回顾与展望[J].旅游导刊,2022,6(4):68-104.

可能。与历史信息相比,谷歌趋势为企业提供了准确且成本更低的预测。百度指数是依据大量网民在百度平台上的行为数据为分析对象的大数据平台,其主要功能模块有单个关键词的搜索趋势、需求图谱、人群画像等。通过百度指数可以得出某个关键词在百度的搜索规模,进而对相关问题进行分析。

(二)网页访问行为数据

网页访问行为数据有助于了解访问者的在线浏览行为。基于旅游活动的异地性,旅游者的游览行为贯穿整个旅游过程。游前,旅游者登录旅游网站查询相关信息,规划旅游行程;游中,旅游者需要查询旅游路线、出行条件等;游后,旅游者通过各方平台记录旅途感受和建议。旅游企业通过了解旅游者的网页浏览习惯,可以有针对性地改善网站内容和设计形式、分析旅游者决策行为、优化旅游者体验、提高旅游者的满意度等,最终达到提高企业营销水平的目的。

(三)订单数据

订单数据记录了旅游企业有关在线预订业务的重要信息,包括订单产生的时间、订单金额、订单数量、订单评价等,这些数据对于旅游企业有着极高的研究应用价值。例如,携程依据 2022 年中秋小长假订单,发布了《2022 中秋小长假出游总结报告》。报告显示,在多地倡导就地过节背景下,当前出游人群主要由本地、周边客群构成,占比超过六成;本地景区、主题乐园和乡村民宿订单增长显著;周边游热门城市前十为杭州、广州、南京、苏州、上海、北京、郑州、合肥、无锡、长沙;这些信息对于旅游企业了解行业市场、获取行业信息、取得竞争优势提供了数据支持。

第二节　旅游数字化营销的数据整合

当今时代,海量的数据如果不加以利用,也只是一堆无意义的符号。由中国联通与贵州省文化和旅游厅联合推出的"云上贵州"系统平台是全国第一个省级政府数据集聚、共享、开放的云计算平台,成功打破了部门间的数据壁垒,实现了数据的实时共享。该平台将贵州省人民政府、贵州省文化和旅游厅、中国联通三方数据资源融合,通过对游客客源、游客行为、旅行轨迹、景区交通等进行分析,提供了游前旅游趋势预测及智慧营销、游中人流量监控及预警、游后客源分析的全生命周期旅游大数据产品和服务,具有数据准确性高、画像完整清晰、数据实时性好等特点,被看作贵州大数据产业中最接地气、最惠民生、最具市场价值的应用。

事实上,对于旅游营销而言,旅游大数据蕴含的价值是丰富的,但大数据的应用并非简单地把所有数据集中起来,大数据的"大"存在相对性,它不是无条件的"大",还需讲究

"精",需要对数据进行整合分析,旅游大数据必须经过采集、过滤、分析等步骤,才能真正充分发挥价值。

一、旅游营销大数据驾驶舱架构

有效整合旅游大数据,实现旅游数据的"聚、通、用",以及数据应用的标准化、高性能、可拓展,搭建旅游营销大数据驾驶舱是首要一步。旅游营销大数据驾驶舱作为旅游企业或旅游目的地运行监测、关键指标分析、一站式决策支持的神经中枢,通过科学的指标体系,整合内外部全渠道底层数据,采用大屏的方式将核心数据指标可视化、直观化、具体化,并通过实时高效的数据计算与人机交互,帮助管理者掌握全局,提高营销决策的科学性和有效性,是构建旅游数字化营销实施系统必不可少的一部分。

旅游营销大数据驾驶舱的构建主要包含大数据采集系统、大数据清洗与整合、大数据分析平台、大数据可视化展示四个部分。[①] 旅游营销大数据驾驶舱完成了包括旅游UGC数据、旅游设备数据、旅游交易数据等多个数据接口扩展模板,并可通过上述几种类型数据的综合分析,可以实时、直观地显示旅游企业或旅游目的地的游客画像、旅游者需求、旅游口碑和舆情等内容,利用旅游大数据分析旅游营销推广的目标区域、目标游客属性、游客偏好等维度,便于营销人员有针对性地进行营销策略调整,帮助旅游企业或旅游目的地快速锁定高价值人群,更快捷、更精准、更低成本地展开有效的营销活动。旅游营销大数据驾驶舱架构见图8-1。

旅游营销大数据驾驶舱架构的搭建往往需要具备以下4点:①全面性。旅游营销大数据驾驶舱横向是业务的全面,覆盖旅游业务的不同方面或领域,包括旅游产品的营销、客户关系管理等各个方面;纵向是层级的全面,涵盖旅游企业的不同层级或部门,帮助旅游企业或旅游目的地实现更有效的决策和更有效的资源分配。通过将底层数据聚合到更高层级,高层级的数据分解到更低层级,支持旅游企业或旅游目的地从宏观和微观的角度来查看和分析数据,从而更好地理解业务情况,并做出相应决策。②可配置。旅游营销大数据驾驶舱纵向架构从数据采集系统、数据清洗与整合,到旅游大数据分析、数据可视化,面向营销管理驾驶舱的大数据平台架构采用基于组织层级的数据权限机制,按照组织层级控制可见数据条目,可以保障数据安全。另外,从数据采集系统的业务系统数据到数据可视化分析与展示,面临需求变动时,能够非常灵活地对图表样式、指标、布局进行配置。③动态性。旅游营销大数据驾驶舱架构搭建完成后,只需要确定分析主题、内容、指标,通过定时加载数据,整个驾驶舱的数据展示均是实时的、动态的。④可视化。根据旅游大数据的时间信息、文本信息等特性,通过图表、地图、思维导图、数据流、3D动态等合适的可视化表现形式,将数据以视觉形式呈现,使关键的决策信息都在一个

---

① 杭州城市大脑协同创新基地课题组. 城市大脑导论[M]. 北京:电子工业出版社,2021.

界面上呈现,方便管理者理解数据。

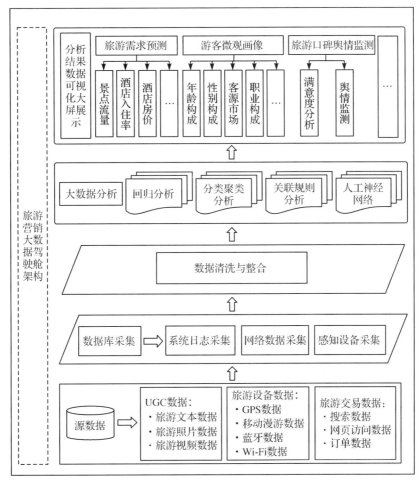

图 8-1　旅游营销大数据驾驶舱架构

(资料来源:笔者整理。)

二、旅游营销大数据采集

数据采集又称数据获取,是指通过一种装置或程序,实时或者非实时地获取外部产生的数据,并输入到系统内部接口。在大数据的生命周期中,数据采集既是旅游大数据分析的入口,又是至关重要的一个环节。

旅游产业是综合性产业,旅游业包括 7 个大类、21 个中类和 46 个小类;旅游相关产业包括 2 个大类、6 个中类和 19 个小类。[①] 采集的数据来源包括民航、铁路、公路、餐饮、

---

① 国家统计局. 国家旅游及相关产业统计分类(2018)[EB/OL]. (2018-04-12)[2022-10-23]. https://www.stats.gov.cn/xw/tjxw/tzgg/202302/t20230202_1893943.html.

住宿、商业、通信、会展、博览、娱乐、文化、体育等,因此旅游数据采集不单单是自身的横向数据采集,还包括对各相关行业的数据进行纵向关联数据采集,需要采集与人们的收入、习惯、时尚等不断变化的关联数据。传统旅游大数据的采集方式是抽样调查和统计报表,旅游大数据的采集表现出 3 个特性:①多元性。旅游大数据采集的方式是在线数据的沉淀,数据涉及多个部门和组织,具有数据源多样、数据类型多样的特点,采集的大数据是开放的、联通的和互动的。②全面性。数据采集内容以全量采集为主,避免了对数据进行抽样采集的方式。③高效性。数据采集以自动化手段为主,可以保证数据的及时性和技术执行的高效性。由此,旅游大数据采集与传统旅游数据统计有着本质的区别,不仅仅表现在规模、维度和深度上的简单扩张。

依据数据产生的不同主体,数据采集的范围主要包括数据库采集、系统日志采集、网络数据采集等。由于旅游相关数据分散在各业务主体,相互隔离,形成一个个数据孤岛,旅游数据库采集和系统日志采集对于多数人而言较为困难,因此在旅游数字化营销数据整合中,以网络数据采集为主。网络数据采集是指通过网络平台提供的应用程序编程接口(Application Programming Interface,API)或网络爬虫等从网站获取数据信息。该方法支持文本、图片、音频等文件的采集,这些数据结构复杂,以非结构化数据或半结构化数据为主,网络数据采集将这些数据从网页中抽取出来,储存为统一的本地数据文件,并以结构化的方式存储。

旅游网络数据采集在营销领域的应用十分广泛,数据来源渠道广泛,既包括省、市级旅游行政管理部门政务网站和资讯网站、OTA(携程、去哪儿)、酒店等,也包括百度、新浪微博、Facebook 等平台。其中,API 采集相对简单方便,API 采集通常是网站的管理者自行编写的一种程序接口,该类接口屏蔽了网站复杂的底层算法,通过简单的调用可实现对网站数据的请求功能,从而方便获取网站的部分数据,携程、马蜂窝、同城旅游游记等均提供 API 服务。此外,网络爬虫作为搜索引擎的重要组成部分,是目前旅游企业优先选择的数据采集方式。网络爬虫从获取初始的统一资源定位器(Uniform Resource Locator,URL)开始,初始的 URL 由用户指定的一个或者几个初始爬取网页决定,用户通过初始的 URL 地址后,爬取对应的网页获得各个网页上的内容,并发现新的 URL 进入下一个循环,直至停止爬取或至无法获取新的 URL 地址为止。

三、旅游营销大数据清洗与整合

旅游大数据来源广泛,数据类型复杂,夹杂着重复、不完整以及错误的数据,如果不对数据进行针对性处理,会导致数据仓库存放的数据质量不达标,严重影响数据决策的准确性,甚至产生错误的分析结果。因此,对源数据的清洗是旅游营销大数据整合的关键环节。数据清洗的基本原理为:利用有关技术(统计方法、数据挖掘方法、模式规则方法等)将影响数据分析的结果,甚至会导致错误结论的"脏数据"转换为满足数据质量要求的数据,变得更利于后续的数据分析。在旅游研究中,"脏数据"有 4 种类型:①残缺数据。这一类数据主要是一些应该有的信息缺失的数据,如挖掘旅游者客源地分布数据时,若文本中一些旅游景点的点名、地址等字段区域信息不完整,均属于残缺数据,这就需要将这一类数据过滤出来,在规定的时间内补全,补全后方才写入数据仓库。②不必要数据。以旅游游记数据为例,网络游记是游客在游览景区之后为记录旅游过程而写下的文字,通常形式上较为随意,文中会出现大量口头词汇,如"啊""吧"等语气词,这些词汇往往与需要研究的主题无关,属于纯粹的"脏文本",需要过滤删除。③重复数据。例如,爬取游客游记数据后,会发现很多旅游者重复发布相同的游记或者直接抄袭他人游记内容,这部分数据需要剔除。④错误数据。这一类错误产生的原因是业务系统不够健全,在数据接收、输入后没有进行判断直接进入后台数据库。比如,在采集旅游者在某个景点的游玩日期时,采集的游玩日期格式不正确,这一类错误需要修正之后再抽取。Excel、Kettle、DateCleaner、OpenRefine、Python 等为常用的清洗工具,可以实现对数据一致性的检查,处理无效值和缺失值等,从而提高数据质量。

数据清洗基本流程分为 4 个步骤,分别为数据分析、定义数据清洗转换的策略和规则、分析数据是否需要清洗,以及不需要清洗或清洗(见图 8-2)[①]。在数据清洗中,原始数据是数据清洗的基础,数据分析是数据清洗的前提,定义数据清洗转换的策略和规则是数据清洗的关键。

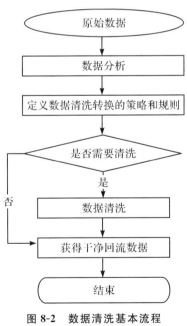

图 8-2　数据清洗基本流程

（资料来源:笔者整理。）

---

①　冯广.数据清洗与 ETL 技术［M］.北京:清华大学出版社,2022.

四、旅游营销大数据分析

海量的数据只有借助数据分析才能发挥价值,用适当的分析方法(统计学、机器学习和数据挖掘等领域的分析方法)提取信息,发现数据背后的规律,将数据以图片、图表等形式展示,帮助企业更好地了解市场和客户,优化营销策略,提高营销效果,从而实现业务的增长和盈利。

(一)回归分析

回归分析是一个统计预测模型,反映数据库中数据属性值的特性,通过函数表达数据映射、描述和评估因变量与一个或多个自变量之间的关系,包括一元线性回归、多元线性回归、非线性回归、逻辑回归等。在旅游市场营销中,基于旅游大数据,回归分析可以被应用到各个方面。例如,Pan(2012)根据搜索引擎数据预测酒店客房需求,对酒店客房需求进行建模,采用不同的时间序列和计量经济学模型,包括 ARMA、ARMAX 和因果计量经济模型,实现了对酒店客房需求的精准预测。[①] Colladon 等(2021)提出了一种新的旅游相关大数据分析方法和一组可以集成到传统预测模型中的变量,使用社交网络和语义变量实现了因子增强自回归和桥接模型,相较于传统的单变量模型,具有更好的旅游需求预测性能。[②]

(二)分类与聚类分析

数据挖掘技术提供了两种方法确定精确的营销目标。一种是分类器,即在已有数据的基础上形成一个分类函数或构造出一个分类模型,通过监督学习来细分。分类是找出数据库中一组数据对象的共同特点,并按照分类规则划分成不同的类型。分类器又分3种:决策树分类器、选择树分类器、分类证据分类器。许多数据挖掘软件主要使用决策树分类器,这个过程类似于通过一个植物的特征来辨认植物。另一种是聚类,通过无监督学习来建立细分的技术,聚类技术能够抽取数据之间的某些共性。聚类分析经常使用模糊数学方法,这样的方法称为模糊聚类,是现代数学方法中模糊数学的重要研究领域。聚类分析主要分为3步:①数据标准化,将相应属性值转化成数字;②建立模糊相似矩阵;③聚类。[③]

分类器和聚类常被用于旅游市场细分中。例如,旅游景区可以根据过往游客数据,根据地区、性别、年龄等因素,以及游客所关注的热度变化、消费习惯等维度来细分游客

① PAN B, WU D C, SONG H. Forecasting hotel room demand using search engine data[J]. Journal of Hospitality and Tourism Technology,2012,3(3):196-210.

② COLLADON A F, GUARDABASCIO B, INNARELLA R. Using social network and semantic analysis to analyze online travel forums and forecast tourism demand[J]. Decision Support Systems, 2019，123(c):113075.

③ 赵志升.大数据挖掘[M].北京:清华大学出版社,2019.

市场,以此识别景区重点客源市场,针对主要潜在客户人群精准投放广告。

(三)关联规则分析

大规模数据集中,探索对象间潜在的联系或关联,这一过程被称为关联分析或关联规则挖掘。这种方法旨在揭示数据中不易察觉的关联模式,为市场策略、决策制定等提供有力支持。关联规则通常包含 4 个关键属性:可信度、支持度、期望可信度、作用度。

为了有效地发现和应用这些有价值的关联规则,通常需要经过 3 个步骤:首先,构建一个全面的数据仓库,以存储和处理相关数据;其次,根据业务需求和数据特性,设定合适的最小支持度和最小可信度阈值,并利用专业的数据挖掘工具或算法来提取满足条件的关联规则;最后,对提取出的关联规则进行可视化展示,并结合实际业务场景进行评估和分析。①

关联规则分析通过量化的数字描述产品之间的相互关系,被广泛运用于旅游交叉营销中。交叉营销是一种发现顾客多种需求,并满足其多种需求,从横向角度开发产品市场的营销方式,其核心是向一位顾客销售多种产品。因此,这些旅游产品的关联性非常重要,营销人员需要发现不同产品之间的替代性和互补性。例如,购买了某家旅行社推出的"西湖一日游"的游客,或许对该旅行社推出的"杭州三日游"更感兴趣。但往往经营者根本不知道这些情况,或者即使隐约发现了类似信息也无法证明其科学性,关联规则分析可以发挥数据分析与决策支持作用。

(四)人工神经网络

人工神经网络是一种模拟大脑大数据分析机制,可以自主地从数据中提取知识,具有较强的迁移性,是机器学习方法中的重要组成部分之一,特别适合于大数据分析。② 人工神经网络在实际应用中有良好的分类和回归预测能力,先通过训练分析学习数据间的相关性,由于旅游需求受各方错综复杂因素的影响,统计的数据较为不完整,且以半结构化、非结构化的数据为主,传统的预测方法很难做到全面精准。人工神经网络系统作为一种非线性的计算模型,拓展了"计算"非线性系统的可能性概念和途径,其模拟人脑的基本原理及其高维性、神经元之间广泛的互连性、自适应性等特点,非常适合处理非线性的,以及那些以模糊、不完整、不严密的知识或数据为特征的问题③,因此基于人工神经网络的旅游需求预测分析被广泛利用。

---

① 曾凡涛,熊元斌.试论数据挖掘技术在旅游营销中的应用[J].旅游科学,2002(4):13-16.
② 章毅,郭泉,王建勇.大数据分析的神经网络方法[J].工程科学与技术,2017,49(1):9-18.
③ 王静.基于人工神经网络的旅游市场趋势预测方法研究[M].北京:经济科学出版社,2012.

第三节　旅游数字化营销的数据触达

著名的广告大师约翰·沃纳梅克曾经悲叹："我知道我的广告费有一半被浪费掉了，但我不知道是哪一半。"在传统营销模式下，旅游企业和旅游目的地无法精准地识别用户，大量的广告费用就像流水一样，悄无声息地流逝在非目标人群的海洋中。大规模、多维度的数据为我们提供了触达用户的全新可能，让我们可以精准地、持续地触达用户。

一、数据驱动的触达策略

旅游数字化营销的数据触达是指利用数字化技术和用户数据，将相关的旅游营销信息有效地传达给目标受众，并引导他们参与旅游活动。在数字化时代，数据触达已经成为旅游营销的核心环节，它能够帮助旅游企业和旅游目的地打开线上营销活动的流量敞口，精准推送相关的旅游营销信息给目标受众，提高用户对品牌的认知度和好感度，与用户建立紧密的联系。同时，旅游企业和旅游目的地还可以通过数据触达及时调整和优化营销策略，从而提高用户转化率和营销效果。数据驱动的触达策略可以通过以下 3 个方面来实现。

（一）吸引阶段：针对潜在用户，提升品牌认知度和吸引用户关注

吸引阶段侧重于拓展用户群体，需要积极地寻找和吸引潜在用户，并引导他们参与旅游活动。具体触达策略可以围绕 4 点展开：①搜索引擎优化和搜索引擎营销。通过了解目标受众的需求和搜索习惯，在搜索引擎中选择合适的关键词，并优化网站的内容和结构，包括改进网站的导航结构、优化网页标题和元描述、提高内容的质量和相关性等，从而提高搜索引擎排名，吸引潜在用户的关注。此外，通过投放关键词广告，设定恰当的广告目标和预算，并监控广告的表现，以便进行调整和优化，进而将旅游营销信息精准推送给目标受众，提高点击率和转化率。②社交媒体推广。对目标受众在社交媒体上的行为进行分析，了解他们的兴趣和需求，制定适合目标受众和平台规则的营销策略，精心设计旅游攻略、旅游资讯和旅游活动等内容，提供有价值的信息和娱乐活动，吸引目标受众的关注，提高品牌知名度，引导潜在用户转化为实际用户。③个性化推荐。基于内容推荐、协同过滤推荐和深度学习推荐等多种技术，为用户推荐适合的旅游产品和服务，实现个性化定制。通过这种方式可以提高用户对品牌的认知度和好感度，并引导他们参与旅游活动，吸引潜在用户。④基于位置的服务。通过 LBS 技术，结合旅游产品和服务的特色，向周边用户推送旅游景点介绍、酒店预订优惠等信息，提高用户对品牌的认知度和好感度，促进用户转化和消费增量提升。

(二)留存阶段:针对已建立关系的用户,提升用户满意度、忠诚度

留存阶段侧重于维护已有的用户群体,需要了解用户对产品的使用情况,有针对性地进行优化和改进,以增加用户的忠诚度。具体触达策略可以围绕两点展开:一是数据驱动的个性化用户体验优化。收集和分析用户的行为和购买历史数据,包括用户的浏览记录、购买记录、评价反馈等,了解每个用户的独特需求和偏好。将收集的用户数据进行细分,分为不同的类型或群体。根据用户细分的结果,为每个用户提供个性化的内容和产品推荐,例如依据不同类型用户的特点,优化用户界面,包括改进交互设计、优化信息架构、调整视觉元素等,提高用户的满意度。二是数据驱动的用户关系管理。建立有效的反馈机制,鼓励用户提供宝贵的建议。依据用户的评论反馈,分析用户对旅游产品的评价和旅游过程中的各类问题,以这些问题为基础,进行用户细分,形成用户画像,了解用户的需求,为用户提供更便捷的解决方案和更优质的服务,提高他们的满意度和忠诚度。

(三)挽回阶段:针对流失用户,重新激活用户关系,提高用户回流率

挽回阶段侧重于重新激活已经流失的用户,需要了解用户流失的原因,制定相应的挽回策略。具体触达策略可以围绕两点展开:一是流失用户分析。通过分析流失用户的数据,包括流失用户在社交媒体、在线评价平台或旅游企业官网上的反馈、评论等,了解他们流失的原因,这些原因可能包括产品质量问题、服务不满意、价格过高等。了解流失用户的需求,为制定相应的挽回策略提供依据。二是个性化挽回策略。根据流失用户的反馈和数据,对产品和服务进行改进和优化,以满足他们的需求和期望;通过与流失用户进行沟通和交流,提供相应的关怀和支持。例如,定期发送问候邮件、提供个性化推荐、定期回访等,以建立长期稳定的用户关系。

二、数据触达的优化

(一)数据触达的挑战

大规模、多维度的数据为我们揭示了触达用户的全新可能,但是在实际应用中,数据触达也面临着许多挑战和限制。①数据触达的复杂性。尽管我们可以通过大数据和 AI技术对用户的搜索记录、购买行为、评价反馈等进行分析,了解他们的需求和喜好,但准确地预测每个用户的行为和喜好却是一个复杂和具有挑战性的任务。不同的用户可能有不同的旅游需求和喜好,而且这些需求和喜好可能随着时间和情境的变化而变化。例如,一位用户可能喜欢到海滨城市度假,但在下一个假期可能更倾向于去山区徒步。此外,用户的行为和喜好也可能受各种外部因素的影响,如天气、交通等。因此,在精准触达用户时,我们需要综合考虑各种因素,最大限度地满足用户的需求。②数据触达的持续性。随着市场和用户需求的变化,我们需要不断地对数据进行实时的分析和处理,以

适应这些变化。此外,为保证持续有效地触达用户,需要持续的投资和技术支持。旅游企业需要使用各种先进的数字营销工具和技术,如 AI 算法、数据挖掘、机器学习等,而这些工具和技术需要不断的投资和研究,才能充分发挥其潜力。③数据触达的安全性。在处理大量的用户数据时,需要确保数据安全,防止数据泄露和滥用。此外,还需要遵守各种隐私政策和法规,确保在触达用户时尊重他们的隐私权。这需要对数据保护措施进行投资,并持续关注相关的法律和政策变化。

(二)数据触达的优化策略

为了更好地应用数据触达策略,可以从以下 3 个方面进行优化:①提高数据质量和准确率。通过定期清洗和去重数据,建立严格的数据质量评估体系,以及尽可能多地获取用户数据。建立专业的团队和合作伙伴关系,引进专业的数据分析师、数字营销专家、数据科学家等人才,加强与科技公司、咨询公司等专业机构的合作。②持续优化触达策略。建立实时数据分析和处理系统,实时收集、分析和处理数据;持续投资和研究数字营销工具和技术,如 AI 算法、数据挖掘、机器学习等,引进这些先进的数字营销工具和技术,培训员工掌握这些工具和技术,不断提升旅游企业的数字营销能力。根据实际业务场景和市场变化,定期评估和调整数据触达策略的效果。③重视数据安全和隐私保护。建立严格的数据安全管理制度,采用先进的数据加密和安全存储技术,确保用户数据安全和隐私保护。在数据共享和合作方面,旅游企业和旅游目的地应谨慎选择合作伙伴,确保合作伙伴能做好数据安全和隐私保护工作。在共享数据时,应采用严格的数据脱敏和加密技术,确保数据安全。

专栏 8-1　中国联通文旅大数据综合支持平台的数据触达功能

中国联通文旅大数据综合支撑平台凭借前沿的大数据技术、资源云化策略,以及全面的大数据接入、挖掘、检索等服务,实现了对文旅领域数据的全面管控。该平台不仅整合了文旅相关的数据资源、模型资源、工具资源以及云基础资源,还通过多维度支撑,构建了数据共享交换、文旅数据仓库、可视化服务及监控管理等功能模块,确保数据应用的高效稳定。

联通大数据公司凭借其集中化的数据优势,精心打造了覆盖 9 个关键维度的数据集服务,共计 181 个基础接口。这些维度涵盖客流量、客流来源、逗留时长、游客画像、旅游预估、App 使用行为、本地出游分析、入境游以及过夜游/一日游等方面。通过 API/ftp 数据接口,旅游指标以数据化形式输出,满足多样化的数据服务需求。

在品牌宣传和产品推广方面,联通大数据通过精准的目标用户群筛选,提高了文化旅游品牌的知名度和区域市场经济的活跃度。利用大数据标签技术,识别游客的身份、归属地、年龄、收入、喜好等特征,进行地域、人群、消费偏好的精准投放。对于外地游客,平台还利用智慧短信平台发送公益类信息,引导他们使用旅游微信公众号获取咨询服务。线上则通过信息流、贴片等方式,向用户呈现信息,满足个性化触达需求,实现广告的个性化和碎片化展示。(资料来源:根据《中国联通全域旅游大数据分析应用场景》改编)

本章小结

　　旅游大数据平台是旅游数字化营销的中枢,发挥着旅游大数据采集、过滤、分析、应用等链式功能。本章分析了旅游数字化营销的数据来源、数据整合、数据触达。通过本章的学习,应了解旅游数字化营销数据平台的结构,尤其要学会如何设计旅游营销大数据驾驶舱,掌握如何根据营销目标整合多源旅游数据,服务旅游营销决策。

即测即评

复习思考题

　　(1)旅游数字化营销的数据来源和具体分类是怎样的?

　　(2)旅游数字化营销的数据整合需要哪些步骤?

　　(3)如何通过数据驱动的触达策略有效吸引和留存用户,并提升用户体验和购买转化率?

参考文献

[1] LI J J, XU L Z, TANG L, et al. Big data in tourism research:A literature review[J]. Tourism Management,2018,68:301-323.

[2] 陆保一,韦俊峰,明庆忠,等.基于知识图谱的中国旅游大数据应用研究进展[J].经济地理,2022,42(1):230-240.

[3] 陈雪,张宏磊,徐一帆,等.旅游研究中的图像研究进展与展望[J].旅游学刊,2021,36(3):127-140.

[4] 邓宁,蓬浪浪.基于视频机器分析的目的地形象差异对比:以北京 You Tube 视频为例[J].旅游学刊,2022,37(8):70-85.

[5] 邓宁,牛宇.旅游大数据:理论与应用[M].北京:旅游教育出版社,2019.

[6] 黄潇婷.基于 GPS 与日志调查的旅游者时空行为数据质量对比[J].旅游学刊,2014,29(3):100-106.

[7] 江帆,林珊珊,应天煜,等.中国旅游大数据研究:二十年回顾与展望[J].旅游导刊,2022,6(4):68-104.

[8] 杭州城市大脑协同创新基地课题组.城市大脑导论[M].北京:电子工业出版社,2021.

［9］国家统计局.关于印发《国家旅游及相关产业统计分类（2018）》的通知［EB/OL］.（2018-04-12）
　　［2022-10-23］.https://www.stats.gov.cn/xw/tjxw/tzgg/202302/t20230202_1893943.html.

［10］冯广.数据清洗与 ETL 技术［M］.北京：清华大学出版社，2022.

［11］PAN B，WU D C，SONG H. Forecasting hotel room demand using search engine data［J］. Journal
　　of Hospitality and Tourism Technology，2012，3（3）：196-210.

［12］COLLADON A F，GUARDABASCIO B，INNARELLA R. Using social network and semantic
　　analysis to analyze online travel forums and forecast tourism demand［J］.Decision Support Systems，
　　2019，123（c）：113075.

［13］赵志升.大数据挖掘［M］.北京：清华大学出版社，2019.

［14］曾凡涛，熊元斌.试论数据挖掘技术在旅游营销中的应用［J］.旅游科学，2002（4）：13-16.

［15］章毅，郭泉，王建勇.大数据分析的神经网络方法［J］.工程科学与技术，2017，49（1）：9-18.

［16］王静.基于人工神经网络的旅游市场趋势预测方法研究［M］.北京：经济科学出版社，2012.

［17］海南大数据产业联盟.中国联通全域旅游大数据分析应用场景［EB/OL］.（2019-10-25）［2022-10-
　　12］.https://mp.weixin.qq.com/s/oWMWQBdwGhVpuBtAtstTBQ.

［18］王若溪.乐山市文旅大数据中心数字文旅发展模式［EB/OL］.（2022-01-27）［2022-10-21］.http://
　　www.ctnews.com.cn/content/2022/01/27/content_118460.html.

案例思考题

乐山市旅游大数据中心的数字化革命：从挑战到繁荣的故事

在乐山市这片旅游资源丰富的土地上，15 个国家 AAAA 级以上的旅游景区吸引着无数游客。传统的旅游营销方式无法满足日益增长的市场需求，对全域多维度产业进行有效监测和监管也成为难题。在这种背景下，乐山市全域旅游大数据中心决定打造一个集云计算、大数据、人工智能等先进信息技术为一体的旅游数字化营销平台。

然而，搭建这样一个平台并非易事。乐山市全域旅游大数据中心面临着巨大挑战：如何将旅游景区、酒店、餐饮等多个领域的数据整合起来，实现数据共享？这个问题就像一道无形的壁垒，数据就像散落的珠子，需要找到一条线将它们串起来。为了解决这个问题，乐山市全域旅游大数据中心立足全域发展理念，采用"大中台、小前台"的方式构建智慧景区云服务架构体系。汇集各系统的数据资源，搭建数据共享交换平台，建立统一信息标准，规范应用系统中数据资源的共享、交换和管理机制，实现异构应用之间的数据动态同步和交换。

但新的挑战接踵而至，如何保证数据不会像一盘散沙？这是文旅行业的另一个痛点——"数据孤岛"问题。乐山市全域旅游大数据中心建立了涉及旅游产业监管、营销、服务 3 个维度的 32 个应用子系统。利用新兴的物联网技术，该系统成功解决了"数据孤岛"问题，实现了旅游系统与移动设备的跨平台数据互享互联互通，为文化和旅游单位提供低成本、高效率、专业性和开放性的数字化营销与管理服务,加速了文旅行业的数字化转型。

通过这些努力,乐山市全域旅游大数据中心成功搭建了数字化营销平台,实现了数据共享和交换。该平台建立了一套统一的信息标准,规范了数据共享、交换和管理机制,推动了全域文旅产业的数字化升级。这个平台的建成为乐山市全域智慧文旅各业务管理系统间数据共享和交换打下了坚实的基础,也为旅游目的地的经济发展方式转变注入了新的动力。

这个数字化营销平台在投入使用后不久就取得了显著的成果。截至2021年6月,该平台汇聚了乐山市内旅游产业的全量数据,包括36个A级景区、20多处文化场馆、11个区县的运营数据等。同时,平台还整合了全域文旅产业的1200多路实时视频监控,构建了游客全域消费画像,实时展示全域文旅态势及各景区预约接待情况等信息。这些精准的数据为乐山市的文旅决策和指挥调度提供了有力的支持。

乐山市的旅游业绩也因此逐年攀升。据统计,截至2022年10月,"云订单"数据超过400万笔,累计售票超过1300万张,交易额超过8亿元,累计服务游客500多万人次,为乐山引流游客超过30万人次。这一系列的数据显示,该平台的成功运行不仅为乐山市的旅游业带来了显著的经济效益,同时也为该市的文旅行业发展打开了新的篇章。
(资料来源:http://www.ctnews.com.cn/content/2022-01/27/content_118460.html)

讨论考题:

(1)你认为这个平台为什么能够成功。

(2)这个平台是如何解决旅游行业数字化转型中所面临的挑战的?请从技术、数据、业务等方面进行详细阐述。

(3)这个案例对于旅游数字化转型有哪些启示?

第九章 旅游数字化营销的组织平台

开篇案例

杭州黄龙饭店的智慧酒店建设

杭州黄龙饭店成立于1984年,经过40年的发展,从一家中外合资高星级饭店转变为国有企业,已居杭州高端酒店前列。作为杭州第一家智慧酒店,杭州黄龙饭店的发展离不开数字化建设的转型升级。

2020年新春伊始,由于疫情带来酒店业务量下降,黄龙饭店加快数字化转型的必要性与可行性更加凸显,高层管理者经过多次讨论,明确了建设智慧酒店2.0的战略目标,并迅速成立了项目小组。鉴于黄龙会员用户的消费场景明确等特征,黄龙饭店将会员画像作为与杭州移动通信公司合作的切入口。首先,描绘黄龙会员的整体画像,细分卡种对应的画像及相关偏好。其次,通过对黄龙饭店在午餐和晚餐等特定时间段的用户汇总,计算出会员和非会员的比重,进而了解非会员。最后,分析杭州特定区域(竞争对手酒店、目标用户公司)的用户画像与黄龙会员画像的匹配度。此外,黄龙饭店针对本地人群开设如剑道、芭蕾、花艺、音乐鉴赏等课程,描绘购买了这些课程的用户的画像,并在杭州特定区域内寻找相似画像的人员。通过对这些画像的深入分析,黄龙饭店明确了目标用户的具体特征,如年龄段、性别、消费层次、主要活动区域等。如此一来,黄龙饭店解决了推进数字化营销的困难,实现了精准营销。接下来的工作便是通过"线上+线下"的营销模式使潜在客户了解黄龙饭店,并将其转化为饭店的客户。为此,黄龙饭店将旗下三大微商城合并,开通"直播+抖音+微视频"的线上营销模式,并且设立了生活事业部、商业事业部,专门负责数字化营销矩阵,包括本地生活内容开发、单品研发、渠道对接等。实施一系列的举措后,黄龙饭店挺过了最艰难的时期,生意正在逐渐好转,订单也开始慢慢增加了。

对于用工难的困境,黄龙饭店尽可能地提高服务质量,最大限度地合理利用人力。为此,高层管理者利用人工智能实现了酒店领域用工效率的提高。黄龙饭店和安防领域的领军企业——杭州海康威视数字技术股份有限公司合作研发了视频AI,并将它应用在许多酒店管理和服务的场景中。在打扫客房卫生时,工作人员会佩戴专用的AI探头,视频AI会学习打扫动作以及识别抹布的颜色等。打扫记录实时上传,在打扫过程中如果出现动作不规范或是抹布太脏等情况,AI会预警提醒工作人员。除戴在服务人员身上用于记录服务行为的AI之外,黄龙饭店还对酒店内原先的探头进行了智慧改造。比如,南大堂、西大堂以及会议中心的AI探头可以绘制热力图,根据人员密集程度逐层提示,合理调度现场服务工作人员。

为了更好地处理客户投诉,黄龙饭店和科大讯飞基于黄龙饭店积累了五年的对客服务语音文件的深入分析,共同研发了黄龙饭店的语音AI。语音AI在接到客户的电话后,首先会根据客户说的关键词分析客户的来意,如预订、投诉、空房、价格等,然后根据识别的结果,语音AI会解决顾客的问题。另外,语音AI还能识别客户在通话中的情绪,如果客户出现情绪过激的情况,语音AI会立刻将电话内容反馈给工作人员,通过人机协同,实现服务闭环,最大限度地提升服务品质。

在解决完酒店用工难的问题后,如何通过数字化手段进一步提升黄龙饭店内部管理效率的问题就被提上了日程。高层管理者强调,黄龙饭店在每个数字化转型的节点都会产生一定的组织结构调整或是新的数字体系,十年来具备OTA电商部门、黄龙会员、国际会议官网和抖音直播等全面的数字体系。但因为它们在不同的时间段开发投产,各系统之间相对独立。现在到了需要互通的时候,智慧酒店2.0就是这个契机。黄龙饭店通过与国内领先的酒店数字技术系统方案供应商——杭州绿云科技有限公司合作,将酒店的饭店管理系统(Property Management System,PMS)和销售终端(Piont of Sale,POS)全面接入云端,许多设施设备的接口,如智能电视、信用卡支付网关系统(Payment Gateway System,PGS)、早餐核销等也都逐渐互通。

在数字化转型道路上,杭州黄龙饭店正在走出一条"实践—评估—优化—再实践"的破局之路。黄龙饭店的数字化转型实现了自身弯道超车,重现并超越了往日辉煌,成为酒店行业数字化转型标杆。随着数字时代的来临,数字化转型已成为包括酒店在内的传统企业获取竞争优势的重要选择。杭州黄龙饭店在新冠疫情冲击下通过数字化营销,精准定位客源市场,找到了新的营业增长点。同时,借助人工智能等数字化技术,解决酒店用工难困境,提高服务质量,为疫情后酒店的发展提供了有力保障。杭州黄龙饭店致力于打造数字化生态,实现更高效的管理及其为客人提供更优质的服务。杭州黄龙饭店的案例为我国传统商务酒店数字化转型提供了有益启示。(资料来源:根据中国管理案例共享中心案例库《杭州黄龙饭店的智慧酒店建设之路》改编)

第一节 旅游数字化营销组织结构

旅游数字化营销是旅游数字营销技术与旅游营销管理变革的复合系统,除数据平台的技术支撑外,还需要组织平台的管理变革,两者相辅相成。那么,在数字化技术的影响下,组织平台管理如何变革以适应技术的变革是本章节关注的重点。

一、旅游数字化营销组织结构

(一)旅游数字化营销组织结构的概念

旅游数字化营销组织结构通常根据旅游企业的规模、业务范围和战略目标而设置。旅游数字化营销组织结构的概念有广义和狭义之分。狭义的旅游数字化营销组织结构是指旅游企业为了实现数字营销的战略目标,设计形成的数字营销组织内部各个部门、各个层级之间固定的排列方式,也就是旅游企业数字化营销部门的设置方式。广义的旅游数字化营销组织结构包括各个部门之间的相互关系,如专业化协作的方式以及协作的类型等。

(二)旅游数字化营销组织结构构成

一般来讲,旅游数字化营销组织结构由营销策略与规划部门、内容营销部门、数据分析部门、社交媒体营销部门、数字广告投放部门以及客户服务部门组成。其中,营销策略与规划部门负责制定数字化营销的战略规划和实施计划,包括市场调研、目标市场分析、竞争对手分析、营销策略制定等。内容营销部门负责创建和发布与旅游相关的有价值的内容,包括旅游攻略、旅游心得、景点介绍、酒店评测等,吸引潜在客户并提高品牌知名度。数据分析部门负责收集、分析和呈现数字化营销活动的效果数据,以帮助营销团队优化营销策略和调整投放计划。社交媒体营销部门负责管理和执行社交媒体营销计划,包括制定社交媒体战略、管理社交媒体账号、发布有价值的内容、与粉丝互动等。数字广告投放部门负责管理和执行数字广告投放计划,包括搜索引擎优化、搜索引擎营销、社交媒体营销(Social Media Marketing,SMM)、网络广告投放等。客户服务部门负责提供优质的客户服务,包括回答客户的问题、处理客户投诉、提供旅游咨询服务等。

这六个部门分别从旅游产品组、数据技术组和运营组的角度服务旅游企业整体的营销活动。旅游产品组涵盖内容营销部门,主要涉及以游客需求为主的旅游企业整体的旅游产品或服务。数据技术组主要包括数据分析部门,负责游客数据的整合、梳理、加工和应用。运营组涵盖社交媒体营销部门、数字广告投放部门以及客户服务部门,负责旅游产品或服务后续的推广和运维等工作。这六个部门主要在旅游企业战略和营销策略与规划下协同合作(见图 9-1)。

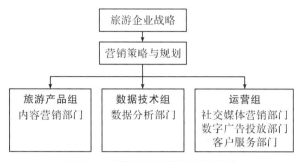

图 9-1　旅游数字化营销组织结构

(资料来源:笔者整理。)

二、旅游数字化营销的组织设计

旅游数字化营销计划是通过旅游营销组织机构的规划和设计形成的。因此,有效地实施旅游数字化营销活动,必须以完善的营销组织为基础。从一定意义上说,旅游数字化营销组织就是为了实现旅游企业数字化的战略和目标,对旅游企业全部市场营销活动进行有效的平衡和协调。

(一)旅游数字化营销组织的设计原则

旅游数字化营销组织设计应遵循流程最优性、敏捷灵活性和成绩(绩效)最优性三个原则。[①]

①流程最优性原则。应对新的数字化环境,旅游企业的营销组织需要从关注职能导向转变为关注营销流程和用户参与导向的"协作型"组织。如专注于旅游攻略的马蜂窝基于社区形成 UGC,然后组建技术支持中心挖掘游客的真实感受和推荐大数据,最终再通过大数据、旅游业其他资源进行反向定制旅游产品和服务形成预售模式的商业闭环。

②敏捷灵活性原则。移动互联网和社交媒体技术驱动的"旅游用户—企业"动态实时营销,旅游企业和用户在多个渠道几乎实时进行互动,这就需要旅游企业不断提供全新的营销接触面以及动态营销用户在旅行全过程所需的内容。如哈达旅行网从最初的官方网站运营到与旅游电商合作再到新媒体营销(微信、微博)实现了与游客的多种营销接触面,从而解决了游客最实际的旅行需求。

③成绩(绩效)最优性原则。成绩(绩效)最优性是指营销流程与数据链的紧密整合。我们要清楚企业通过哪些渠道获得多少用户,以及这些用户有多少转化为企业实际的绩效指标等。例如,专注于智慧旅游服务的麦扑公司用微信小程序、微信公众号、H5 页面以及小鹿 App 平台布局数字渠道并投放内容,获取最大化的访问量。目前,已确定小鹿

---

① 曹虎,等.数字时代的营销战略[M].北京:机械工业出版社,2017.

导游 App 有超过 1000 万人的用户。

（二）旅游数字化营销组织的类型

1. 职能型数字化营销组织

职能型数字化营销组织是指营销组织的各个部门按照职能进行划分,即把相似或相同的数字营销活动归并在一起,形成一个数字营销职能部门。例如,杭州黄龙饭店设立了生活事业部和商业事业部,开通"直播＋抖音＋微视频"的线上营销模式,专门负责数字化营销矩阵,主要负责本地生活内容开发、产品研发和渠道对接等。

2. 事业部制型营销组织

事业部制型营销组织是指为满足企业规模扩大和多样化经营而形成的一种营销组织结构形式。在旅游企业的领导下,按照产品或市场划分经营单位,设立多个事业部。有的旅游企业会设立专门的事业部来负责数字化营销。例如,一些大型旅游企业可能会设立一个数字化营销事业部,该部门负责制定和执行整个企业的数字化营销战略,包括在线旅游预订、客户服务、营销策略制定和实施等。数字化营销事业部通常由多个团队组成,包括搜索引擎营销团队、社交媒体营销团队、内容营销团队、数据分析团队等。这些团队分别负责不同类型的数字化营销活动,如搜索引擎优化、社交媒体推广、内容营销、数据分析等。此外,数字化营销事业部通常还负责管理和优化企业的数字化渠道,如网站、移动应用程序、电子邮件等。这些渠道对于旅游企业来说非常重要,因为它们可以吸引潜在客户、提高品牌知名度、促进销售等。总之,由专门的事业部来负责数字化营销是一种常见的管理方式,它可以提高旅游企业的营销效率和质量,促进业务增长。

3. 市场管理型营销组织

市场管理型营销组织主要围绕特定游客的需要开展一体化的营销活动。这种营销组织的特点与以目标市场为中心的营销活动要求相吻合,能够充分体现"以游客为中心"的营销观念。例如,途牛旅游网利用数字化技术的优势整合旅游产业链,将旅游产品划分三个类别:出发地、目的地和品类(如邮轮),三个维度交叉组合,构成不同的产品线,形成不同的价格,价格根据游客的需求动态变化。产品线不同,订单处理的流程也不一样。此外,通过呼叫中心与业务运营体系服务客户。

三、旅游数字化营销组织权变

（一）旅游数字化营销组织权变的概念

依据权变理论,旅游数字化营销组织权变是指在旅游企业数字化营销战略和目标下,营销组织随着旅游企业所处的外部环境(尤指数字化的环境)和内部条件发展变化随机应变,没有一成不变的、普适的营销组织机构。

(二)旅游数字化营销组织权变的影响因素

1.内部因素

内部因素是构成旅游数字化营销组织权变影响因素的基础和关键。[①] 内部因素主要指企业自身数字化成熟度的审计和认知。为了应对数字时代带来的挑战,当前企业需要利用数字营销成熟度审计对自身营销组织有一个清晰的审计和认知,判定自己处于数字营销成熟度的哪一个阶段,从而实现营销组织模式的改变。数字营销成熟度审计模式见表9-1。

表 9-1　数字营销成熟度审计模式

序号	阶段	内容	
1	起步与尝试	启动	暂且不用关注复杂的关键绩效指标,把重点转移到提高网络流量的工作中
		扩散	(1)通过布局数字渠道并投放内容,获取最大化的访问量 (2)着眼于如何实现有效的内容重复使用—— 创造内容,并将其通过多个数字渠道的推动来呈现最佳效果
2	体系化与战略化	(1)将数字营销的目标与组织战略目标进行协同和统一 (2)建立完善的数字分析系统,关注点从定量结果逐渐转移到定性结果 (3)不断考察数字营销战略中哪些属性或元素可以提高用户的参与度 (4)实现内容个性化	
3	营销自动化	(1)掌握用户的行为特征,在特定渠道中监测社交媒体 (2)与客户进行直接互动 (3)跨渠道对话 (4)自动触发机制	
4	客户数字资产管理	转化	(1)与用户之间的互动更直接和定制化 (2)实现线上线下同步监测用户行为
		终生客户	(1)基于已有的大数据,通过数据分析进行预测与判断 (2)数字营销敏感度赋予组织对市场变化的快速适应能力,通过测试和个性化、自动化的数据分析将会自动提供最优的营销建议

2.外部因素

①行业环境。市场竞争的快速性、游客决策的随意性和需求变化的随机性都很容易导致客户流失,造成企业竞争失利。例如,传统旅游企业中青旅面对数字行业环境的变化,建立了遨游网营销组织平台,实现了营销组织的成功转型。

②游客需求。随着数字技术的快速发展,以及多样化旅游需求的驱动,游客会根据

---

① 钱黎春,何义.网络环境下企业营销组织的权变因素分析[J].安徽工业大学学报(社会科学版),2007,24(6):41-42,55.

自身需求选择相应的旅游平台。例如,年轻游客偏好自由行和自由组团出游,更倾向于具有社群属性的马蜂窝。再如,数字化时代背景下,针对游客的消费需求变革,杭州黄龙饭店的营销组织体系从 PC 端官网转向手机 App、微博以及微商城,满足游客多样化的市场需求,实现企业数字化营销组织变革,从而促进企业飞跃式发展。

③竞争者的数字变革。为了增强竞争优势,旅游企业需要根据竞争者的数字布局情况改善自身的营销组织体系。例如,携程作为预订类的旅行服务公司,面对马蜂窝等旅游企业数字布局情况,也开始转向旅游社区、查询和分享等一站式的旅行营销服务模式,从而成为国内领先的"一站式旅行"服务商。

第二节　旅游数字化营销的制度要求

一、领导力要求

在数字化营销组织的发展过程中,需要营销部门的员工支持数字化,并把握数字化带来的营销机会,这就需要较大影响力的数字领袖实现数字领导力。[①] 领导力要求是指企业制订并实施数字化营销转型的愿景和计划,领导应发挥的作用主要包括前瞻性学习、授权与赋能、集思广益、关注投资回报率四个维度。[②]

1.前瞻性学习

开展数字创新的领导者要富有前瞻性,以战略的眼光审视大势和大局,认清机遇和挑战,对市场具有深刻的洞察力,能够随时把握市场信息,聆听任何有创意的建议,以使旅游企业营销创新方向日益明朗。例如,华住酒店集团创始人季琦利用数字化技术优化、固化业务流程,促使如家、汉庭从传统酒店升级为标准化、智能化的现代连锁酒店。[③]

2.授权与赋能

数字领导者通过授权与赋能,为组织成员提供有效的数据、技术和资源支持,更好地帮助组织成员开展工作,既有利于组织创新,也能激发个体积极性、自主性,以赋能组织成员取得成效,从而创造更多价值。例如,携程就是这样一家企业,真正驱动其成长的力量是企业员工。他们之所以愿意加入携程,是因为在携程能获得实现自我价值的新机会。

3.集思广益

集思广益是指集中群众的智慧,广泛吸收有益的意见。对于数字营销创新,领导者需要在公司内外展开讨论,参加会议、向同行学习、汲取与旅游企业数字变革相关的新思

---

① 格林伯格,等.数字营销战略[M].马宝龙,张琳,译.北京:清华大学出版社,2016.
② 陈春花.组织的数字化转型[M].北京:机械工业出版社,2023.
③ 戚德志.未尽之美:华住五十年[M].北京:中信出版社,2021.

想,实现营销组织变革。例如,让员工作为顾客体验旅游产品,给企业的营销模式和产品提出改进意见,从而促进企业持续成长和发展。

4.关注投资回报率

数字世界是一个量化的世界,可以追踪我们所做的一切。因此,各数字领域要设定旅游企业期望的投资回报率,尽可能接近行为价值的考核指标,并对这些指标进行分析和评价。例如,网站/App访问量和网页浏览次数并不能衡量旅游企业是否营销成功,以及游客是否购买了旅游产品和服务,分享旅游平台的信息(和谁分享)是旅游企业需要关注的重点。

二、人力资源管理要求

人力资源管理要求是指在数字经济背景下,旅游企业想要员工发挥主观能动性,让员工实现自我管理和自主创新,实现员工利益与企业利益的趋同,需要着眼于管理思维、管理手段和激励等方面的变革。

1.建立以大数据为手段的人才管理系统

数字化技术在人力资源管理层面的运用主要促使决策者的决策行为更加规范化和程序化。通过对人力资源的大数据分析,识别各类人才的岗位胜任能力、潜在发展能力及其与公司发展战略之间的匹配程度,为建立各类人才的管理系统,实现各类人才的可持续发展提供有力的数据支撑。

2.建立以提升员工价值为目标的体验平台

人力资源管理不应该仅限于个人激励,而应考虑个人激励与绩效增长相结合,以绩效目标的设定为起点,以个人激励为终点,让每个员工都能在企业中实现自己的价值,并将其转化为工作动力,提高人力资源管理效率。

3.建立以使命感为基础的人才激励机制

为了促使员工在自我驱动下形成独特的、迎合企业发展需要的目标,企业需要建立以使命感为基础的人才激励机制。人才激励机制的四大策略见图9-2。

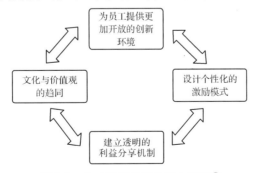

图 9-2　人才激励机制的四大策略[①]

① 李勇,钱晔.数字化酒店:技术赋能＋运营变革＋营销升级＋管理转型[M].北京:人民邮电出版社,2021.

①为员工提供更加开放的创新环境。开放的创新发展环境是激励员工创新的基础。数字经济时代,企业人力资源管理要求更加关注员工的价值,以员工激励为主要手段,培养员工主动学习、主动创造的意识,给员工提供更加宽松的学习环境和施展空间,最大限度地激发员工的工作热情。

②设计个性化的激励模式。数字经济时代,管理者应该根据实际情况尽可能无差别地对待员工的不同诉求。尤其在吸引和鼓励优秀员工方面,应投入更多的资金,让员工产生心理认同。从长远来看,企业将获得更多的经济效益。

③建立透明的利益分享机制。企业管理者可以根据员工对企业的贡献建立透明的利益分享机制。例如,成立于 2014 年,追求旅行体验至上的定制旅行平台游心旅行,为了更好地激发员工的工作积极性,与员工进行深度的利益捆绑,即我给你客户,你提供好的服务,获得好的收入。

④文化与价值观的趋同。数字化时代,企业人力资源管理的核心就是凭借统一的文化与价值观将员工凝聚在一起,增强员工的凝聚力和向心力,围绕实现游客价值、组织扁平化、简化管理流程、追求速度与质量并重等需求,带领企业走上健康可持续发展之路。例如,6 人游旅行网的员工秉承快乐工作,并为用户带来旅行快乐的信念,这与企业的文化呈现明显的一致性。

专栏 9-1 途牛和驴妈妈的人才激励实践[①]

对于人才,途牛有一套自己的激励机制。途牛内部每年会进行两次"271"评选。所谓"271",就是在整个团队中,评选出 20% 的优秀人才、70% 的普通人才和 10% 暂时落后的员工。其中,"2"是最有执着劲头的牛人,是奋斗者的代表,他们驱动公司的发展,是宝贵的核心人力资本。

针对社会招聘,驴妈妈采取"导师制",由专业培养,因材施教。针对校园招聘,驴妈妈制订专门的培养计划,从职场入门、导师培训、轮岗制度、职业生涯规划各个方面进行培养。驴妈妈还成立了景域集团人才精英学院,专门培养人才。在考核方面,采取"部门考核＋个人 KPI 考核"的方式,从销售额、回款额、用户满意度等多维度指标考核管理团队,同时采取季度考核、年终考核,给予工作中表现出色的人才升职、加薪的机会,给优秀人才更大的提升空间。

各种制度只是起到和约束规范作用,将企业文化、企业价值观根植在员工心中更为重要。"对外,我们是一支军队,纪律严明、作风硬朗,攻无不克、战无不胜;对内,我们是一个家庭,聚在一起是前生修来的缘分,要珍惜;中间,我们是一所学校,相互学习、永不

---

① 严艳,张德欣,刘畅.旅游创业启示录:互联网＋时代的周边游[M].北京:旅游教育出版社,2016.

毕业。"这是洪清华赋予驴妈妈团队的灵魂。

三、财务管理要求

财务管理要求是指旅游企业要关注投资回报率。数字世界是一个量化的世界,可以将游客的行为轨迹进行保存和记录。[①] 需要企业设定期望的投资回报率,然后确定可能接近行为价值的考核指标,并对这些价值指标值进行分析和评价。最重要的是,要明确有多少人推荐旅游企业的平台,与谁分享了企业产品相关的内容,以及是否注册以期得到更多的信息。例如,驴妈妈的洪清华与无锡灵山文旅集团董事长吴国平联手直播带货,一小时的交易额也超过了 3 000 万元。可见,数字时代下,旅游企业财务管理的具体性要能够明确从哪些渠道获得了多少具体的绩效指标,对于后续营销内容投入指导至关重要。

第三节　旅游数字化营销组织平台动态能力

一、旅游数字化营销组织平台动态能力的概念

动态能力是指企业整合、构建和重新配置内部和外部资源以应对快速变化的环境的能力。也就是说,一个组织在路径依赖性和市场地位的情况下实现新的创新形式,以提升竞争优势的能力。由此,旅游数字化营销组织平台动态能力是指旅游企业营销组织面临外部数字环境的变化,以及游客行前、行中和行后的需求变化,整合企业内外资源而进行动态服务、营销和管理的能力。

二、旅游数字化营销组织平台动态能力的构成

旅游数字化营销组织平台动态能力由旅游数字营销组织的感知能力、获取能力、分析能力以及变革能力构成。感知能力是指旅游数字化营销组织的管理者面临行业竞争、游客需求以及数字技术变革而形成环境认知,以开发新的企业能力,从而应对行业发展的新形势和新趋势。获取能力是指旅游营销组织中的运营组通过社交媒体、数字广告投放以及客户服务层面获取真实的游客需求数据。分析能力是指旅游营销组织中的数据技术组对获取的游客数据进行分析和整合,获取游客画像,以更好地预测游客需求,从而提高营销效果。变革能力是指旅游营销组织可以通过构建全新的营销创新系统、重新设计内部的营销组织结构以及提升企业数字化的成熟度来实现营销组织能力的提升。需要指出的是,在旅游数

---

① 杨扬,刘圣,李宜威,等.大数据营销:综述与展望[J].系统工程理论与实践,2020,40(8):2150-2158.

字化营销组织平台动态能力的发展过程中,促进者能够推进动态能力的形成和发展,但也可能会触犯某些人员的利益,阻碍动态能力的形成和发展(见图9-3)。

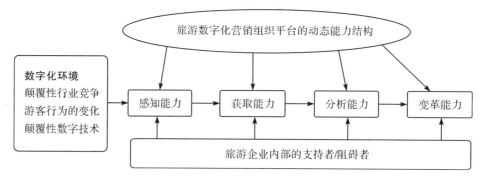

图9-3　旅游数字化营销组织平台动态能力模型

(资料来源:笔者整理。)

新事物的更迭并非瞬间完成,伴随着数字技术和游客需求的变更,出现了很多新的营销工具和新的流程,如内容营销、消费者画像、游客体验管理、游客身份管理和跨渠道接触点管理,营销组织面对新的流程和爆发性的数据量,使旅游企业的营销功能和组织向敏捷、灵活和个性化方向进化。然而,旅游企业的数字营销组织结构的变革不是一蹴而就的,需要旅游企业各个部门(技术部、营销部、销售部和服务部)协同整合,才能促使旅游企业实现数字营销战略目标。

专栏9-2　携程的服务创新能力演进

携程的服务创新能力在动态能力的演进中不断发展,其服务创新能力演进共划分为三个阶段。第一阶段(1999—2003年):渐进式服务创新能力形成阶段。该阶段携程的服务感知能力较弱,主要依赖于对整体市场需求的单向识别来积累顾客需求方面的知识。具体地,一方面,携程主要通过人工对顾客的需求进行接收与响应,顾客响应型互动的效率较低。另一方面,体现在携程主要通过会员体系的举措来实现顾客价值管理,但在精准识别顾客需求层面较为缺乏,即表现在先导型互动的缺乏。根据消费信用和积分数量的情形,将会员分为不同的等级,但携程主要专注在较高等级的会员层面,较低级别的会员层面缺乏相应的管理。携程在单向识别顾客需求的情形下,资源编排事件相对较少。与此同时,在机票、酒店等新资源的获取与利用层面进行探索性编排。例如,通过收购商之行服务有限公司、北京海岸航空旅行社有限责任公司来获取酒店资源和航空票务服务资源;利用性编排主要体现在引入六西格玛管理体系,对人员进行管理,以实现携程内部人力资源的稳定、调整与利用。由此可以看出,携程在该阶段单向识别外部市场需求,对顾客需求反应较慢,创新多表现在组织规则和规范方面,且服务传递效率有限。第二阶段(2004—2012年):更新式服务创新能力形成阶段。在该阶段携程资源编排的关键在于改良资源基础,以初步形成核心资源,主要表现为增加利用性编排事件以占据主导地位。具体地,一方面,通过与银行、酒店等供应商合作,对企业自身已拥有的度假、商旅等资源进行组合,以形成稳定的资源基础。例如,2007年携程与成都文旅发展集团合作,通过共享自由行大数据资源,优化原有的自由行度假路线。另一方面,携程也积极调整企业内部人力和技术等资源,例如,携程的六西格玛管理体系使企业原有的人力资源和物力成本控制效率提升,提升了顾客需求获取及响应的速度。由此可以看出,携程在该阶段不断提升自身的服务创新能力,主要以调整和优化企业原有的资源基础为主。第三阶段(2013年至今):再生式服务创新能力形成阶段。这一阶段,携程强调以顾客为中心的观念的重要性。具体地,一方面,携程重组原有组织资源,深入挖掘顾客的需求。例如,开展"小老虎"计划,提升顾客价值管理的效率,减少顾客需求传递的环节。另一方面吸收外部创新资源,例如,通过增加多轮投资获取创新所需的技术资源,同时设立"用户体验平台"让更多顾客参与企业创新,以实现价值共创。携程在该阶段无论是在资源基础方面还是服务覆盖方面都进一步拓展,新服务开发能力明显加强,表现出再生式服务创新能力。(资料来源:根据《互动导向下的服务创新能力演进机制——基于资源编排视角的携程案例研究》改编)

本章小结

　　旅游数字营销组织是旅游数字化营销管理的神经中枢,促使各个营销部门能够有效地协调和配合,从而推进旅游营销活动的顺利实施。本章主要分析了旅游数字营销组织结构、制度要求以及动态能力。通过本章的学习,应了解旅游数字营销组织结构,尤其是旅游企业要根据内外环境的变化学会如何设计独特的旅游组织设置方式,以更好地管理和执行数字化营销活动,提高营销效果。

即测即评

复习思考题

　　(1)简述旅游数字化营销组织结构的概念和构成。

　　(2)旅游数字化营销组织制度要求包含哪几个方面?请结合旅游企业进行举例。

　　(3)旅游数字化组织平台的动态能力结构有哪些?请结合旅游企业进行举例。

参考文献

[1] 窦文宇.内容营销:数字营销时代[M].北京:北京大学出版社,2021.

[2] 邓宁,牛宇,段锐.旅游大数据[M].北京:旅游教育出版社,2022.

[3] 汪京强,黄昕.酒店数字化营销[M].武汉:华中科技大学出版社,2022.

案例思考题

万豪酒店的数字化营销①

万豪(Marriott)是世界上最大的酒店集团之一,拥有近百年的历史,是酒店业的国际巨头,无论是酒店的客房管理、餐饮服务标准还是酒店的品牌塑造都堪称一流。

但这个国际一流的酒店业专家从 2014 年起在营销上却风格大变,让人完全看不懂了。它从美国广播公司挖来了金牌电视制作人大卫·比比(David Bebe),给了他一个新设立的全球创意副总裁的职位,由他领衔建立了一个集团内容工作室。这个工作室的主要任务,不是为公司设计广告,而是(看似有点不务正业)拍摄电影。第一个作品:一部以两个酒店门童为主角的 17 分钟动作喜剧电影——《两个门童》。2015 年 3 月 10 日,该影片在 YouTube 上线,同时也在美国部分影院上映。

不过,拍摄和发行一部电影,似乎只是万豪营销风格大变的开始。同年,集团旗下的子品牌 Renaissance Hotels 进军音乐领域:与不同城市的音乐家合作,制作了 10 集(每集约 6 分钟)系列短片 The Navigator Live,以音乐人的眼光,诠释他们对不同城市,如纽约、洛杉矶等理解。观众在欣赏各地特色音乐的同时,可顺带了解当地音乐家推荐的特色游览地。

2016 年 1 月,受到第一品牌电影成功的鼓舞,万豪推出了门童动作喜剧电影的续集——《两个门童2》。这次两位主演大显身手的地方,转移到了充满异国风情的迪拜。一年之后,《两个门童3》问世,场景设置在韩国首尔,这部片子的主角除两位饰演门童的演员外,还有特邀出演的韩国明星郑秀妍和美籍韩星李起弘,意指亚裔旅游市场。

万豪的内容营销,甚至在关键的新产品上市环节也大胆尝试。2016 年,集团推出一个新品——城市嬉皮风格酒店慕奇夕(Moxy),其在推广宣传中就采用了真人秀电视节目的形式。一个 25 分钟的视频——《酒店开业倒计时》——记录了美国新奥尔良市的第一家 Moxy 酒店在筹备开业过程中遇到的各种挑战,以及员工如何克服困难按时开业的故事。随着视频在 YouTube 及其他媒体上的传播,这家 Moxy 酒店也成了新奥尔良市的网红酒店。

如今的万豪,到底是酒店还是媒体公司? 大卫·比比认为,万豪就是一家致力于旅游

---

① 窦文宇.内容营销:数字营销时代[M].北京:北京大学出版社,2021.

及生活方式内容的媒体公司,而之所以要这样做,是千禧一代的消费者(相当于中国的"80后""90后")已成为旅游市场的主流,他们成长于数字时代,具有较强的自我意识,在做消费决策时更愿意自己探索和了解。他们抗拒传统广告的说教,但对于有价值或有趣的内容会接受和欢迎——哪怕是来自企业的。

万豪这一系列看似眼花缭乱却制作精良的品牌内容,赢得了广泛好评。其"门童三部曲"系列电影在 YouTube 上的平均播放量达 700 万次,关于 Moxy 酒店开业的真人秀纪录片在社交媒体上也有 130 万次的播放量。

讨论题:

(1)为什么万豪酒店改变以往的营销风格?

(2)万豪的营销风格体现出当今时代的什么特征?

(3)为什么万豪酒店集团的数字营销能够引领潮流?

(4)万豪酒店集团营销风格的变化体现了酒店数字营销战略和数字营销组织怎样的变化?

第十章　旅游数字化营销的综合保障

[学习目标]

(1) 了解旅游数字化营销中的信息泄露、破坏和侵权的风险。

(2) 熟悉政府层面旅游业数字化营销中的数字安全治理措施。

(3) 理解企业层面的旅游数字化营销工作和数字安全管理措施。

(4) 把握旅游数字化营销中的职业道德与伦理保障的必要性。

(5) 讨论政府层面的旅游数字化营销中的职业道德与伦理保障治理。

(6) 熟悉企业层面的旅游数字化营销工作中的职业道德与伦理保障管理。

开篇案例

黄鹤楼的实名制预约

位于湖北省武汉市的黄鹤楼是国家 AAAAA 级风景区，自古享有"天下江山第一楼"的美誉。如今，游客到访黄鹤楼都需要通过实名制预约。借助新技术、新算法，营销人员对来往黄鹤楼的游客数据进行分析，能够清晰地总结出游客的具体年龄构成、性别比例、来源地、旅游时长等。除此之外，游客舆情也能被更加准确识别，从而提升了景区的运营效率和服务质量。为了方便游客入园，黄鹤楼风景区也曾做过"大武汉年卡"的人脸识别测试，尝试让年卡用户预约后直接在验票闸机上刷脸入园。

值得注意的是，实名制也向景区提出了更高的工作要求，主要涉及游客信息安全风险的管理工作。从人员的配备方面看，为了保障游客的信息安全，黄鹤楼景区信息中心专门配备了数据维护专业人员，为信息中心技术人员定期举办信息安全培训；从管理方面看，景区定期安排第三方网络安全机构开展网络安全自查工作；从硬件方面看，景区管理人员重新规划了公园票务系统的网络架构，增设了多套网络安全设备。在软件方面，景区从数据层面做加密处理，数据库中存储的游客信息均为加密后的数据，且业务系统在游客入园 14 天后自动删除游客身份信息。

黄鹤楼景区的管理人员曾指出，景区的业务系统在设计之初充分考虑了数据分析以及数据安全问题，因此整个业务系统均是私有化部署，所有数据均是直达景区数据中心，没有中间平台。比如,游客在美团上预约门票,预约成功后游客的信息从美团直达黄鹤楼数据中心,不经任何第三方平台,这样所有数据真正掌握在景区的手中,对数据安全也是一种保障,因为减少了泄露点。[①]

第一节　数据安全与交易保障

一、旅游数字化营销中的数据安全风险

(一)数据安全风险

旅游数字化营销中的信息安全缺失是造成数据安全问题的主要成因之一,具体体现在以下方面。

1.数据泄露风险

对营销主体来说,如果说 API(Application Programming Interface)端口的信息窃取问题是很难解决的,那么出自营销者本身行为所造成的信息安全问题则完全可以杜绝。一般情况下,这一类的数据安全风险主要源于营销者在没有经过游客的授权或者同意的情况下就将游客的身份等重要信息泄露给第三方,甚至是广泛传播。

通常这样的数据泄露都是通过一些不道德,甚至是不合法的手段完成的。被泄露的数据往往包含了游客自己不愿意公开的身份信息、敏感信息,甚至涉及了群体和国家的利益安全的机密信息。例如,游客在使用旅游类 App 预订和浏览酒店等旅游产品的时候,他们的隐私信息都存在被窃取的风险。除此之外,随着网络支付方式在旅游营销中的广泛覆盖,也曾出现游客被诈骗或者盗刷的情况。在使用密码识别、指纹识别或者刷脸识别技术时,一方面识别的速度越来越快,方便了游客的旅游活动;另一方面,也增加了隐私公平与安全的问题。

旅游大数据中的各种隐私数据的主要来源有两个:一是游客在网络中提供的个人信息,如姓名、电话等。二是游客的浏览记录等,这部分隐私信息往往是在游客完全不知情的状态下收集的。对于游客而言,当个人隐私的安全性无法得到保障时,就会提高其生活中的风险系数。[②]

在使用数字旅游产品前,旅游企业往往会在智能设备上向游客展示,并要求游客勾选

---

① 曹燕.景区实名预约 游客信息安全如何保护[N/OL].中国旅游报,2021-11-16[2021-12-10]. https://news.nankai.edu.cn/mtnk/system/2021/11/16/030048876.shtml.

② 戴志强.旅游大数据商业化应用中的个人隐私保护研究[J].科技资讯,2021,19(29):30-32.

同意隐私条款,但游客会产生对隐私安全问题的担忧。对于这些担忧,清华大学人工智能国际治理研究院学术委员会委员、世界工程组织联合会主席龚克曾于 2021 年 11 月 20 日在CCTV2"对话"栏目中指出:"这涉及透明度的问题,我们不清楚这个情况就会导致不安全感产生,所以现在的软件都有隐私保护声明,但是否切实执行其声明的内容,需要有专人去检测,检测的结果也应该是透明的,以及是不是存在一个工具帮助我们检验数据是否外传。"

在专家"对话"栏目中,清华大学教授薛澜也指出:"公司收集数据以后,有没有能力来保障数据的安全,坦率而言,作为消费者,并不了解。"因此,大数据的处理和营销体系重构,不可避免会涉及受众个体数据信息,随之引发的就是这类信息安全、隐私信息保护的严峻问题。[①]

2.数据破坏风险

数据破坏指的是在原始信息传播过程中,出现的信息失真、失去完整性等情况的总称。信息破坏在旅游行业中大致可以分为两种情况:第一种,第三方在获得数据之后,为了使用数据,也可能存在将部分数据进行恶意修改、删减、添加或者销毁等操作。除此之外,不当渠道传播的营销数据还有可能被恶意盗窃。这些情况带来了很严重的数据安全隐患。第二种,数据破坏还有可能来自企业内部。譬如,企业或者员工出于商业竞争的目的,擅自修改信息也会造成信息的破坏。因此,旅游企业需要采取系列措施来防止信息被破坏。同时,随着企业数字化程度的提升,还应加大对员工数据合规意识的培训力度,完善企业内部的监管制度,建立起合适的内部安全检测和评价体系,惩处失信的员工行为。

专栏 10-1　智慧景区实名制

智慧景区是旅游数字化产品的重要组成部分,景区实施的入园实名制预约制度有效地提升了数据分析能力,助力了景区的智慧发展。但是如何有效保护个人信息,也成为旅游业、政府和游客共同关注的焦点。这种实名制的景区管理方式实际上是基于游客与景区之间的信任完成的,这种信任弥足珍贵。实名制背后所收集的游客个人信息属于敏感信息或隐私,尤其是在大数据时代,个人信息这一宝贵数字资产能够为旅游企业带来更多的信息,但同时也有可能影响游客的权益。因此,保护个人信息权益成为游客最关心的现实问题之一,这也给景区提出了更高的信息安全方面的要求。(资料来源:https://www.mbachina.com/html/tsinghuasppm/202111/384727.html)

3.数据侵权风险

通过网络宣传的旅游企业品牌在获得社会关注之后,如果数据保护不当,就容易被不

---

①　胡振宇.国内数字营销伦理乱象探因与治理研究:基于数字营销从业精英的访谈[J].当代传播,2018(5):80-84.

法分子侵权。例如,非法转载且不标明出处、未经许可使用商标、假冒专利所有权和域名等,这些行为都严重侵犯了其他旅游企业的权益。对于游客个人来说,严重的信息侵权问题也时有发生。例如,旅游经营者在进行网站设计或者宣传资料的展示中,未经授权使用游客发布在微博、小红书、抖音等自媒体上的照片,这就构成了对游客照片著作权的侵害。为此,文化和旅游部就曾发布了多项规定用于监管旅游企业侵权行为。

2020年7月20日,文化和旅游部发布的《在线旅游经营服务管理暂行规定》第四条指出,在线旅游经营者提供在线旅游经营服务,应当遵守社会主义核心价值观的要求,坚守人身财产安全、信息内容安全、网络安全等底线,诚信经营、公平竞争,承担产品和服务质量责任,接受政府和社会的监督。该项规定的第九条指出,在线旅游经营者应当按照《中华人民共和国网络安全法》等相关法律规定,贯彻网络安全等级保护制度,落实网络安全管理和技术措施,制订网络安全应急预案,并定期组织开展演练,确保在线旅游经营服务正常开展。

(二)黑灰产业窃取造成的数据泄露

黑灰产业窃取数据造成的数据安全问题亟待解决。黑客攻击窃取个人信息的情况也频繁出现,网络安全形势十分严峻,网络黑客入侵重点网站窃取信息事件有增无减,攻击手段日益多样化。大量掌握公民个人信息的一些机构网络安全防护意识不强、投入不足,特别是没有对不断出现的网络安全漏洞及时采取修复措施,很容易被黑客攻陷,造成大规模信息泄露。

电子邮件安全是容易被忽视却又是重要的传输渠道。目前,旅游接待业中很多窃取数据、钓鱼攻击、渗透入侵的问题,大多都是从利用电邮开始的。因此,保护电邮安全是保护企业数据安全的重要时段。

关于酒店的数据安全问题其实早就有了,2013年10月,国内安全漏洞监测平台披露,为全国4 500多家酒店提供数字客房服务商的某公司就出现了严重的安全漏洞,当时与其合作的酒店大量入住数据遭到网络泄露。

酒店内的Wi-Fi覆盖是随着酒店业的发展而兴起的一项常规服务,很多酒店选择和第三方网络服务商合作,但在实际数据交互中也存在严重的数据泄露风险。从慧达驿站事件中可以看出,一方面,涉事酒店缺乏个人信息保护的管理措施,未能制定严格的数据管理权限,使第三方服务商可以掌握大量客户数据。另一方面,第三方服务商慧达驿站公司网络安全加密等级低,在密码验证过程中未对传输数据加密,存在严重的系统设计缺陷。

二、政府层面旅游数字化营销中的数字安全治理

(一)国外数据安全规制

近年来,全球各国政府先后成立了数据安全相关工作小组,并发布了一系列大数据安全相关的法律法规政策,很多政策虽然通用于旅游行业,但是数据的使用通常与业务有着

紧密的联系。随着数字技术的普及,旅游业中仍需更多的具有针对性的规制出台(见表10-1)。

表 10-1　国外数据安全的相关活动与规制[①]

国家/地区	活动与规制
欧盟	《保护个人享有的与个人数据处理有关的权利以及个人数据自由流动的指令》(简称《数据保护指令》)(1995 年); 《通用数据保护条例》(General Data Protection Regulation,GDPR)(2015 年); 德国公司力争设置强硬的欧盟数据保护法规(2015 年); 欧盟《数据法》已于 2023 年 12 月 22 日在欧盟官方公报上公布,并将于 2025 年 9 月 12 日实施
澳大利亚	《信息安全管理指导方针:整合信息的管理》(2012 年); 《1988 隐私法(修正案)》(2012 年)
美国	《网络环境下消费者数据的隐私保护——在全球数字经济背景下保护隐私和促进创新的政策框架》(2012 年); 《加州消费者隐私法案》(California Consumer Privacy Act,CCPA)(2018 年)

(二)国内数据安全规制与指导

1.国内数据安全指导

近年来,我国政府拟定了越来越多的数据安全指导内容。例如,2016 年 3 月,第十二届全国人民代表大会第四次会议表决通过的《中华人民共和国国民经济和社会发展第十三个五年规划纲要》提出把大数据作为基础性战略资源,明确指出要建立大数据安全管理制度,实行数据资源分类分级管理,保障安全、高效、可信。2021 年 3 月,《中华人民共和国国民经济和社会发展第十四个五年规划和 2035 年远景目标纲要》发布,提出加强涉及国家利益、商业秘密、个人隐私的数据保护,加快推进数据安全、个人信息保护等领域的基础性立法,强化数据资源全生命周期安全保护,完善适用于大数据环境下的数据分类分级保护制度,加强数据安全评估,推动数据跨境安全有序流动。[②]

2.国内数据安全规制

我国政府出台了相应的规制来应对日益严峻的数据安全问题。例如,2021 年颁布的《中华人民共和国个人信息保护法》明确提出,任何组织、个人不得非法收集、使用、加工、传输他人个人信息,不得非法买卖、提供或者公开他人个人信息。在个人信息处理者义务中特别提到,企业在处理个人信息时,应当采取加密、去标识化等安全技术措施。国内数据安全的相关活动与规制见表10-2。

---

① 张平文,邱泽奇.数据要素五论:信息、权属、价值、安全、交易[M].北京:北京大学出版社,2022.
② 张平文,邱泽奇.数据要素五论:信息、权属、价值、安全、交易[M].北京:北京大学出版社,2022.

表 10-2　国内数据安全的相关活动与规制①

国家/地区	活动与规制
中国	云安全联盟(Cloud Security Alliance,CSA)成立了大数据工作组,旨在寻找大数据安全和隐私问题的解决方案(2012 年); 中华人民共和国工业和信息化部公布了《电信和互联网用户个人信息保护规定》(2013 年); 国务院印发《促进大数据发展行动纲要》(2015 年); 全国信息安全标准化技术委员会正式成立大数据安全标准特别工作组。在标准化方面,国家层面制定了《信息安全技术　大数据服务安全能力要求》《信息安全技术　大数据安全管理指南》《信息安全技术　数据安全能力成熟度模型》等数据安全标准(2016 年); 文化和旅游部发布《互联网文化管理暂行规定》(2017 年); 文化和旅游部、国家发展改革委等十部门联合印发《关于深化"互联网＋旅游"推动旅游业高质量发展的意见》(2020 年); 中华人民共和国第十三届全国人民代表大会常务委员会第三十次会议通过《中华人民共和国个人信息保护法》(2021 年)

三、企业层面旅游数字化营销中的数字安全管理

国际标准化组织、产业联盟、企业和研究机构等都已经开展相关研究,以解决大数据安全问题。

(一)旅游大数据安全测评

数据安全测评是数字化企业能够提供正常服务的支撑保障。安全测评应包含以下四项基本原则,值得旅游数字化营销者参考使用。

①构建数据安全测评组织结构、人员组成、责任分工和需要达到的目标等。

②明确数据场景下安全测评的标准、范围、计划、流程、策略和方式等。这些测评分析可以按照评估方法进行类别划分,包括基于场景的数据流安全评估、基于利益相关者的需求安全评估等。

③制定评估标准,明确各个安全防护手段需要达到的安全防护效能,包括功能、性能、可靠性、可用性、保密性、完整性等。

④按照《信息安全技术　数据安全能力成熟度模型》,评估安全态势,并形成相关的大数据安全评估报告等内容,作为大数据安全建设能够投入应用的依据。②

旅游业中的数字企业,尤其是基于智能化、大数据技术的新兴旅游企业已经开始建设并完善内部的数据安全测评部门组织、人员配备、标准设定、安全分析等工作。其目标

---

① 张平文,邱泽奇.数据要素五论:信息、权属、价值、安全、交易[M].北京:北京大学出版社,2022.

② 李克鹏,梅婧婷,郑斌,等.大数据安全能力成熟度模型标准研究[J].信息技术与标准化,2016(7):59-61.

都是为了评估和验证大数据安全策略、安全产品、安全技术的性能及有效性。例如，随着云计算大数据等新兴技术带来的网络安全风险的进一步加大，深大智游宝云服务平台为景区安全、便捷、高效地实现了电子票的生成、发送、检票、退换票以及票款回收等环节的工作，并提供大数据分析报告辅助景区决策，持续不断地为景区提供安全、可靠的云服务。

2016年10月25日，在云安全联盟大中华区（Cloud Security Alliance Greater China Region，CSA GCR）与中国网络空间安全协会（Cyber Security Association of China，CSAC）共同举办的云安全高层论坛暨云安全联盟大中华区峰会上，深大智游宝云服务平台凭借在基础架构、运维、数据、风控等方面的安全性能表现，顺利通过了 C-STAR 云安全国际认证。

C-STAR 是一项全新且有针对性的国际专业认证，同时也是全球认可的国内最高级别的云安全认证，该认证由 CSA 和广州赛宝认证中心服务有限公司共同推进，认证采用了云计算安全的行业黄金标准——CSA 发布的云控制矩阵（Cloud Control Matrix，CCM），评估过程采用了国际先进的成熟度等级评价模型，同时结合国内相关法律法规和标准要求，对云计算服务提供商进行极为严格的全方位安全评估。

（二）旅游大数据安全运维

旅游数据安全运维工作的完善是在安全测评基础上实现数据安全的重要环节，主要内容见表 10-3。安全运维得到保障，就能够让大数据平台安全、持续、稳定、可靠地运行。在大数据系统运行过程中，行使资源调配、系统升级、服务启停、容灾备份、性能优化、应急处置、应用部署和安全管控等职能都是旅游大数据安全运维过程中需要考虑的要素。

表 10-3　旅游数字化营销工作中安全运维的主要内容[①]

类目	内容
组织架构层面	构建大数据安全运维体系的组织、运维架构、安全运维策略、权限划分等
流程制定层面	制订不同的安全运维流程，包括基础设施安全管控、病毒防护、平台优调、资源分配和系统部署、应用和数据的容灾备份等业务流程
规章制度层面	明确安全运维的标准规范和规章制度。由于运维人员具有较多操作权限，要对大数据环境的关键部分、人员、危险行为等做到事前、事中和事后有记录，可跟踪，能审计

---

① 张平文，邱泽奇.数据要素五论：信息、权属、价值、安全、交易［M］.北京：北京大学出版社，2022.

国外知名机构和安全公司纷纷推出了关于数据安全的产品和解决方案。例如,咨询公司 Forrester 提出了"零信任模型"(Zero Trust Model);谷歌基于理念设计和实践了 Beyond Corp 体系。如果旅游数字化企业使用这一体系,就能够在不借助 VPN 的情况下,在不受信任的网络环境中安全地开展业务。IBM InfoSphere Guardium 能够管理集中和分布式数据库的安全与合规周期。

一些老牌的杀毒软件公司也纷纷设计出提升数据安全的软件供企业使用。例如,Symantac 将病毒防护、内容过滤、数据防泄露、云访问安全代理(Cloud Access Security Broker,CASB)等进行整合,提供了包含数据和网络安全软件及硬件的解决方案。微软公司聚焦代码及数据安全推出了 Open Enclave SDK 开源框架,协助开发者开发以保护应用数据为目的的可信应用程序。

(三)旅游大数据安全治理

旅游大数据营销过程中提倡的大数据安全治理,主要是围绕确保大数据合法合规地安全流转,保障大数据安全的情况下实现价值最大化,让大数据为旅游企业和游客带来利益,以此支撑旅游数字化企业业务目标的实现。

①构建旅游大数据安全治理的流程、组织结构、治理策略,以及确保旅游大数据在流转过程中的各利益相关者的访问控制、安全保密和安全监管等安全保障机制。

②确定旅游大数据治理过程中的安全管理架构,包括人员组成、角色分配、流程管理和大数据的安全管理策略等。

③明确旅游大数据安全治理中的元数据、数据质量、主数据管理和数据全生命周期的安全治理方式,包括安全治理标准、治理方式、异常和应急处置措施等。

④对旅游大数据环境下的主要参与者,如数据提供者(数据源)、大数据平台、数据管理者、数据使用者等制定明确的安全治理目标,规划安全治理策略。

旅游业界也存在一些治理方法。一方面,旅游企业建立数据合规的个人信息保护内控机制,规范个人信息的收集和使用情况。尽量保证在法律法规许可的范围内严格遵循个人信息采集数量最小、利用的范围最小、查阅使用的人群最小的原则。另一方面,旅游企业还应该提升从业人员的网络安全意识。前面已经提到一些案例中的数据泄露事件是人为所致,旅游行业具有人口流动性大,采集的游客信息复杂多样。因此,旅游企业更应对从业人员进行网络安全培训,建立完善的惩戒机制,提升内部人员的安全意识,杜绝

---

① 张平文,邱泽奇.数据要素五论:信息、权属、价值、安全、交易[M].北京:北京大学出版社,2022.

内部泄露用户信息的行为出现。

为了强化对于个人隐私的防护,需要明确隐私信息的使用过程,以及隐私交易期间的获益人群。个人隐私在收集之后,能够在处理、使用等各个环节中被交易。通常情况下,个人隐私在交易期间的获益人群主要有消费者、数据收集者等,因此个人隐私保护属于一种较为复杂的问题,只有从技术、监管等多个层面入手,才能避免游客的个人权益受到不法分子的侵害。[①]

专栏 10-3　黄鹤楼景区的游客安全信息保护措施

黄鹤楼景区在游客身份信息保护方面做了很多工作,可归纳为人员、管理、硬件、软件四方面的举措。人员上,增配了数据维护专员的工作岗位,主要职责和工作任务就是为信息中心的技术人员定期举办信息安全培训。管理上,定期邀请第三方网络安全机构到黄鹤楼景区开展网络安全检查。硬件上,重新规划景区票务系统架构,增设网络安全设备。软件上,将数据库中存储的游客信息进行加密,并规定游客入园 14 天后自动删除游客信息。(资料来源:《景区实名预约　游客信息安全如何保护》)

专栏 10-4　峨眉山景区的游客安全信息保护措施

2021 年,时任峨眉山旅游股份公司识途旅游网络分公司副总经理曾在采访中介绍,峨眉山景区在当时对实名制管理下的游客个人信息采取了“三级等保”的相应措施,这在当时已经是较高级别的网络安全防护。峨眉山的智慧旅游系统在系统端就对敏感信息进行了加密管理和控制,比如将游客的手机号和身份证号中间的数字隐藏,以特殊字符代替。在数据存储过程中,也在系统中加入了严格的日志审计功能,也就是说,可以实时追踪和锁定谁何时查阅或者导出数据。

峨眉山获得的“三级等保”的认证是通过定级、备案、安全建设和整改、信息安全等级测评、信息安全检查五个重要阶段实现的。取得认证后,峨眉山还需建立完善的入侵检测、防火墙、数据加密和灾难恢复等这些网络安全管理设施。每年还要进行年检,和不定期接受相关部门抽查。(资料来源:《景区实名预约　游客信息安全如何保护》)

“二级等保”主要要求实现网络访问控制、拨号访问控制、网络安全审计等方面的具体要求。“三级等保”在“二级等保”的基础上,增加了网络安全事件应急处置、网站安全防护、系统安全防护等方面的具体要求。(资料来源:https://zhuanlan.zhihu.com/p/620086735)

---

① 戴志强.旅游大数据商业化应用中的个人隐私保护研究[J].科技资讯,2021,19(29):30-32.

（四）旅游大数据生命周期与安全

旅游数字化营销活动中的数据生命周期大体包括五个阶段，即数据采集、数据传输、数据存储、数据使用、数据共享。对数据安全的保障工作需要分别落实到这五个阶段中。

1. 数据采集与安全

在旅游大数据收集阶段，为确保数据的安全性，旅游企业需要将收集的大数据进行智能分类和分级标注。让旅游企业在使用大数据的时候，按照数据的不同类别和敏感级别实施不同的安全防护策略，再加以安全防护手段，这是目前业界主流的实践工作。由于业务和所涉及的数据不同，大数据的分类就会不同。因此，旅游企业需要按照实际业务场景来进行数据类别划分。分级是实施安全防护的基础，也可以按照数据属性的高低和数据泄露后的危害程度进行不同的数据等级划分。[①]

2. 数据传输与安全

当旅游大数据处于传输阶段的时候，大数据的安全保护技术已较为成熟。要针对大数据流量大且传输速度快的特点，确保数据动态流动过程中大量的流动数据的安全传输。这一时期，主要是从数据的机密性和完整性方面保证数据传输的安全，主要包括高速网络传输、加密技术、跨域的安全交换、威胁监测技术等。

3. 数据存储与安全

旅游营销活动中大数据的存储与安全技术主要包含大数据安全存储技术和备份恢复技术。旅游大数据安全存储技术主要保证云环境下多租户、大批量异构数据的安全存储。安全存储的实现主要包括冗余备份和分布式存储的密码技术、存储隔离、访问控制等技术。备份恢复技术主要是对大数据环境下的特殊数据，如元数据密集度很高的数据或者高频次访问数据，通过数据同步、数据复制、数据镜像、冗余备份和灾难恢复等手段保证数据的完整。

4. 数据使用与安全

当旅游营销大数据处于被使用阶段时，旅游企业需要注意数据在对外提供服务的过程中是否存在非法的内容信息，如谣言新闻、政治敏感信息、诬陷言论、色情暴力、淫秽信息等。实现数据使用安全的关键技术包含数据内容监测防护、数据隐私保护和身份证等。

5. 数据共享与安全

随着大数据技术和应用的快速发展，跨部门、跨行业之间的数据共享已经是大势所趋。虽然大数据共享有利于深化大数据创新应用，充分发挥大数据的价值，释放数字红利，但是在共享流通过程中，可能出现的安全问题也不容忽视。因此，旅游数字化营销的活动则需要更加合法化、合规化的数据共享政策，以及标准规范和技术保障统筹协调的数据安全治理体系为大数据的共享保驾护航。[②]

---

① 张平文，邱泽奇. 数据要素五论：信息、权属、价值、安全、交易［M］. 北京：北京大学出版社，2022.

② 张平文，邱泽奇. 数据要素五论：信息、权属、价值、安全、交易［M］. 北京：北京大学出版社，2022.

第二节　职业道德与伦理保障

一、旅游数字化营销中职业道德与伦理保障的必要性

数字营销背景下,对大数据算法和技术采集用户信息并进行分析的工作实现了更加精准的市场定位、产品生产和投放,也带来了新的伦理问题。Davis(1992)指出,关于伦理和营销讨论的一个共同主题是真理的概念,特别是产品声明中的消费者真理和科学真理之间的区别。但是,并不是所有违反营销道德的行为对消费者或社会都有同等影响。这些影响可以看成是一条线上的两个极端:一个极端,是轻微的、即时的、长期的或有害的产品道德违规后果,尽管社会不会遭受任何长期的伤害。另一个极端,代表了违反道德的行为有可能造成严重后果,并体现在个人和社会层面的伤害。违反道德规范导致这一层面的欺骗具有潜在的、深远的、长期的负面影响。

从宏观层面来看,习近平总书记指出,网络安全对国家安全牵一发而动全身,同许多其他方面的安全都有着密切关系。[①] 由此可见,网络安全是公共安全和国家安全的重要组成部分,对经济社会的稳定运行起到了重大的影响作用。如果一个国家的数据信息泄露,就容易带来政治和经济风险。

从微观层面来看,数据的安全隐患也会影响个人的隐私和权益。数据泄露可能带来用户信息被盗、通信内容被窃取、财产被盗等严重后果。例如,游客的个人信息和生物特征敏感信息,包括姓名、手机号、身份证号等一旦被泄露,就容易导致游客的身份被冒用。游客在使用数字旅游产品的过程中,其位置、交易等信息一旦被第三方窃取,就很容易分析出游客的消费习惯,用于不合理的商业竞争。当游客的支付账户等信息一旦泄露,还有可能造成直接的经济损失。可见,数据安全问题事关每一位游客的权益。

关于伦理的和道德的讨论,通常集中于人的意识范畴。作为数字化发展趋势下的新一代旅游营销者和游客,如何提升伦理道德意识十分重要。网络化的发展势必会带来国际交流与合作的增加,如何面对地域文化的差异,促进不同国家的数字化旅游营销成员之间的理解,找到合作共赢的发展方向将是每一位数字时代下参与旅游营销的工作者需要共同努力的新目标。

(一)旅游数字化营销中关于伦理问题的讨论

关于旅游行业中数字化营销伦理的讨论主要分为两大类:

---

① 夏学平,邹潇湘,贾塑维,等.加强数字化发展治理　推进数字中国建设[N].人民日报,2022-02-15(7).

①旅游数字化营销的活动中存在的伦理问题。这一类的伦理问题主要产生于游客参与的具体的旅游数字化营销活动中遇到的问题。例如,数据的欺诈和造假、大数据"杀熟"等,这也是传统商业营销伦理相关问题在数字时代的演变。

②数字营销活动背后的大数据技术的使用同样造成了重要的伦理危机。例如,旅游大数据时代的游客隐私的泄露和技术伦理风险等。这一类问题的产生主要是因为数字技术入侵了原本旅游营销活动中人们无法进入的个人领域,从而产生了技术与人之间的主要冲突。①

数字赋能为旅游营销的多元化创造了条件,由此带来的伦理冲突也势必会出现多元化的趋势。与传统的旅游营销中讨论的伦理相比,数字化旅游营销工作中的伦理冲突呈现更加多元化、多层次的特点和发展趋势。

传统的旅游营销模式较为简单。例如,旅游目的地通过传统广告等营销组合方式做推广,游客到达目的地参观,再回到常住地,在旅途中会购买纪念品、住酒店、选择餐馆就餐等,其中涉及的生产关系相对来说较为简单。但是,数字化技术的引入带来了生产关系的迭代升级,多层次生产关系悄然出现,不同形式的生产关系层出不穷。例如,随着大数据的普及,旅游接待业中的退改纠纷、大数据"杀熟"、限制交易条款、霸王条款等问题层出不穷,一些应运而生的在线旅游企业甚至预设圈套,严重危害了游客的消费权益,也产生了值得关注的伦理问题。2021年1月1日—6月30日,北京阳光消费大数据研究院通过监测数据收集了293万余条舆情信息,其中负面舆情信息超过80万条,占比27.45%,在当时达到了正面舆情的6倍之多。在梳理这些旅游舆情信息的过程中发现,仅2021年上半年,因行程变更而引发的退订、退款问题在旅游出行类投诉中占48.8%。

平台、航空公司以及相关商家在遇到突发情况时,常通过霸王条款把风险转嫁到消费者身上。如果是因为游客自身原因造成的退订,也会被要求收取高额手续费用,平台则会在订单退改上设置"灰色陷阱",大打"擦边球"。北京阳光消费大数据研究院曾联合消费者网发布了《2021年上半年在线旅游消费维权舆情分析报告》,披露"有的机票销售代理商一度靠退票手续费盈利,通过大数据计算出退票概率,选择退票概率高的航线以超低价格销售机票吸引消费者,同时设定高昂的退票手续费,类似趋利做法在行业内甚至已形成较为完整的产业链。由此可见,一些旅游相关企业利用大数据技术的趋利做法产生了严重的旅游营销伦理问题。

放眼全球旅游行业,数字化技术也为旅游营销的国际化发展创造了条件,但是不同国家之间的文化习俗和信仰的差异,也会为数字化旅游营销工作的国际化趋势带来矛盾和冲突。

---

①　叶帅.技术与人的主体性:数字营销伦理冲突[J].数字技术与应用,2022,40(1):102-104.

（二）旅游数字化营销活动中的内容伦理

1. 网络竞争中的语言暴力

旅游企业之间的竞争手段多样，网络语言暴力也无法避免。传统的旅游企业在竞争的过程中，常常会出现针对竞争对手缺点的宣传模式，如美国的网约车平台优步（Uber）曾经就由于平台监管不善而频繁出现客户打到黑车的情况。作为竞争对手的神州专车抓住了 Uber 黑车的这一问题，在他们的广告语中直接使用了"Beat U，我怕黑专车"。这种传统营销模式下的宣传方式或许在一些营销者看来并不算暴力，但其中的竞争态度一目了然。当然，Uber 专车的监管不善造成黑车出现也确实是严重的问题。

随着数字化技术的普及，如今旅游行业中的广告主拥有了更多机会和手段与游客和其他利益相关者沟通。沟通渠道和频率的增加带来了语言上的暴力发展趋势。一些旅游企业和雇佣的第三方宣传公司为了能够在激烈的竞争中不断获得关注度和吸引力，就会忽略道德与伦理的规范，在宣传的文案中增加污蔑甚至是诋毁竞争对手的语言，给企业的品牌形象、声誉等造成较大的负面影响。这些行为在网络化、数字化普及的今天出现得空前频繁主要是利用了网络平台发酵的快速性和网络平台参与者数量众多。一些企业可能会在网络、论坛、"两微"（微信、微博）、抖音、小红书等多种数字传播平台上以文本、视频等形式进行有悖伦理的宣传。这些内容会对社会大众产生错误引导，使网络平台整体价值导向出现偏差，一些用户甚至会因为不实信息的误导，造成个人价值观的扭曲和不正当追求的出现，对国家、企业、社会和个人的危害极大。

2. 营销效果造假

旅游企业使用数字化营销的效果好坏很难判断，就更容易出现造假现象。不同类型的旅游数字营销组织也会选择不同的造假形式。例如，科技类的旅游数字营销公司可能会用价值较低的营销时间、空间替换原契约中价值较高的营销时间、空间，把原价值较高的营销时间、空间转售给付费更高的广告主，或减少数字作品展示的时间、空间，以在特定时间、空间中增加更多广告主的作品。专业类的旅游数字化营销公司可能会使用低成本的实习生磨洋工、拖延时间。综合类的旅游数字化营销公司不仅有类似于专业类数字化营销公司的行为，而且在选择下游代理人时优先考虑成本低的科技类及专业类数字化营销公司或其代理的传统媒介等。总而言之，不同形式的伦理风险有一个共同目标指向，即实现数字化营销组织的利益极大化或增加其直接收益，又或是降低其经营成本，这些会不可避免地导致广告主利益受损。数字化营销效果造假现象也存在多重危害，例如损害广告主的利益，不利于广告业的健康发展。这些必然会产生更多的危害，包括误导市场行为、扰乱市场秩序，以及增加和浪费广告主的投资资金等。

（三）数字化旅游营销活动中的信息伦理

1. 互联网平台公开用户 IP 地址

2022 年 4 月，多家互联网平台相继上线用户 IP 地址显示功能。此举的目的原本是防止冒充热点事件当事人蹭流量、传播不实信息等不良行为。一般境外显示国家,境内则会显示到省市。企业 IP 地址为强制显示项目,不支持手动关闭或开启。目前,微博、微信、小红书、抖音等平台均已上线此功能。各大社交平台展示 IP 属地的这一新规在网上引发热烈讨论,不少网友认为,IP 属地可见是对其隐私的侵犯,可能会导致新一轮的伦理危机,但是也有网友认为 IP 属地的出现能够减少网络不道德行为的出现。

2. 用户隐私泄露

一些旅游企业使用微信小程序或者 App 等方式吸引游客关注,但是其中的用户隐私泄露问题不容忽视。例如,被视为元宇宙社交 App 的啫喱在年轻人群中突然火爆,上架还不到一个月在苹果 AppStore 中国区免费 App 排行榜的排名就超越了常年霸榜的微信、抖音等 App,登顶榜首。但几乎同时,该 App 就陷入了泄露用户隐私的风波中。用户认为这类的隐私泄露可能跟其实时显示的用户定位、手机电量、移动速度有关。登顶 AppStore 免费榜的第三天,啫喱 App 就在其官方微博宣布暂停下载,并停止新用户进入。

二、政府层面的旅游数字化营销中的职业道德与伦理保障治理

(一)网络主播行为规范

2022 年 6 月 22 日,国家广播电视总局、文化和旅游部发布了《网络主播行为规范》。《网络主播行为规范》明确指出,网络主播在提供网络表演及视听节目服务过程中,不得恶搞、歪曲、丑化、亵渎、否定英雄烈士和模范人物的事迹和精神;不得通过"弹幕"、直播间名称、公告、语音等传播虚假、骚扰广告。《网络主播行为规范》以详尽的要求杜绝网络主播打擦边球的无序现象,其中既有国家层面的高瞻远瞩,又有个人层面的道德准则。因此,旅游行业的网络主播的行为也同样需要被规范管理。

(二)科技伦理治理意见出台

2022 年 3 月,《关于加强科技伦理治理的意见》出台,表明国家对加强科技伦理治理作出了系统部署。该意见着重把握了确立价值理念、突出问题导向、强化系统部署三个方面,着力解决我国科技伦理治理体制机制不健全、制度不完善、领域发展不均衡等问题,提出加强科技伦理治理的重大举措,同时也提出了加强科技伦理治理的五项基本要求:伦理先行、依法依规、敏捷治理、立足国情、开放合作。这一科技伦理治理意见的出台,同样会对旅游行业数字化营销活动产生规范化影响。

(三)针对互联网广告失范问题的规范

数字技术应用带来的道德伦理隐患不容忽视。2023 年 2 月 25 日,《互联网广告管理办法》公布,自 2023 年 5 月 1 日起施行。该办法第十三条明确提出,广告主应当对互联网广告内容的真实性负责。广告主发布互联网广告的,主体资格、行政许可、引证内容等应当符合法律法规的要求,相关证明文件应当真实、合法、有效。这些内容正是国家从法律

层面对数字化背景下的营销市场上伦理乱象的回应。

2016 年,国家工商行政管理总局颁布了《互联网广告管理暂行办法》,这一系列规范在一定程度上为数字化营销的健康发展提供了部分制度保障。[①] 文旅数字化信息安全方面也有相关政策法规。例如,2020 年底,文化和旅游部、国家发展改革委、教育部、工业和信息化部、公安部、财政部、交通运输部、农业农村部、商务部、市场监管总局等十部门联合印发的《关于深化"互联网+旅游"推动旅游业高质量发展的意见》中明确指出,应落实旅游数据安全管理责任,保障旅游数据收集、传输、存储、共享、使用、销毁等全生命周期的安全,防止数据丢失、毁损、泄露和篡改。

(四)数据信息保护相关法律出台[②]

2021 年 6 月和 8 月分别通过的《中华人民共和国数据安全法》《中华人民共和国个人信息保护法》,以及 2022 年 3 月由中共中央办公厅、国务院办公厅印发的《关于加强科技伦理治理的意见》,专门确立了我国科技伦理治理的指导思想、开展科技活动应当遵循的原则,体现了国家层面对这一问题的高度重视,为产业科技创新提供了法律和政策保障。因此,旅游产业的数智化创新与发展要依据相关的法律和科技伦理准则,建立健全数智化发展的伦理规范体系,引导科技创新向善而行。要坚持促进创新与防范风险相统一,贯彻落实科技伦理要求,强化底线思维和风险意识,加快构建旅游产业科技伦理治理体系,努力实现产业科技创新高质量发展与高水平安全良性互动。

(五)人工智能伦理法稳步推进[③]

2017 年 7 月,我国发布了《新一代人工智能发展规划》。规划呼吁,不仅要重视人工智能的社会伦理影响,还要制定伦理框架和伦理规范,以确保人工智能安全、可靠、可控发展。

2018 年 1 月,国家人工智能标准化总体组的成立大会上发布了《人工智能标准化白皮书 2018》。白皮书论述了人工智能的安全、伦理和隐私问题,认为人工智能技术需遵循的伦理要求设定要依托于社会和公众对人工智能伦理的深入思考和广泛共识上,并遵循一些共识原则。

2019 年 2 月,科技部在北京召开新一代人工智能发展规划暨重大科技项目启动会,成立了新一代人工智能治理专业委员会。同年 6 月,国家新一代人工智能治理专业委员会发布了《新一代人工智能治理原则》。该治理原则提出,为发展负责任的人工智能,人工智能发展相关各方应遵循和谐友好、公平公正、包容共享、尊重隐私、安全可控、共担责

---

① 胡振宇.国内数字营销伦理乱象探因与治理研究:基于数字营销从业精英的访谈[J].当代传播,2018(5):80-84.

② 乔向杰,唐晓云,方忠权.旅游产业数智赋能:战略、治理与伦理[J].旅游学刊,2023,38(10):1-3.

③ 陈听雨."信息茧房"、隐私外泄,如何应对人工智能带来的伦理风险?[EB/OL].(2023-01-19)[2023-2-1].http://www.xinhuanet.com/tech/20230119/849d98a850da4e6eba5a1d364f90adc3/c.html.

任、开放协作和敏捷治理的原则。2021年9月,国家新一代人工智能治理专业委员会发布《新一代人工智能伦理规范》,旨在将伦理道德融入人工智能全生命周期,为人工智能应用的相关活动提供伦理指引。这是中国发布的第一套人工智能伦理规范。

相比2019年发布的《新一代人工智能治理原则》中针对人工智能发展需遵循的原则,2021年发布的《新一代人工智能伦理规范》提出了更加细化与严谨的六项基本伦理要求:

一是增进人类福祉。坚持以人为本,遵循人类共同价值观,尊重人权和人类根本利益诉求,遵守国家或地区伦理道德。坚持公共利益优先,促进人机和谐友好,改善民生,增强获得感幸福感,推动经济、社会及生态可持续发展,共建人类命运共同体。

二是促进公平公正。坚持普惠性和包容性,切实保护各相关主体合法权益,推动全社会公平共享人工智能带来的益处,促进社会公平正义和机会均等。在提供人工智能产品和服务时,应充分尊重和帮助弱势群体、特殊群体,并根据需要提供相应的替代方案。

三是保护隐私安全。充分尊重个人信息知情、同意等权利,依照合法、正当、必要和诚信原则处理个人信息,保障个人隐私与数据安全,不得损害个人合法数据权益,不得以窃取、篡改、泄露等方式非法收集利用个人信息,不得侵害个人隐私权。

四是确保可控可信。保障人类拥有充分自主决策权,有权选择是否接受人工智能提供的服务,有权随时退出与人工智能的交互,有权随时中止人工智能系统的运行,确保人工智能始终处于人类控制之下。

五是强化责任担当。坚持人类是最终责任主体,明确利益相关者的责任,全面增强责任意识,在人工智能全生命周期各环节自省自律,建立人工智能问责机制,不回避责任审查,不逃避应负责任。

六是提升伦理素养。积极学习和普及人工智能伦理知识,客观认识伦理问题,不低估不夸大伦理风险。主动开展或参与人工智能伦理问题讨论,深入推动人工智能伦理治理实践,提升应对能力。

三、企业层面的旅游数字化营销中的职业道德与伦理保障管理

技术发展日新月异,科技手段不断推陈出新,一些伦理问题无法预知,但并不意味着可以先忽略。伦理先行,即需要企业在技术被普遍应用前进行谨慎的伦理审查,评估风险程度,识别可能引发道德伦理问题的潜在风险点,划出合理的伦理边界,既不能成为阻碍科技创新的绊脚石,也不能忽略人类的主权与福祉。在规避数字技术的使用可能带来的伦理风险上,企业更容易在相关实践中获得第一手信息,也更应该承担起构建安全使用数字技术的主要责任。

(一)数据管理中的价值观引导①②

人们在探讨相关信息传播的伦理问题时,往往过于关注技术层面的因素,忽视了其根源在于人的价值取向。技术问题的症结在于人文主体,任何技术发展都不能偏离人文价值追求。因此,智能技术所呈现的数据伦理困境,答案不在于技术本身,而在于如何重塑正确的价值观引导。

人工智能等新兴技术的发展,不应仅被视为技术进步,还需被看作是人文理性的拓展和延伸。只有秉持人文关怀的价值观,技术才能为人类服务,促进社会进步;否则,技术的"异化"必将造成伦理困境和发展障碍。因此,正视和重塑数据管理中的正确的价值观引导,是化解数字时代伦理困境的根本之道。

(二)重塑旅游企业与游客数据权益新契约③

在数字技术驱动的信息时代,旅游企业与游客围绕数据权益分配和使用规则,亟须重构契约性关系。隐私权益保护无疑是这一领域所面临的核心伦理议题。虽然在任何技术环境下,获取和利用用户信息都存在合理性考量的问题,但在当前背景下,围绕隐私认知也出现了一些新的变化。

用户主动贡献个人数据,企业基于数据开展营销和服务,已然成为网络空间的常态。这种数据交换行为的基础,正体现了旅游企业与游客之间重构数据权利义务约束关系的现实需求。新型数据权益契约应基于双方的利益关联:一方面,旅游企业为游客提供有价值的信息和服务,游客则有义务在一定程度上适度开放个人数据权益;另一方面,企业在获得授权后,应基于社会责任利用游客数据,并承担提供真实可靠信息的义务。

因此,旅游企业与游客需要建立全新的数据权利义务规范,摒弃传统单向的隐私政策,在数据收集、使用、保护等环节形成制度性约束,平衡隐私保护与服务创新的关系,保持彼此间契约关系的适度性和合理性,从而推动数据化发展下旅游业的可持续发展。

(三)实施全面的伦理风险评估④

个人隐私信息在数据中的不确定性特征,要求旅游企业在数据管理全过程中进行严格的伦理审视和评估。在数据获取环节,除了关注企业与游客之间"隐私边界"的把控外,还应重视"侵扰性"(Intrusiveness)的伦理风险。

隐私的本质是个人与公众领域的界限问题。即便数据获取方式合理适当,但若未经游客同意,相关信息和服务便可能给其带来意料之外的侵扰感,进而侵犯个人的社交空间或阅读空间。因此,"侵扰性"风险理应作为旅游企业数据伦理评估的重点内容。

---

① 颜世健.数据伦理视角下的数据隐私与数据管理[J].新闻爱好者,2019(8):36-38.
② 陈昌凤.媒介伦理新挑战:智能化传播中的价值观赋予[J].新闻前哨,2018(12):9-10.
③ 颜世健.数据伦理视角下的数据隐私与数据管理[J].新闻爱好者,2019(8):36-38.
④ 颜世健.数据伦理视角下的数据隐私与数据管理[J].新闻爱好者,2019(8):36-38.

企业在获取和利用个人数据时,不仅需遵守隐私法律法规,还应自觉践行伦理自律,对可能产生的侵扰行为保持高度敏感,设身处地为游客着想。具体而言,需合理控制信息推送的频率和内容,避免过度干扰;提高信息的针对性和价值度,真正满足游客需求;保障游客的拒收权利,快速响应不打扰需求等。只有这样,才能最大限度避免侵犯个人的社交自主权和阅读自主权。

总之,企业在数据管理中,不仅需防范隐私泄露等法律风险,还应高度重视可能带来的伦理风险,特别是"侵扰性"的潜在不当影响,切实保障游客的个人权益,维护信息传播的伦理操守。

本章小结

在数字时代,大数据、人工智能、云计算等技术迅速发展,正在重构旅游业,新兴的旅游产品层出不穷。虚拟现实和元宇宙等新概念也为旅游行业带来了更广阔的想象空间。数字化应用给旅游活动带来便捷化和个性化的同时,也给旅游行业带来了新的网络安全治理挑战。一些网络安全问题,例如数据泄露、网络攻击、网络敲诈、勒索病毒、安全漏洞问题等频发。

在旅游行业的数字化营销活动中,电子商务、微营销等诸多数字化营销业务正在蓬勃发展,相伴而生的数据安全和伦理问题需要引起重视。网络品牌销售数据造假、缺乏道德意识的营销广告、电商平台泄露客户信息等,不断挑战社会伦理和法律底线。要加强旅游大数据营销过程中的数据安全保护,以及对于营销过程中伦理问题的改善,需要完善相关法律和法规,加强数据安全管理制度建设,健全数据安全标准规范,推动数据安全的技术开发和应用。

总的来说,旅游企业应该遵循各项安全政策。一是应制定数据安全以及伦理保护方面的法律法规和制度,健全数据安全相关的标准及指南,完善数据安全保障组织机构和保障角色的规划,推进数据共享,推动安全防护技术的发展。[①] 二是各旅游企业也应该从内部维护营销伦理健康,完善数据安全相关制度和伦理道德规范,为旅游数字化营销提供可持续的发展环境。

即测即评

---

① 张平文,邱泽奇. 数据要素五论:信息、权属、价值、安全、交易[M].北京:北京大学出版社,2022.

复习思考题

(1)简述政府层面制定的有关旅游数字化营销中的数字安全治理条例。

(2)结合一个旅游数字化企业实例,阐述该企业在数字化营销工作中实施的数字安全管理工作的具体内容有哪些。

(3)简述旅游数字化营销中职业道德与伦理保障的必要性。

参考文献

[1] 胡振宇.国内数字营销伦理乱象探因与治理研究:基于数字营销从业精英的访谈[J].当代传播,2018(5):80-84.

[2] 叶帅.技术与人的主体性:数字营销伦理冲突[J].数字技术与应用,2022(1):102-104.

[3] 张平文,邱泽奇.数据要素五论:信息、权属、价值、安全、交易[M].北京:北京大学出版社,2022.

[4] 夏学平,邹潇湘,贾塑维,等.加强数字化发展治理　推进数字中国建设[N].人民日报,2022-02-15(7).

[5] JOEL J D. Ethics and environmental marketing[J]. Journal of Business Ethics,1992,11(2):81-87.

[6] 陈昌凤.媒介伦理新挑战:智能化传播中的价值观赋予[J].新闻前哨,2018(12):9-10.

案例思考题

野生动物世界"人脸识别案"的争议与讨论

郭强是一个热爱大自然的年轻人,他经常到野生动物园游玩。2019年的一天,他兴致勃勃地购买了该园的年卡,接着完成了留存指纹和拍照等步骤。谁知这一决定,后来竟然为他带来了一段纠纷之旅。

没过多久,动物园就打算将入园验证方式升级为人脸识别,并要求郭强为其年卡启用新技术。一开始,郭强没太在意,但后来他开始担心个人信息隐私受到侵犯。双方多次协商未果,矛盾加剧,引发了一场法律诉讼。

一审结果让双方都不太满意,动物园被判赔偿郭强部分损失,并删除他的照片信息,但郭强的诉求并未被完全支持。不服的双方相继上诉,期待二审法院能够做出更加公正的判决。

经过再审后,法院谨慎权衡了事实和法理。一方面,动物园提供多种入园方式本身并无不当;另一方面,单方面变更约定却又确实违约在先。最终,二审法院支持了郭强主张删除全部个人生物信息的请求,以防被滥用,同时亦维持了一审对动物园的部分赔付判决。

这起纠纷折射出,在个人信息保护这一民生问题上,法院将持续秉持审慎原则,努力兼顾多方权益。个人隐私应受到足够的尊重和保护，但同时企业的合理经营活动也应获得法律肯定。只有权利义务的界限更加清晰，社会才能更加和谐有序。（资料来源：https://www.chinacourt.org/article/detail/2022/03/id/6563642.shtml）

讨论题：

（1）该案例涉及的旅游数字化营销工作中出现的伦理矛盾有哪些？

（2）该案例给相关旅游企业展开数字化营销工作带来了哪些启示？

（3）在推进旅游数字化营销中，政府可以提供哪方面的政策保障？

后 记

　　随着数字化时代的到来,数字营销在旅游领域的应用越来越广泛,影响也越来越大,旅游数字化营销逐渐成为重要的研究议题。关于旅游数字化营销,本教材主要从两个侧重点来认识:第一个侧重点是数字技术和数字思维。像云计算技术、物联网技术、人工智能技术和数据挖掘技术等数字技术被认为是旅游数字化营销发展的支撑要素,旅游企业的数字技能水平与营销业绩增长之间存在密切联系。培养数字思维是旅游企业和旅游目的地做好数字营销的重要环节。在数字时代,旅游者、经营者等相关行业参与者都处于一个高度密集的数据生产状态。数字思维的本质是运营决策数据化,旅游大数据不再只是决策的辅助性信息,而是上升为一种战略性生产要素参与旅游数字化营销的全过程,依托对这些海量营销数据的分析和学习,建立多源数据系统。第二个侧重点是营销活动。有学者将旅游数字化营销理解为通过网站、社交网络和宣传视频等,加深旅游企业与新客户的联系,传递相关旅游产品的功能、价值等信息,进而实现销售旅游产品的目的的营销活动。综合上述内容,旅游数字化营销应该是"数字技术+数字思维+旅游市场营销",是旅游企业和旅游目的地营销组织利用数字技术,以旅游大数据为重要资源,系统地利用产品、价格、渠道和促销这四大营销组合,使营销内容精准化、营销手段便利化、营销结构社区化和营销机制动态化,更好地满足数字时代下的游客等各类主体的需求,从而实现价值共创,助力于旅游业的可持续发展。

　　目前,正在如火如荼开展的旅游数字化营销实践产生了越来越重要的经济效应、社会效应和文化效应,因此亟须加强知识生产工作,以促进旅游市场营销知识的更新和旅游管理人才培养质量的提升,其中就包括编写旅游数字化营销方面的教材。目前,旅游数字化营销方面的专门教材很少,尤其缺乏用于普通高校本科及以上层次教学的教材。鉴于此,浙江工商大学旅游与城乡规划学院组织多方力量,齐心协力,集中攻关,编写了这部教材,为数字时代下的旅游管理类本科生、研究生及旅游业相关从业人员学习数字化营销提供知识支持。

　　本教材主要编写分工如下:项国鹏编写第三、八、九章;曲颖编写第一、二章;方溪编写第四、十章;王小伟编写第六、七章;辛璐琦编写第五章。项国鹏和曲颖共同承担了本教材的编写思路确定、结构提纲设计、整体统筹等工作，辛璐琦承担了与合作企业的联络工作。博士生周庆、陈倩、丁柳和硕士生毕凤宇等参与了相关章节初稿的编写工作。作为一项探索性很强的知识生产工作，本教材必然存在不足之处，敬请同行与教材使用者不吝赐教，使本教材能够日趋完善，以便更好地服务于数字时代下各类旅游管理人才的培养工作。

　　感谢浙江省高等教育学会对本教材的立项支持！感谢杭州绿云科技有限公司、杭州天迈文化科技有限公司、杭州麦扑文化创意有限公司、浙江深大智能科技有限公司等数字文旅企业对本教材编写的大力支持！感谢浙江工商大学出版社为本教材的出版所付出的努力！

编　者

2024 年 5 月于杭州